A História do
CATOLICISMO

CB143205

A HISTÓRIA DO CATOLICISMO

MICHAEL KERRIGAN e MARY FRANCES BUDZIK

CONSULTOR: REVERENDO CREIGHTON-JOBE

M.BOOKS

M.Books do Brasil Editora Ltda.

Rua Jorge Americano, 61 - Alto da Lapa
05083-130 - São Paulo - SP - Telefones: (11) 3645-0409/(11) 3645-0410
Fax: (11) 3832-0335 - e-mail: vendas@mbooks.com.br
www.mbooks.com.br

Dados de Catalogação na Publicação

KERRIGAN, Michael.
A História do Catolicismo / Michael Kerrigan e Mary Frances Budzik.
2016 – São Paulo – M.Books do Brasil Editora Ltda.

1. História 2. História da Humanidade 3. Religiões

ISBN: 978-85-7680-277-8

Do original: An Illustrated History of Catholicism
Publicado em inglês pela Annes Publishing Ltd.

©2011 Annes Publishing Ltd.
©2016 M.Books do Brasil Editora Ltda.

Editor: Milton Mira de Assumpção Filho

Tradução: Marisa Motta

Produção editorial: Lucimara Leal e Carolina Evangelista

Editoração e capa: Crontec

2016

M.Books do Brasil Editora Ltda.
Todos os direitos reservados.
Proibida a reprodução total ou parcial.
Os infratores serão punidos na forma da lei.

SUMÁRIO

Detalhe de A Apresentação no Templo, *de Fra Angelico, 1442.*

Um alto-relevo em marfim do século V com a ilustração da ressurreição de Cristo.

Mosaico do século VI com a imagem do profeta Isaías. Basílica de São Vital, Ravena, Itália.

O Papa João Paulo II celebrando missa em Knock, Irlanda, em 1979.

Cristo recusa o banquete oferecido pelo Diabo neste quadro de William Blake, c. 1816-18.

Um legionário romano mata um bárbaro nesta ilustração de um sarcófago de mármore do século III.

Quadro da captura de Antioquia na primeira cruzada de um artista francês do século XV.

O interior da Catedral de Notre-Dame, Reims, França.

INTRODUÇÃO

Com sua herança espiritual, cultural e histórica difundida por mais de dois mil anos, a religião católica tem uma grande influência no mundo e um lugar especial nos corações e mentes de milhares de pessoas.

O catolicismo é a mais antiga e a maior das crenças cristãs no mundo. Mais da metade dos cristãos obedecem ao papa em Roma, o chefe supremo da Igreja Católica. O mundo tem cerca de 1,16 bilhão de católicos, o que corresponde a 17,4% (em torno de um sexto) da população mundial. O islamismo e todas as suas variantes têm mais fiéis do que esse total, mas nenhuma outra religião se aproxima desse número. Uma das maiores instituições e mais bem organizadas do mundo, a Igreja Católica tem aproximadamente 136 mil padres e 750 mil freiras, além de inúmeros seguidores laicos. É uma força importante demais para ser ignorada, um poder capaz de exercer influência na política e nos assuntos internacionais. Seus ensinamentos infundiram sentimentos e pensamentos na mente de milhares de pessoas.

Acima: *Moisés e Elias observam Santo Apolinário conduzindo seu rebanho. O primeiro bispo de Ravena foi enterrado na basílica construída no século VI e que abriga este mosaico.*

O CÉU E A TERRA

A Igreja Católica não teria importância se fosse uma instituição laica – "O meu reino não é deste mundo", disse Jesus (João 18:36). Com uma visão da vida após a morte, a existência da humanidade tem uma perspectiva eterna: os vivos e os mortos encontram-se na comunhão dos santos. Como este livro pretende demonstrar, o catolicismo oferece aos seus seguidores uma explicação da criação de Deus, da vida e da morte, e da possibilidade de salvação para os católicos devotos, com a felicidade eterna no céu.

UMA HISTÓRIA ATRIBULADA

A vinda de Jesus Cristo ao mundo marcou o começo da história da Igreja Católica. No início, os seguidores de Cristo sofreram perseguições, mas o cristianismo conquistou poder e sobreviveu às épocas difíceis da Idade Média e da Reforma. De uma comunidade pequena e informal, a Igreja Católica transformou-se

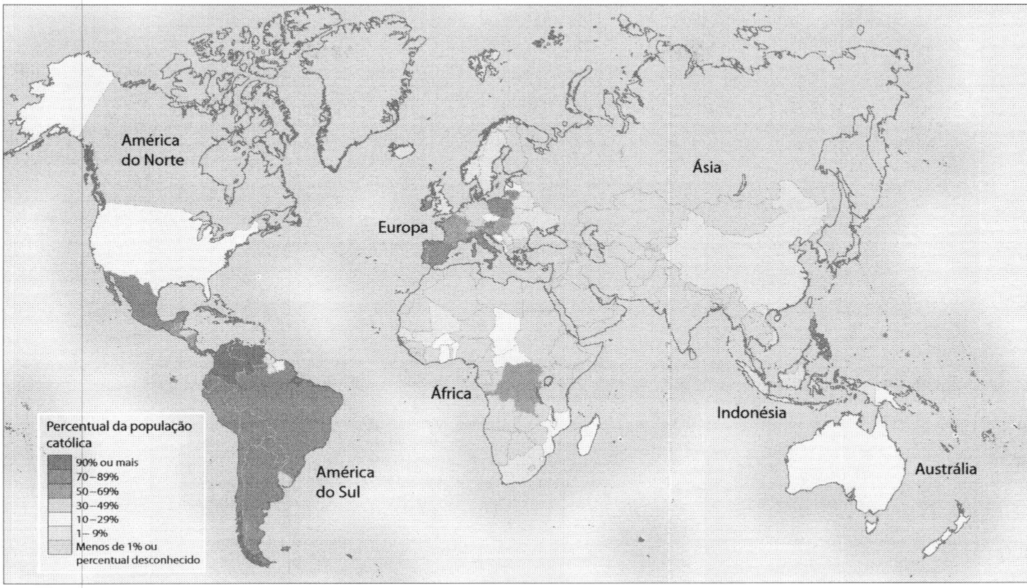

Acima: *Este mapa demográfico descreve o percentual de Católicos Apostólicos Romanos no mundo. O cristianismo expande-se com mais rapidez na África e na Ásia e, embora 25% dos católicos vivam na Europa, o continente europeu tem o menor nível de crescimento da religião católica.*

em uma das maiores religiões do mundo no século XXI.

Em momentos decisivos de sua história, apesar do sofrimento e da luta, a Igreja se fortaleceu. No entanto, em outros momentos, perseguiu os que se opunham à sua doutrina. Uma fonte de inspiração para a criatividade, o cristianismo exerceu um papel vital na tradição artística do Ocidente, embora às vezes tenha se envolvido demais na aquisição desses esplendores. O papado deu uma liderança essencial à Igreja, apesar da autoridade absoluta concedida por Cristo nem sempre tenha sido exercida com a integridade que deveria.

AS DOUTRINAS DIVINAS

À medida que a Igreja Católica conquistou mais fiéis, seus clérigos esforçaram-se para transmitir ensinamentos aos seus seguidores, muitos dos quais iletrados. Em uma época confusa de ideias conflitantes sobre Deus, a Igreja Católica precisava apresentar uma fonte oficial para seus fiéis e orientar seus membros na formulação da doutrina católica. Esse "depósito de fé" é o cerne dos ensinamentos da Igreja, que proporciona aos cristãos uma compreensão dos mistérios do cristianismo, como a Santíssima Trindade, o pecado original e a salvação.

SOBRE ESTE LIVRO

Este livro oferece uma visão fascinante e detalhada da história do catolicismo. Seus autores discutem a doutrina católica, elucidam os mitos, descrevem por que alguns lugares transformaram-se em

Acima: *A Basílica de São Pedro na cidade do Vaticano, Roma, Itália, é o centro histórico da antiga Igreja Católica no núcleo do mundo moderno. O catolicismo continua a crescer em meio à evolução do mundo.*

santuários, a importância das relíquias e o objetivo das peregrinações.

Dividido em duas partes, na primeira, A História do Catolicismo, relata a história atribulada e empolgante, e, às vezes, difícil e contraditória da Igreja. Apesar de as verdades do cristianismo parecerem eternas, foram necessários muitos séculos para formulá-las. Embora as inspirações do catolicismo sejam divinas, muitos dos seus praticantes foram seres humanos, com suas antíteses e fraquezas inerentes à condição humana.

A segunda parte do livro, A Doutrina Católica, descreve os diversos ensinamentos que constituem a fé cristã. Discute as crenças sobre as verdades eternas da existência, assim como as verdades que controlam os dilemas cotidianos da moral social e pessoal. Além do relato sobre a Santíssima Trindade, a transubstanciação, as Sagradas Escrituras e a importância dos santos, essa parte analisa todos os ensinamentos da Igreja. Entre as perguntas citadas estão: O que é pecado? O que significa a redenção de Cristo? O que significam os conceitos de salvação e danação?

Este livro tem o objetivo de oferecer um relato acessível e detalhado da história e da doutrina do catolicismo, uma crença complexa, e da Igreja como uma instituição venerável. Com mais de trezentas fotografias de igrejas magníficas, relíquias e quadros belíssimos, este livro será um guia para todos os leitores interessados em conhecer com mais profundidade o catolicismo e seus ensinamentos.

CRONOLOGIA

A IGREJA CATÓLICA TEM UMA LONGA HISTÓRIA. A CRONOLOGIA A SEGUIR RELACIONA OS PRINCIPAIS ACONTECIMENTOS QUE A MARCARAM.

SÉCULO I A.C.

- A conquista da Judeia pelos romanos, 63 a.C.
- O início das reformas do Templo em Jerusalém por Herodes, o Grande, c. 19 a.C.

SÉCULO I D.C.

- *Anno Domini* – por tradição o ano do nascimento de Cristo.
- Saulo assiste ao martírio de Santo Estêvão, *c.* 35 d.C.
- O Concílio de Jerusalém é convocado por São Pedro, o primeiro papa, *c.* 50 d.C.
- Nero inicia o primeiro movimento de perseguição aos cristãos em Roma em 64 d.C.

SÉCULO II

- É construído um santuário monumental ao lado do túmulo de São Pedro em Roma, *c.*150.

SÉCULO III

- Perseguição de Valeriano, 253-60.

SÉCULO IV

- A "Grande Perseguição" de Diocleciano, 303-11.
- O imperador Constantino converte-se ao Cristianismo em 312.
- O imperador Constantino convoca o Concílio de Niceia em 325.
- Proclamação do Credo de Niceia, 381.
- São Jerônimo começa a trabalhar na Vulgata, a tradução latina da Bíblia, 382.

SÉCULO V

- Santo Agostinho começa a escrever sua obra-prima, *A cidade de Deus.*
- Leão, o Grande, centraliza o poder do papado, 440-61.

SÉCULO VI

- São Bento de Núrsia cria a Regra Beneditina.
- Início da reforma do papado por Gregório, o Grande, 590.

SÉCULO VII

- Maomé começa a receber as revelações do Islã, 610.
- Os exércitos árabes ocupam Jerusalém, 638.

SÉCULO VIII

- A doação de Pepino, o Breve, concedeu autoridade temporal à Igreja sobre Roma e seus arredores, 754.

SÉCULO IX

- A lendária papisa Joana supostamente foi eleita pontífice em 853.

SÉCULO X

- A abadia reformista de Cluny foi fundada na região leste da França, 910.

SÉCULO XI

- A ordem cisterciense tenta retomar os princípios monásticos dos beneditinos.
- A Igreja Ortodoxa do Oriente rompe com Roma, 1054.
- Urbano II convoca a primeira cruzada em 1095. Jerusalém foi conquistada quatro anos mais tarde.

SÉCULO XII

- O início do estilo artístico Gótico na arquitetura religiosa.
- A segunda cruzada de 1145 terminou em caos.
- Início do terceiro Concílio de Latrão, 1179.
- Saladino reconquista Jerusalém para os mulçumanos em 1187. A seguir, o fracasso da terceira cruzada.
- Pedro Valdo critica a riqueza da Igreja após 1177.

SÉCULO XIII

- As tropas da quarta cruzada (1202-4) saqueiam Constantinopla, cidade cristã.
- Inocêncio III convoca a cruzada albigense para combater os cátaros hereges em 1208.
- São Francisco de Assis inicia sua vida monástica em 1209.
- São Tomás de Aquino escreve a *Suma teológica*, 1266-74.

SÉCULO XIV

- Clemente V transfere a sede do papado para Avignon na França, 1309.
- Gregório XI restaura o poder central do papado em Roma em 1377, mas os papas rivais continuam a fazer oposição em Avignon depois de sua morte em 1378.

SÉCULO XV

- O Concílio de Pisa (1408) fracassa em sua tentativa de resolver o cisma do Ocidente. A solução foi encontrada em 1417.
- O herege tcheco Jan Hus é queimado na fogueira em 1415.
- Auge da Inquisição espanhola incentivada pelos reis católicos, Fernando e Isabel.
- Término da Reconquista, com a expulsão dos mouros de Granada em 1492. Neste mesmo ano, Colombo conquista um império para a Espanha no continente americano.

SÉCULO XVI

- O início da reconstrução da Basílica de São Pedro em Roma, 1505.

Acima: *A extraordinária fachada gótica do Doumo di Milano, ou Catedral de Milão, datada do século XIV.*

Acima: *Imagem de São Francisco Xavier pintada por um artista peruano no século XVIII. Ele é o santo patrono de todas as missões.*

- Martinho Lutero prega suas "95 Teses" na porta da catedral em Wittenberg, Alemanha.
- Prisão de Clemente VII pelas tropas alemãs durante o saque de Roma, 1527.
- O cerco otomano a Viena é rechaçado com sucesso em 1529.
- Henrique VIII declara que ele e seus sucessores seriam os chefes da Igreja Anglicana em 1534.
- Inácio de Loiola funda a Companhia de Jesus em 1534.
- As teorias de Copérnico são publicadas após sua morte em 1543.
- São Francisco Xavier faz uma missão ao Oriente, 1542-52.
- Início do Concílio de Trento em 1545. Os líderes da Igreja resistem à Reforma.
- O poderio naval turco foi derrotado pela frota cristã na batalha de Lepanto, 1571.

SÉCULO XVII

- Galileu foi obrigado a renegar suas crenças nas teorias astronômicas de Copérnico.
- Criação da Congregação para a Evangelização dos Povos, com a missão de coordenar projetos missionários, 1622.
- Término da Guerra dos Trinta Anos em 1648, com a Europa dividida em diversas correntes religiosas.

SÉCULO XVIII

- Denis Diderot e outros filósofos começam o trabalho de compilação da *Encyclopédie* em 1750.
- A Revolução Francesa provoca uma convulsão na França em 1789.

SÉCULO XIX

- Pio IX critica o liberalismo moderno em *Syllabus Errorum*, 1864. A infalibilidade do papa seria proclamada seis anos depois.
- Os Missionários de Nossa Senhora da África, os Padres Brancos, evangelizam o continente africano, a partir de 1868.
- O governo papal na cidade de Roma termina em 1871.
- Leão XIII apoia a causa dos direitos dos trabalhadores na encíclica *Rerum Novarum* escrita em 1891.

SÉCULO XX

- Com o Tratado de Latrão de 1929 a Igreja passa a apoiar o regime fascista de Mussolini.
- O Vaticano assina uma concordata com a Alemanha nazista em 1933.
- Pio XI condena a violência antissemita na Alemanha em 1937.
- João XXIII convoca o segundo Concílio do Vaticano em 1962.
- A teologia da libertação enraizou-se na América Latina na década de 1960. Seus seguidores exerceram um papel vital na revolução da Nicarágua nos anos de 1980.
- O Papa João Paulo II é eleito por um conclave em 1978.

SÉCULO XXI

- O movimento religioso protestante pentecostal surge na América Latina.
- O Papa João Paulo II faz a primeira visita de um Sumo Pontífice a Israel, no ano 2000. Neste mesmo ano, João Paulo II foi o primeiro papa a rezar em uma mesquita mulçumana.

Acima: *João Paulo II (serviu de 1978 a 2005), um papa que exerceu grande influência na Igreja, foi o segundo papa que permaneceu mais tempo no cargo em Roma.*

ELORVM + TV ES PETRVS ET S

A HISTÓRIA DO CATOLICISMO

A história da Igreja Católica começa com a vinda de Cristo ao mundo, como Deus havia prometido a Moisés. Cristo elegeu São Pedro, seu "alicerce", como o primeiro Papa da Igreja Católica.

Nos primórdios da Igreja, os seguidores de Cristo foram perseguidos, mas ela conquistou poder e sobreviveu às épocas difíceis da Idade Média e da Reforma. De uma comunidade pequena e informal, o catolicismo expandiu-se e converteu-se na maior crença religiosa do mundo no século XXI.

O tamanho e a magnificência da Basílica de São Pedro, talvez a maior de todas as igrejas católicas, estão retratados neste quadro do século XVIII, de Giovanni Paolo Pannini, artista italiano especializado em perspectivas arquitetônicas, que pintou diversos quadros do interior deste prédio magnífico.

Os Primórdios da Igreja

Os Evangelhos relatam uma história inspiradora. "E a Palavra se fez carne", diz o Evangelho de João, "e habitou entre nós. Vimos sua glória". A vinda de Cristo ao mundo foi a concretização de uma promessa. Sua vida e morte extraordinárias e, sobretudo, sua ressurreição, foi a promessa de Deus a Moisés e a Abraão da vinda de um Salvador. A vinda de Cristo realizou as profecias dos profetas e renovou a esperança da humanidade.

No entanto, a inspiração não é suficiente; assim como Cristo personificou a palavra de Deus, sua mensagem foi incorporada às instituições e práticas de uma Igreja viva e diligente. As estruturas do catolicismo evoluíram aos poucos e, às vezes, com sofrimento ao longo dos séculos. A fé foi testada em meio a perseguições, divergências e ao cisma, essas foram algumas das dificuldades que a Igreja enfrentou em sua evolução. A teologia cristã era ainda nova e inexplorada e, por esse motivo, precisou ser sistematizada por estudiosos eruditos.

Houve também momentos difíceis entremeados ao sucesso. À medida que o catolicismo se expandia e se fortalecia, as pressões políticas se intensificaram. A criação do papado como a representação da autoridade espiritual e do poder político foi uma tentação e um triunfo para a Igreja. Mas, apesar das dificuldades e conflitos, ao final do primeiro milênio, a fé cristã era a força espiritual e cultural predominante na Europa. O catolicismo percorreu um longo caminho em seus primeiros mil anos.

Acima: *As letras gregas* iota *(de Iesu, "Jesus" em português),* x/qui *(de Cristo) e* teta *(de Theou, "Salvador" em português), compunham a palavra* ichtus, *"peixe" em grego. O peixe, como retratado neste mosaico italiano do século IV, converteu-se em um símbolo cristão.*

À esquerda: *Neste quadro A Vida de Maria em Aachen pintado em 1485, o sacerdote Simeão abençoa o menino Jesus em sua apresentação no Templo.*

Na época do rei Herodes

A região onde começou a história cristã pertencia ao Império Romano, embora os romanos fossem os últimos de uma longa sucessão de invasores.

O lugar do nascimento de Jesus, Belém, e as regiões ao redor tinham uma história antiga. Cristo nasceu entre os judeus, que se denominavam o "Povo Escolhido" de Jeová. No entanto, a "Terra Santa", tão importante para os judeus, era um lugar insignificante no início do primeiro milênio.

A Judeia e Israel, seu vizinho ao norte, haviam sido unificados pelo rei Davi em *c.* 1007 a.C. O reino criado por ele, com a capital em Jerusalém, conquistou uma posição proeminente durante o reinado de seu filho, o rei Salomão, no século X a.C. Apesar de conhecido por sua lendária sabedoria, na realidade, Salomão arruinou o reino; a construção do famoso Templo causou sua falência. Por fim, o reino desintegrou-se e foi conquistado pelos assírios em 841 a.C.

***Acima:** Um beduíno pastoreia seu rebanho no deserto rochoso da Judeia, assim como os pastores judeus conduziam seus rebanhos há dois mil anos.*

DURANTE A OCUPAÇÃO

Os judeus nunca aceitaram sua condição de súditos, apesar de serem dominados há séculos, primeiro pelos assírios, em seguida pelos babilônios. No século VI a.C., os judeus mais proeminentes foram presos e enviados para a capital do império, no episódio que ficou conhecido como "Cativeiro na Babilônia", o que não abalou o espírito de resistência deles.

O poder dos persas foi mais condescendente; depois de conquistar a Babilônia em 539, o imperador persa, Ciro, o Grande, permitiu que os exilados voltassem para Israel. Em seguida, mandou reconstruir o Templo que havia sido saqueado pelo rei Nabucodonosor depois de uma revolta judaica em 587 a.C. Os persas, no entanto, foram derrotados pelo exército grego de Alexandre, o Grande, em 332 a.C. Após a morte de Alexandre, seu vasto império desagregou-se com as batalhas dos generais sobreviventes. Israel e grande parte do Oriente Médio foram conquistados por Seleuco, um amigo de infância e companheiro de armas de Alexandre. Depois de sua morte a dinastia selêucida reinou na região.

Herodes... "o Grande?"

O título honorífico de Herodes, o Grande, soa estranho para os atuais cristãos, em razão de sua posição de vassalo do Império Romano, assim como por seu papel no relato dos evangelhos do nascimento de Jesus. Os reis magos, homens sábios que haviam vindo do Oriente seguindo uma estrela até o local onde o novo rei dos judeus nasceria, pediram ajuda a Herodes para encontrar a criança. Herodes ficou aterrorizado ao ouvir a notícia do nascimento do rival. Mas, ardilosamente, pediu aos visitantes que o avisassem quando a criança fosse encontrada, para que ele lhe fosse também prestar as devidas homenagens. Aconselhados por um anjo a não contarem nada a Herodes, os magos voltaram para o Oriente por outra estrada. Herodes, furioso, mandou assassinar todos os bebês recém-nascidos em Israel no famoso massacre dos "Inocentes Sagrados". O papel de Herodes nas escrituras cristãs é ignominioso, mas a tradição judaica e a corrente predominante da história o julgaram com mais benevolência. Seu título "Herodes, o Grande" deve-se à sua reconstrução do Templo.

Abaixo: *Um mosaico italiano do século XIV retrata o rei Herodes em meio a um banquete luxuoso.*

Acima: *Herodes vive na lembrança dos judeus como o reconstrutor do Templo, retratado neste quadro de James Jacques Tissot (1836-1902).*

O GOSTO DA LIBERDADE

As tentativas do governante selêucida Antíoco IV de eliminar os rituais religiosos dos judeus provocaram uma revolta, em 167 a.C. Simão Macabeu, da dinastia dos macabeus, assumiu o poder e restaurou a soberania judaica. O reinado dos judeus prolongou-se até 63 a.C., quando o país foi conquistado pelo general romano Pompeu. O general Pompeu manteve os macabeus no poder, mas como clientes do território da Judeia. Os reis macabeus obedeciam às ordens dos imperadores romanos, mas o fato de serem um reino e não uma mera província do Império Romano os reconfortava.

Acima: *"Nenhum estrangeiro poderá entrar..." dizia a placa do rei Herodes colocada no Templo. Cristo, por sua vez, acolhia a todos que o procuravam.*

Esse grau de autonomia concedido aos judeus indicava a força de sua identidade, mas também refletia a irrelevância relativa de um povo que vivia na periferia do império. Os principais centros de riqueza e civilização na Antiguidade situavam-se a leste da Mesopotâmia (atual Iraque) e da Pérsia, e a oeste da região do Mediterrâneo. A Palestina estava distante dessas esferas de poder, porém, apesar de sua posição insignificante, os judeus usufruíam de liberdade e podiam cultuar Deus como faziam há gerações. Essa liberdade era perigosa, porque muitos judeus não se conformavam com o domínio de Roma e tramavam se libertar do jugo romano.

REI DOS JUDEUS

Até então, Roma exercia seu poder imperial com rigor e o rei Herodes era um fiel súdito do império. Ele havia sido designado rei da Judeia em 37 a.C., com o título "rei dos judeus". Em troca de sua lealdade, Herodes conquistou alguns privilégios para os judeus, e os romanos não se opuseram ao seu pedido de reconstruir o Templo em 19 a.C.

E ISSO TAMBÉM PASSARÁ...

Os judeus esperavam a chegada de um rei poderoso que os salvaria, mas Cristo nasceu em um estábulo humilde em Belém. Ele seria o Messias esperado pelo povo judeu?

A tradição das escrituras sagradas judaicas previa a vinda de um "Messias", a quem o Livro de Daniel (9:24) referia-se como "ungido" ou "príncipe". "O povo que vi-

Acima: *O Messias reiniciaria o reino do rei Davi, o escritor dos Salmos, retratado neste quadro de c. 1500 pelo mestre de Riofrio.*

via nas trevas viu uma grande luz", disse Isaías (9:2-9). Por ser um rei descendente da dinastia do rei Davi, acreditava-se que o Messias iniciaria uma era eterna de justiça e paz.

A maioria dos judeus esperava uma vinda gloriosa do Messias, mas os escritores do Antigo Testamento tinham outra visão. O Messias de Zacarias (9:9) era "humilde, montado em um jumento". Em Isaías (53:3-6) havia uma previsão de como o Salvador cristão seria recebido: "Era desprezado, era o refugo da humanidade... Mas ele foi ferido por causa de nossas rebeldias... E suas feridas nos curaram".

Abaixo: *"Eis aqui a serva do Senhor..." assim começa a inscrição em latim embaixo do quadro* A Anunciação *do pintor italiano Fra Filippo Lippi, c. 1440.*

VISITA DE UM ANJO

"Eis que a virgem ficará grávida e dará à luz um Filho, e o nome dele será Emanuel", disse Isaías (7:14). Essa profecia foi mencionada no relato do Evangelho de Lucas (1:26), no qual o anjo Gabriel disse a uma virgem chamada Maria: "Eis que conceberás e darás à luz um Filho; ao qual porás o nome de Jesus. Ele será grande, e será chamado Filho do Altíssimo." Assim, Maria, surpresa, soube que fora escolhida para dar à luz o Messias. As palavras proféticas do anjo são repetidas diariamente por muitos católicos na primeira frase da prece: "Ave Maria cheia de graça, o Senhor é convosco".

O anjo também disse a Maria que sua parenta bem mais velha, Isabel, estava grávida depois de anos tentando ter filhos. Então, a virgem abençoada foi visitá-la. Ao vê-la, Isabel exclamou: "Bendita sois vós entre as mulheres e bendito é o fruto do vosso ventre!" Palavras que compõem a segunda frase da oração Ave-Maria.

A HORA DO ANGELUS

Embora o hábito tenha sido vítima das pressões crescentes da vida moderna, durante séculos, o ritmo do dia no mundo cristão iniciava-se com o som dos sinos das igrejas na Hora do Angelus. O som solene dos sinos às 6h, meio-dia e 18h era um sinal para que os fiéis parassem o que estavam fazendo, a fim de meditar sobre o significado da Anunciação. A chegada abrupta do anjo Gabriel à presença da Virgem Maria e a concepção de Cristo pelo poder do Espírito Santo.

A resposta de Maria ("Eis aqui a escrava do Senhor. Faça-se em mim segundo Vossa palavra") é citada na oração do Angelus, bem como nas palavras de João (1:14) sobre a encarnação do Nosso Senhor ("E a Palavra se fez carne e habitou entre nós").

Acima: *O acontecimento glorioso do nascimento de Jesus Cristo em um estábulo retratado pelo pintor do século XVI Hans Leonhard Schäufelein.*

A NATIVIDADE

Maria, embora fosse virgem, era casada com José, cuja profissão de carpinteiro converteu-o no santo patrono dos trabalhadores. No entanto, os evangelhos de Mateus e Lucas mencionam que ele era descendente da linhagem de Davi e, então, seu Filho, Jesus Cristo descendia dos reis de Israel. Mas o nascimento de Jesus não foi revestido de pompa real.

No momento em que daria à luz, Maria e o marido estavam em Belém. Os romanos estavam realizando um censo na Judeia e todas as famílias receberam ordens para se dirigirem às suas cidades de origem, a fim de serem recenseadas. E durante a viagem não havia lugar para eles na estalagem, e Maria deu à luz em um estábulo e deitou o Filho em uma manjedoura.

Anno Domini

O "Ano do Senhor", do latim *Anno Domini* (em geral, abreviado como d.C.), marca o início da era cristã no Ocidente. Em tese, foi o ano em que Cristo nasceu, mas há dúvidas: segundo o relato de Lucas, José e Maria viajam para Belém para serem recenseados por ordem dos romanos. Esse censo foi realizado por Quirino, governador romano da Síria, em 6-7 d.C. Entretanto, Mateus cita uma data anterior e alguns estudiosos acreditam que o nascimento de Cristo foi em 8 a.C.

Acima: *A sagrada família fugiu para o Egito, quando soube que Herodes dera ordens para matar todos os bebês do sexo masculino, como retratado nesta iluminura de um manuscrito do final do século XV.*

O nascimento do bebê foi assistido, não pelos dignitários judeus, e sim pelos pastores das colinas ao redor. Apesar de os magos terem vindo do Oriente para homenagear o recém-nascido, eles eram estrangeiros. A chegada de Jesus ao mundo antecipou sua observação (Mateus 13:58) de que "um profeta só é desprezado em sua terra e em sua própria casa". Do mesmo modo, a vinda dos magos foi sinal de que Cristo encontraria seus seguidores no exterior.

"Vós és meu Filho amado..."

Jesus teve uma vida tranquila em Nazaré, uma pequena cidade na Galileia. Ninguém poderia imaginar que o menino que ajudava o pai na carpintaria fosse o Filho mortal de Deus.

Cristo havia nascido, mas o "cristianismo" ainda era uma doutrina desconhecida, e Jesus foi criado pelos pais na tradição judaica. Assim como outros bebês judeus, ele foi circuncidado com oito dias e, quarenta dias após seu nascimento, a mãe de Jesus o levou ao Templo para apresentá-lo ao Senhor. A tradição exigia que não só a mãe precisaria ser submetida a um ritual de "purificação" após o parto, como também o bebê tinha de ser apresentado formalmente. Segundo a lei judaica, os primogênitos do sexo masculino eram obrigados a servir ao Templo como sacerdotes, a menos que fizessem um pagamento simbólico.

Acima: *Este ícone russo do século XIX retrata o adolescente Jesus no Templo em meio às pessoas mais idosas, que o escutavam maravilhadas.*

Acima: *Simeão, um sacerdote idoso, viu o Messias em sua apresentação no Templo. Quadro do pintor Giovanni Bellini do século XV.*

A VISÃO DA SALVAÇÃO

O Evangelho de Lucas (2:29-31) descreve como Simeão, um sacerdote idoso que havia rezado para Deus pedindo-lhe para viver tempo suficiente para ver o Messias, por fim viu o Salvador em sua apresentação no Templo e louvou a Deus por ter atendido às suas preces: "Agora, Senhor, já podeis deixar vosso servo ir em paz, porque meus olhos viram a salvação, que preparastes diante de todos os povos." Essa criança estava destinada a ser a libertação de seu povo, embora tivesse de enfrentar uma grande oposição. Simeão também advertiu Maria: "Uma espada atravessará vossa alma" (Lucas, 2:35).

UM BATISMO ESPECIAL

Aos 12 anos, Jesus desapareceu durante uma peregrinação que sua família fora fazer em Jerusalém. A mãe aflita o encontrou no Templo conversando com as pessoas mais velhas, que o escutavam maravilhadas com seu conhecimento e inteligência.

Acima: *Jesus queria se purificar por meio do batismo, como qualquer pecador. Detalhe do quadro do início do século XIV de Giotto,* O Batismo de Cristo.

Os Evangelhos Apócrifos da Infância de Cristo

Os evangelhos quase não citam detalhes da infância de Jesus e, por esse motivo, as histórias populares preencheram essa lacuna. Entre os muitos evangelhos apócrifos (de origem duvidosa e sem autoridade canônica) escritos nos séculos logo depois da morte e ressurreição de Cristo, existem os evangelhos que relatam a infância de Jesus. Eles descrevem Jesus como um herói de conto de fadas com "poderes" mágicos. Alguns desses feitos mágicos não têm a característica da personalidade de Cristo. Em uma das histórias, por exemplo, ele reage a um insulto e amaldiçoa o menino que o insultou com a morte; quando os pais queixaram-se do destino do filho, Jesus os cegou.

O garoto, com um ar impaciente, respondeu à repreensão da mãe por ter desaparecido: "Por que me procuráveis? Não sabeis que me convém tratar dos negócios de meu Pai?" (Lucas 2:49). Apesar de os pais não terem entendido o sentido das palavras de Jesus, perceberam que a mente dele já estava no reino dos céus e em sua missão terrena.

Segundo os evangelhos, Jesus só partiu da casa dos pais aos 30 anos e seguiu em direção ao Rio Jordão e, depois, para o deserto. No Rio Jordão, Jesus encontrou João, filho de Isabel. Com o nome de João Batista, ele já havia iniciado seu ministério sagrado vivendo com simplicidade na região do Jordão e pregando para as pessoas, com um apelo a uma mudança de vida. João batizava os arrependidos e profetizava a vinda de um Salvador.

Ao ver Jesus, João teve a intuição que ele era o Salvador e apontou em sua direção. Em seguida, João ficou perplexo quando o homem que via como o Messias pediu para ser batizado como qualquer pecador, e diante de sua insistência, João concordou. E logo que Jesus saiu da água, o Céu se abriu e o Espírito Santo desceu sobre ele em forma corpórea, como uma pomba. E do Céu ouviu-se uma voz: "Vós sois meu Filho amado, de Ti eu me agrado" (Marcos 1:11).

Acima: *Cristo é tentado pelo Diabo no deserto, como ilustrado neste vitral de c. 1225 da catedral de Troyes, na França.*

A TENTAÇÃO

Depois do batismo, disse Mateus, Jesus partiu para o deserto sozinho, a fim de jejuar e rezar, preparando-se para a missão que o esperava. Ficou 40 dias no deserto, com sua solidão interrompida apenas pelo Diabo, que queria testar sua determinação.

O Diabo apareceu três vezes para que Jesus cedesse à tentação. Primeiro, ofereceu para ele todos os reinos do mundo se ele começasse a adorar o Diabo. Em seguida, desafiou Jesus a transformar pedras em pão para saciar sua fome. Por fim, levou Jesus ao ponto mais alto do Templo e instigou-o a pular ("os anjos não deixarão que se machuque", disse). Cristo não cedeu às provocações. Desapontado, o Diabo partiu e os anjos trouxeram pão para Ele comer.

"Bem-aventurados os pobres de espírito"

Não se sabe se o ministério de Cristo demorou semanas ou anos. De qualquer modo, ele teve tempo de realizar milagres e de divulgar a mensagem mais extraordinária jamais ouvida.

Jesus realizou seu primeiro milagre a pedido da mãe durante as Bodas de Caná, na Galileia. Quando o vinho começou a escassear, Jesus transformou jarras de água em vinho. À medida que seu ministério progredia, Ele expulsou demônios que se apossavam dos corpos de suas vítimas, curou doentes e ressuscitou Lázaro.

De uma perspectiva moderna, os primeiros milagres de Cristo lhe conferiram o direito de ser chamado de Messias. Quando os apóstolos viram Jesus caminhando em cima da água no mar da Galileia em direção ao barco, as dúvidas sobre sua divindade se dissiparam (mas a fé de Pedro fraquejou, quando tentou se aproximar de seu Senhor).

À esquerda: *Cristo cura um cego nesta cena acolhedora e intimista de um artista italiano do século XI.*

Acima: Jesus rodeado de seus seguidores durante o Sermão da Montanha. Neste quadro do pintor James Jacques Tissot, Jesus está em pé, mas tradicionalmente é retratado sentado, porque, em geral, os rabinos sentavam-se quando pregavam seus ensinamentos.

A DIVINDADE MANTIDA EM SEGREDO

Jesus não queria que outras pessoas soubessem que ele era divino. Em alguns momentos, sobretudo no Evangelho de Marcos, ele pede aos seus ouvintes para manter o que chamava de o "Segredo Messiânico". Mesmo quando os apóstolos assistiram à transfiguração de Jesus Cristo no monte Tabor, em todo o seu esplendor divino, Jesus pediu que não contassem o que haviam visto.

Depois de um dos primeiros milagres, a cura de um leproso (Marcos 1), Cristo deu ordens estritas ao homem para que não contasse que ficara curado. No entanto, em sua felicidade o homem ignorou a ordem e contou a todos que encontrava o milagre de Jesus. Multidões vieram de lugares distantes para conhecer o homem que fazia milagres extraordinários. Alguns tinham esperança de serem curados; outros queriam assistir aos milagres ou ouvir as mensagens do novo profeta.

AS BEM-AVENTURANÇAS

Os discursos do Sermão da Montanha podem ser considerados a essência dos ensinamentos de Cristo, embora não se saiba em que colina foram proferidos. Mas em qualquer lugar que tenha ocorrido, foi durante esse sermão que Jesus enunciou as quatro bem-aventuranças (no sentido literal, beatitudes), como citado em Mateus 5:3-12:

- *Bem-aventurados os humildes de espírito, porque deles é o reino dos céus.*
- *Bem-aventurados os mansos, porque possuirão a Terra.*
- *Bem-aventurados os misericordiosos, porque alcançarão a misericórdia.*
- *Bem-aventurados os defensores da paz, porque serão chamados filhos de Deus.*

Essas bem-aventuranças encorajavam seus ouvintes. No entanto, esse sermão também tinha muitos elementos provocadores, inclusive a célebre oração

À direita: *Neste quadro do século XVI atribuído à escola francesa, vemos Jesus com um ar de desprezo diante do olhar de desaprovação dos seus companheiros devotos, ao verem Maria Madalena prostrada aos seus pés.*

do Pai Nosso e de temas considerados por muitas pessoas como os dogmas do cristianismo. A vida e a morte de Jesus haviam criado uma "nova aliança" entre Deus e a humanidade. Era uma mensagem compassiva, uma segunda chance para os descendentes do pecado de Adão e Eva.

Essa interpretação era correta, mas, ao mesmo tempo, essa generosidade, o amor e o "acordo" oferecido por Jesus, era extremamente difícil de satisfazer. Aqueles que o seguiam, advertiu, sofreriam maus-tratos e seriam perseguidos. A reação de seus seguidores diante da ofensa dos opressores deveria ser a amizade e o perdão, uma ação ainda mais difícil de suportar do que os insultos e a violência. "Em vez de retaliar, se alguém bater em seu rosto, oferece-lhe a outra face", disse Jesus (Mateus 5:39). Amem seus inimigos, façam o bem mesmo a quem o prejudica, e tratem os outros como queiram ser tratados. Assim, seus seguidores teriam de ser perfeitos como o Pai celeste era perfeito.

NÃO SÓ PARA OS JUSTOS E PIEDOSOS

Jesus conheceu seus primeiros apóstolos quando, ao caminhar à margem do Mar da Galileia encontrou Simão, o pescador, a quem deu o nome de Pedro, e seu amigo André, com seus dois irmãos Tiago e João. Depois surgiram outros "apóstolos": 12 no total, entre eles Filipe, Bartolomeu e Tomé. Nenhum deles era rico ou culto, ao contrário, eram membros de uma classe de trabalhadores com poucos recursos. Mateus, o cobrador de impostos, pertencia a uma classe desprezada. Mas Cristo queria se aproximar dos pecadores. Sua amizade com Maria Madalena, a prostituta arrependida, enfatizou sua preocupação com a redenção de todos, não só dos piedosos.

As Parábolas de Jesus Cristo

Cristo transmitia a palavra de Deus aos pobres e aos iletrados e, portanto, sua mensagem era a mais vívida possível. Em vez de criar um código abstrato de instruções, ele se expressava em uma linguagem que tocava os seres humanos. As parábolas de Jesus Cristo são riquíssimas de sabedoria, de conselhos e revelações. A parábola do semeador cujas sementes caíram em um terreno pedregoso, onde não havia muita terra, mas outra parte caiu em terra fértil; o bom samaritano que cuidou de um homem ferido em um assalto, ao contrário de um sacerdote e de um levita que o evitaram; e do filho pródigo que é recebido com carinho pelo pai depois de dissipar sua herança em uma vida desregrada. Essas parábolas demonstravam mais do que outros ensinamentos o que significava seguir o caminho de Cristo.

Acima: *A parábola dos pescadores que faziam pescas abundantes, mas só guardavam os melhores peixes, como retratado nesta ilustração medieval de c. 1530.*

O caminho da Cruz

Cristo veio ao mundo para dar uma vida eterna à humanidade, mas antes teria de sofrer e morrer. O sofrimento de sua crucificação foi sua expiação pela redenção do ser humano.

A entrada triunfal de Jesus Cristo em Jerusalém foi o clímax de seu ministério. Ele entrou na cidade montado em um jumento e não em um cavalo imponente, ou sentado em uma carruagem. Uma atitude nobre coerente com o espírito humilde das bem-aventuranças. A imensa multidão saudava o Messias nas ruas e jogava folhas de palmeiras à sua frente. As pessoas que o seguiam gritavam as palavras do Salmo 118: “Hosana! Bendito que vem em nome do Senhor!”

À esquerda: *A crucificação e o sinal da cruz são símbolos emblemáticos do catolicismo. Esta cruz italiana do século XIII era um objeto de devoção.*

***Acima:** Entrada de Cristo em Jerusalém, com as folhas das palmeiras espalhadas à sua frente. Afresco do século XV de um artista desconhecido.*

No entanto, ele recebeu uma acolhida bem mais fria no Templo. O Cristo que viera para conclamar os pecadores havia irritado os escribas e os fariseus. A devoção deles, disse Jesus, era uma interpretação literal da lei e não do espírito como a dele. Em Jerusalém, sua personalidade de reformador radical revelou-se. Seu radicalismo o levou a violar a paz do Templo, ao expulsar os cambistas de seus recintos sagrados. Para Jesus, eles haviam transformado a casa de Deus em um covil de ladrões.

A ÚLTIMA CEIA

Jesus fora para Jerusalém para participar das comemorações da Páscoa judaica. Segundo a tradição judaica, ele queria comer carneiro e pão ázimo na ceia com os apóstolos, mas ele aproveitou a ocasião para fazer um gesto especial. Depois de partir o pão, Jesus deu os pedaços aos discípulos e disse com um tom solene, "Este é meu corpo". Serviu-os de vinho e pediu que o bebessem. Em seguida, disse "Este é meu sangue". O que deveria ser sua "Última Ceia" com os apóstolos transformou-se em um prenúncio do sacrifício que faria no calvário e, é claro, no sacramento da Eucaristia católica.

Quando a refeição terminou, Jesus e os apóstolos foram para o jardim de Getsêmani a fim de rezar em um local isolado. Jesus sentia medo e assustou-se com o pensamento do que enfrentaria. Homens enviados pelo Sinédrio, o tribunal sagrado dos judeus, chegaram ao jardim para prendê-lo longe dos olhares do público. Judas revelou quem ele era e o traiu por trinta moedas de prata.

***Acima:** Jesus temia a morte como qualquer mortal. No quadro* Agonia no Jardim, *pintado por Giovanni Bellini c. 1465, ele pede por ajuda.*

O JULGAMENTO

Os captores de Jesus o acusaram de blasfêmia, apesar da falta de provas convincentes, até que ele lhes disse que era Cristo, o Filho de Deus. Depois que sua culpa foi provada, os juízes o entregaram ao governador romano Pôncio Pilatos, acusando-o de conspirar contra o Estado. Pilatos não se convenceu, mas a insistência do Sinédrio e de seus seguidores era tão veemente que, por fim, pediu uma jarra de água e "lavou as mãos" abstraindo-se do problema. Os acusadores de Cristo estavam livres para fazer o que quisessem.

Acima: *Judas traiu Jesus com um sinal de amor, um beijo, como retratado nesta pintura do século XIV do pintor espanhol Rubio.*

A EXECUÇÃO

Jesus foi açoitado e o obrigaram a carregar uma cruz de madeira pesada até o local da execução. As pessoas zombavam e cuspiam nele enquanto fazia a lenta e dolorosa caminhada pelas ruas de Jerusalém. Fora das muralhas da cidade, Jesus Cristo foi pregado na cruz com pregos nas mãos e nos pés no monte Gólgota, entre dois ladrões condenados. Apesar de tudo, Jesus disse: "Pai, perdoa-lhes, porque não sabem o que fazem". Depois de horas de sofrimento, Jesus morreu. Nesse dia, uma sexta-feira, a terra tremeu e a escuridão a cobriu; e a cortina do santuário do Templo rasgou-se ao meio.

À esquerda: *Jesus cambaleando sob o peso da cruz é descrito neste suntuoso altar escupido em madeira, c. 1460 em Antuérpia.*

A PÁSCOA

A Páscoa judaica celebra a fuga dos hebreus da escravidão do Egito, como narrado no livro do Antigo Testamento, Êxodo. Deus enviara nove pragas para castigar os egípcios, mas eles ainda se recusavam a deixar Moisés e seu povo partir. Por fim, Deus enviou um anjo para matar os primogênitos de todas as famílias. Mas para que os judeus não sofressem essa punição, Moisés pediu às famílias judias que matassem um cordeiro e passassem o sangue do animal na moldura da porta da casa.

Cristo se sacrificaria para expiar o pecado da humanidade. No Antigo Testamento, Jeová castigou os egípcios por sua maldade; agora o "cordeiro de Deus" assumiria os pecados do mundo. Sua morte e ressurreição marcaram o início da "nova aliança", na qual a justiça seria benevolente e os pecados poderiam ser perdoados.

ELE RESSUSCITOU

A MORTE DE CRISTO FOI A EXPRESSÃO SUPREMA DE AMOR, MAS SUA RESSURREIÇÃO DEU SIGNIFICADO A SUA MORTE. A HUMANIDADE TINHA UM CAMINHO PARA DEUS, UMA CHANCE DE VIDA NO CÉU.

Em estado de choque e descrença, os amigos de Jesus tiraram seu corpo da cruz e sua mãe o abraçou pela última vez. Um dos discípulos, José de Arimateia, havia preparado um túmulo para ele em uma caverna próxima. Apresentou-se a Pilatos e pediu permissão para enterrar o corpo de Jesus. Pilatos ordenou que lhe fosse entregue o corpo para enterrá-lo no lugar previsto.

Sem se preocuparem com sua segurança física, os discípulos de Jesus ficaram desesperados. O que fariam? Eles haviam ficado órfãos emocional e espiritualmente com a morte do seu Salvador, que lhes tinha prometido a vida eterna. A escuridão que ainda envolvia a Terra assemelhava-se à sua desorientação e profunda tristeza.

***Acima:** A imagem impressionante de Cristo, ao sobrevoar triunfante seu túmulo no quadro* Ressurreição de Cristo, *pintado por Rafael em c. 1502.*

O TÚMULO VAZIO

Mas a vida tinha de continuar, com seu ritual de responsabilidade dos vivos com os mortos. Assim, todas as manhãs de domingo, Maria Madalena e a "outra Maria", mãe do apóstolo Tiago, iam visitar o túmulo, os evangelhos divergem, pois o Evangelho de Marcos menciona uma terceira mulher, a amiga e discípula Salomé. Ao chegarem ao local, descobriram que a pedra que protegia a entrada fora empurrada para o lado. Um anjo as cumprimentou e lhes disse que haviam feito uma viagem inútil: "Ele não está aqui, ele ressuscitou, como havia dito."

No relato de Mateus, quando as mulheres atônitas correram para contar a notícia aos amigos, encontraram Jesus. Ele as saudou e pediu que dissessem aos discípulos para encontrá-lo na Galileia.

Algumas horas depois, dois discípulos que andavam na estrada para Emaús reuniram-se a um estranho e o acompanharam a uma estalagem para fazerem uma refeição. Só quando o "estranho" abençoou o pão antes de reparti-lo com os outros, os discípulos perceberam quem era.

A ASCENSÃO

Cristo surgiu diversas vezes diante de alguns discípulos, embora fossem encontros muito breves. Os apóstolos estavam assustados e humilhados e, no início, Tomé relutou em acreditar que essas aparições haviam acontecido. Por fim, quarenta dias depois da ressurreição, Jesus apareceu em uma sala onde estavam reunidos e pediu que transmitissem sua mensagem a todos os países do mundo. Jesus Cristo lhes disse que não tinham nada a temer, porque o Espírito Santo lhes protegeria. Disse também que eles seriam capazes de pegar em serpentes sem serem feridos, assim como conseguiriam expulsar os demônios e curar os doentes.

Os acontecimentos seguintes são obscuros, visto que os evangelhos divergem quanto aos detalhes. No entanto, existe um consenso: Jesus ascendeu ao Céu – "uma nuvem o ocultou aos olhos deles", Atos dos Apóstolos 1:9.

À esquerda: *Cristo aparece para dois viajantes na estrada para Emaús neste afresco do século XV, da Igreja da Trindade em Piemonte, na Itália.*

Acima: *Os apóstolos olham a ascensão de Jesus ao Céu em uma nuvem carregada por anjos neste alto-relevo espanhol em pedra do século XII.*

Os Evangelhos e o Santo Graal

José de Arimateia foi mencionado nos evangelhos em razão de sua iniciativa de enterrar o corpo de Cristo, apesar do papel limitado nesse episódio. No entanto, teve uma participação mais importante em um acontecimento posterior. Segundo a tradição, popularizada há pouco tempo no livro *O Código Da Vinci*, de Dan Brown, José de Arimateia fundou a primeira congregação cristã na Grã-Bretanha e foi o guardião do Santo Graal. Esse objeto sagrado, citado em geral como um cálice, embora algumas fontes mencionem que era um prato, fora usado por Cristo na Última Ceia. Essa é apenas uma história pitoresca. Os relatos mais antigos a respeito do Cristo na Grã-Bretanha não citam o nome de José de Arimateia e só no século IX seu nome é mencionado. Quanto à lenda do Santo Graal, sua origem é ainda posterior, quando foi citada em romances franceses do século XII.

PENTECOSTES

Sem mais a presença de Jesus Cristo, os apóstolos retiraram-se com Maria, a mãe de Jesus, para uma "sala superior", a mesma onde a Última Ceia tinha sido realizada. Nos dias seguintes, eles rezaram juntos até que, na festa judaica do Pentecostes, de repente veio do Céu um ruído, como de "um vento violento", que invadiu a casa onde estavam. As labaredas de fogo pairaram acima da cabeça deles enquanto o Espírito Santo descia. Inspirados por essa visão, os apóstolos correram para a rua para espalhar a notícia. Milagrosamente, os que ouviram, independente do país de origem, escutaram as palavras em sua língua nativa.

À direita: *Maria entre os apóstolos nesta representação do Pentecostes pintada em Florença por Andrea Orcagna (1368-98).*

Os discípulos

"Vinde após mim e eu vos farei pescadores de homens", disse Cristo aos pescadores à margem do mar da Galileia no início da Igreja.

Pentecostes é um dia de inspiração, que marca a descida do Espírito Santo diante dos apóstolos. A alegria dos apóstolos foi inebriante, embora alguns cínicos tivessem dito que haviam bebido. No entanto, a euforia deles transmitida pelo Espírito Santo só aumentava quando encontravam pessoas comuns nas ruas receptivas à mensagem de Cristo. Como Jesus havia previsto, esses discípulos transformaram-se em "pescadores de homens". No primeiro dia de pregação, de acordo com os Atos dos Apóstolos (2:41), três mil pessoas se converteram e nos dias seguintes o número de convertidos continuou a crescer. O cristianismo estava se disseminando. Era um movimento que reunia as massas e não mais uma comunidade, e sim a Igreja.

***Acima:** Os apóstolos logo viram que muitas pessoas comuns queriam se converter ao cristianismo, como retratado nesta iluminura do final do século XV, de Jean Poyet.*

***Acima:** Jesus pede aos discípulos que "convertam pessoas de todos os países". Ilustração de um vitral do século XX, de Gabriel Loire.*

UMA NOVA MANEIRA DE VIVER

Na época, a religião dos discípulos era mais fervorosa do que reflexiva; a doutrina e o ritual cristãos estavam evoluindo. Mas nessa fase, os cristãos ainda eram enfaticamente judeus. Todos os dias se reuniam no Templo; depois partiam o pão nas casas dos membros da comunidade e comiam com alegria e generosidade (Atos 2:46). Era ao mesmo tempo um ritual eucarístico e um ato de compartilhamento. Os cristãos venderam seus bens e dividiram o que haviam recebido com a venda entre os que precisavam. Todos gostavam deles e novos discípulos eram atraídos por suas palavras.

Assim como Jesus antes deles, os apóstolos fizeram milagres, mas tinham o cuidado que a glória fosse atribuída a Deus e não a eles. O Sinédrio (os juízes sagrados dos judeus que não acreditavam em ressurreição) se opunha a eles, porém não tinha fundamentos para condená-los, nem sabia explicar como os cristãos curavam os doentes e os mancos.

Acima: *Pedro continuou o ministério de Jesus após sua partida. Neste afresco italiano de Masolino da Panicale Pedro ressuscita Tabitha.*

A FÉ PARA TODOS

Esses cristãos cumpriam rigorosamente seus rituais judaicos, faziam suas preces com regularidade e seguiam as regras da alimentação. No entanto, esses hábitos logo mudariam. Em um sonho Deus disse a Pedro que a partir daquele momento nenhum animal poderia ser considerado "impuro" (Atos 10:10-15). Além disso, um anjo visitara o centurião romano Cornélio e esse fato convenceu Pedro que Deus queria que todas as pessoas recebessem a mensagem cristã, independente de suas origens.

Por centenas de anos, os judeus orgulharam-se de serem o "povo escolhido por Deus" e, por esse motivo, as palavras de Pedro significaram um repúdio a essa antiga crença. Enquanto ele conversava com Cornélio, seus amigos romanos e parentes, o Espírito Santo surgiu em meio a eles, como fizera com os discípulos no dia de Pentecostes. Os companheiros judeus de Pedro ficaram chocados, mas seu líder, calmamente, explicou que isso era um sinal de que "Deus não fazia distinção entre as pessoas" (Atos 10:34).

O registro histórico mostra que esse princípio foi ratificado no Concílio de Jerusalém realizado em 50 d.C., sob a orientação de Pedro. O Concílio também determinou que os gentios (não

À esquerda: *Pedro prega em uma rua semelhante a uma rua elegante de Florença no século XV.* Tabernáculo de Linaioli Pedro Pregando, *de Fra Angelico (c. 1387-1455).*

A Capital Cristã

Antioquia, a atual Antakya na Turquia, é uma cidade barulhenta e excessivamente movimentada. No entanto, atrás dessa aparência externa esconde-se um centro histórico e espiritual de extraordinária importância. As belas edificações desapareceram, mas o legado de seu passado permaneceu em seu povo, em sua pequena, porém, atuante comunidade cristã. Hoje, os cristãos de Antakya vivem em uma posição delicada em meio ao laicismo agressivo da Turquia e a religião mulçumana da maioria da população. Entretanto, sentem-se fortalecidos pelos dois mil anos de contínua devoção ao cristianismo. A antiga Antioquia era uma grande metrópole e, durante o período crucial dos séculos I e II, foi a capital do cristianismo. Pedro exerceu seu ministério na cidade e, segundo São João Crisóstomo, havia cem mil cristãos na Antioquia do século III.

judeus) poderiam ser batizados sem circuncisão. Esse foi o início da divergência entre o cristianismo e o judaísmo. Por sua vez, Pedro transferiu o local do seu ministério de Jerusalém para Antioquia na Síria (atual Turquia) e depois para Roma, onde transmitiu sua mensagem ao centro do mundo.

A Conversão de Paulo

No início Saulo foi um perseguidor implacável da nova religião, mas, batizado com o nome de Paulo, tornou-se um evangelista incansável. Ele exerceu um papel importante na consolidação do cristianismo.

Saulo nasceu em Tarso, uma cidade na província romana da Cilícia (sul da atual Turquia). No século II d.C., Tarso era uma cidade com grande poder de decisão e autonomia e Saulo, filho de uma família judia rica, recebera o título de cidadão romano. Esse fato distinguia Saulo dos judeus da época e alimentou suas suspeitas em relação aos seguidores de Cristo, que eram uma ameaça potencial ao judaísmo e ao Império Romano.

Segundo os Atos dos Apóstolos (capítulos 7 e 8), Saulo teve o primeiro

Acima: *Saulo foi envolvido por uma luz brilhante na estrada de Damasco, como retratado neste vitral do século XIX da Catedral de Lincoln, na Inglaterra. Sua conversão teve uma grande influência no desenvolvimento do cristianismo.*

contato com os cristãos, ao presenciar o martírio de Estêvão, que morrera apedrejado em Jerusalém, em 35 d.C. Saulo foi um mero espectador e os homens que apedrejaram Estêvão colocaram suas vestes aos pés de Saulo, para que as guardasse. Mas Saulo não se distanciou da doutrina cristã por muito tempo. Curiosamente, não foram as declarações de fé cristã de Estêvão ou as críticas aos judeus que aborreceram Saulo. O que atraiu sua atenção foi a serenidade com a qual o primeiro mártir enfrentou a morte e a magnanimidade com que pediu a Deus que perdoasse seus assassinos.

Naquele dia, Saulo começou uma grande perseguição aos companheiros cristãos de Estêvão e partiu para Damasco, com o objetivo de prender os cristãos e trazê-los presos para Jerusalém.

A LUZ DE DEUS

Durante a viagem, Saulo foi envolvido por uma luz forte e com o impacto de sua força caiu na estrada de pedra. Em seguida, ouviu uma voz vinda do Céu: "Saulo, Saulo, por que me persegues?" Saulo, atônito e indefeso, respondeu: "Quem és, Senhor?". "Eu sou Jesus, a quem persegues." Essas palavras foram uma revelação para Saulo e sua conversão na estrada de Damasco simbolizou um momento de definição do cristianismo. Saulo nunca vira Cristo em pessoa como seus discípulos, mas como Paulo sua contribuição para o desenvolvimento da Igreja de Cristo foi fundamental.

A RECUPERAÇÃO DA VISÃO

O brilho da luz cegara Saulo e então seus companheiros seguraram em sua mão e o levaram para Damasco. Lá, um discípulo chamado Ananias ouviu em um sonho o pedido do Senhor para ir à casa onde Saulo estava e recuperar sua visão. Ananias já ouvira falar das perseguições de Saulo aos cristãos e questionou esse pedido. Surpreso, o Senhor lhe disse que Saulo precisava ser curado, porque era essencial para a realização de seus planos referentes à Igreja cristã.

A recuperação da visão de Saulo foi uma cura física e um ato simbólico. Ele estava moralmente cego e a revelação o iluminara. Batizado como Paulo, dedicou sua vida à difusão dos evangelhos com o mesmo proselitismo com que perseguira os cristãos.

À esquerda: *Paulo prega a mensagem de Cristo neste quadro do século XIV de Luca di Tommè. O discípulo acreditava que todos deviam ouvir os ensinamentos dos evangelhos.*

As Epístolas Paulinas

Paulo percorreu quilômetros durante sua atividade missionária. Encarou seu dever em relação aos gentios com extrema seriedade. Jamais satisfeito apenas em converter pessoas, mantinha contato com comunidades por meio de cartas. As epístolas, escritas em forma de saudações, sermões e argumentos teológicos, incorporaram-se às escrituras cristãs. As opiniões de Paulo, expressas nas Epístolas paulinas, exerceram uma influência incalculável não só nas congregações da Antiguidade, como também no desenvolvimento posterior do cristianismo.

Acima: *Uma página das Epístolas paulinas mostrada em detalhes em um políptico de 1473 (retábulo com diversos painéis) na Catedral de Sant'Emidio em Ascoli Piceno, Itália.*

O APÓSTOLO DOS GENTIOS

O Espírito Santo (Atos, capítulo 13) escolheu Saulo para realizar a tarefa de transmitir as palavras divinas para os gentios. Portanto, não causa surpresa que tenha adotado o nome romano de "Paulo" durante sua primeira missão a Chipre, Grécia e Ásia Menor. Saulo também participou do Concílio de Jerusalém, que revelaria a nova religião aos não judeus, ao lado de Pedro. Além disso, Paulo percorreu a região oriental do Mediterrâneo e o Oriente Médio em sua missão de fazer novos convertidos e visitar as comunidades cristãs.

Preso em Jerusalém, supostamente por ter levado gentios ao Templo em desobediência à lei judaica, Paulo foi acusado de blasfêmia, assim como Cristo. Porém, Paulo recorreu aos seus direitos

Acima: *O quadro do século XV de Masaccio retrata o apóstolo Paulo, com uma espada de guerreiro (e de mártir) em uma das mãos e a Bíblia na outra.*

de cidadão romano e foi levado a Roma para ser julgado. Sua chegada coincidiu com a primeira das grandes perseguições aos cristãos em 64 d.C. Ele morreu como um mártir, embora a data precisa e as circunstâncias sejam desconhecidas.

A FÉ AMEAÇADA

"Bem-aventurado sois vós, quando vos injuriarem e perseguirem", disse Cristo. Seus seguidores descobririam o que significava ser torturado em nome de suas crenças.

No final do ano 64 d.C., Nero, imperador de Roma, iniciou a primeira "grande perseguição" aos cristãos. Nessa fase inicial do cristianismo, seus discípulos não constituíam uma ameaça. Na época, a comunidade cristã na capital do império deveria ter no máximo poucas centenas de pessoas.

No entanto, Nero tinha um projeto. Os romanos o acusavam de ser culpado pelo grande incêndio que devastara a cidade de Roma naquele ano. Diziam que seus escravos haviam incendiado a cidade, para que Nero continuasse seu programa de reforma urbana de algumas áreas do centro. O incêndio destruíra dez dos 14 distritos da capital. Nessas circunstâncias, Nero precisava culpar alguém e a comunidade cristã seria o alvo perfeito.

Acima: *Um homem é atacado por animais ferozes na arena neste mosaico do século II, do Norte da África.*

MORTES CRUÉIS

Sob as ordens de Nero os cristãos foram presos. Alguns foram jogados vivos em fogueiras ou em lugares para serem despedaçados por cães ferozes ou, em especial, atirados em arenas onde eram mortos por animais ferozes em um espetáculo público. Outros foram crucificados, uma forma comum de execução na época, mas também com o intuito de mostrar desprezo pela maneira como o Messias dos cristãos fora punido. Pedro, que havia chegado a Roma no início da grande perseguição, foi crucificado. Segundo uma tradição, a seu pedido ele foi pendurado de cabeça para baixo, talvez

Acima: *Pedro é retratado com frequência preso na cruz de cabela para baixo, como nesta iluminura de um manuscrito francês do século XVI.*

para não ser executado do mesmo modo que seu Salvador.

A REPRESSÃO PROLONGADA

Em muitos lugares e por períodos longos, a presença dos cristãos foi tolerada. Mas, às vezes, a perseguição não era uma iniciativa do Estado, e sim do público em geral. Os cristãos eram importunados e atacados fisicamente pelos vizinhos pagãos. Algumas vezes a multidão os atacava com violência, com ou sem a conivência das autoridades.

Como previsível, a hostilidade aumentava em períodos de instabilidade política ou de crises econômicas. Os cristãos sofreram perseguições cruéis nos reinados de Domiciano, Trajano, Sétimo Severo e Décio. Muitos padres e bispos foram martirizados no reinado de Valeriano (253-60), entre eles São Lourenço, queimado em uma grelha de ferro.

Os romanos não entendiam o que motivava a resistência dos cristãos e isso os irritava. Eles haviam dado todas as oportunidades possíveis para os cristãos se salvarem renegando a fé, não compreendiam porque valia a pena morrer em nome dessa nova religião.

Abaixo: *São Sebastião martirizado em 287 olha para o céu estoicamente, enquanto as flechas perfuravam seu corpo. Quadro do pintor Mantegna datado de 1480.*

Acima: *A execução terrível de Santa Catarina de Alexandria em torno de 305 capturou a imaginação deste pintor do final da Idade Média. A obra se chama* História de Quatro Santos, *de 1280.*

OUTRA PERSEGUIÇÃO

Em 303 o imperador Diocleciano promulgou um édito contra os cristãos e deu ordens para demolirem as igrejas e prenderem os fiéis. Esse foi o sinal do início de outra grande perseguição. Mais uma vez, os romanos deram a oportunidade de os cristãos se salvarem, se oferecessem um sacrifício aos deuses pagãos. Alguns sofreram intimidações para obedecerem. Algumas fontes citam, outras negam, que o Papa Marcelino fora persuadido a queimar incenso diante de ídolos romanos. No entanto, ele se arrependeu de sua fraqueza, reafirmou a fé cristã e morreu como mártir em 304.

Muitos cristãos morreram durante os oito anos da grande perseguição, mas alguns estudiosos atuais não acreditam nas fontes contemporâneas, segundo as quais dez mil mártires foram crucificados no primeiro dia da perseguição de Diocleciano. Na opinião dos estudiosos mais conservadores, milhares de cristãos foram martirizados e sofreram maus-tratos e torturas. Mais uma vez, a crise econômica causada pela má administração financeira de Diocleciano provocara a perseguição. O imperador tinha uma crença religiosa conservadora e via com preocupação o abandono dos deuses romanos tradicionais em favor de novas crenças, como o cristianismo.

O IMPERADOR E O ANTICRISTO

Depois da perseguição de Nero, os cristãos começaram a se comunicar por meio de um código baseado na "guematria", uma regra hermenêutica que atribuía propriedades místicas a diferentes números e via um significado em suas relações com as letras do alfabeto hebraico. Alguns estudiosos analisaram as sutilezas infinitas da "guematria" por muitos anos, porém em uma linguagem mais simples essa regra poderia ser usada para fazer um criptograma. O código de Nero era 666: o "número da fera" no Livro da Revelação. Para muitos cristãos, o imperador Nero era o modelo do "anticristo".

A NOVA VIDA ENTRE OS MORTOS: AS CATACUMBAS

EM ROMA, HOMENS, MULHERES E CRIANÇAS REUNIRAM-SE EM TORNO DE UMA CRENÇA SECRETA. ELES ENCONTRARAM UM SANTUÁRIO NAS CATACUMBAS, ONDE HAVIAM ENTERRADO SEUS SERES AMADOS.

Diante da perseguição por sua crença em Cristo, os primeiros cristãos romanos refugiaram-se nas sepulturas subterrâneas para agradecer e louvar a Deus.

UMA SOLUÇÃO PRÁTICA

As catacumbas eram as sepulturas dos mortos em Roma, mas para os cristãos, e talvez para outras pessoas, transformaram-se em um local de refúgio em épocas de perseguições. Havia quarenta construções subterrâneas do período pré-cristão em torno da periferia de Roma. Os pagãos romanos, embora homenageassem os mortos e oferecessem oferendas em túmulos, também os temia e os baniu para túmulos na periferia da cidade. Depois da cremação dos cadáveres, as cinzas eram guardadas em um columbário especial ("pombal"), assim chamado em razão de os nichos onde as urnas eram colocadas assemelharem-se aos pombais, onde os romanos criavam ou recolhiam os pombos.

A pressão crescente por mais espaço na cidade resultou na construção dessas sepulturas subterrâneas. Na fé cristã, a crença na ressurreição dos corpos substituíra a cremação de cadáveres pelo enterro em um túmulo. Por esse motivo, as catacumbas construídas no período cristão eram ainda mais espaçosas. Felizmente, a cinza vulcânica leve e porosa

Acima: *As catacumbas eram locais onde se enterravam os mortos. Esta ilustração mostra os pequenos nichos nas paredes dessa sepultura subterrânea.*

sobre a qual grande parte de Roma fora construída facilitou a escavação desses túmulos subterrâneos.

SÃO CALISTO

A maior catacumba de Roma, a de São Calisto, recebeu esse nome em homenagem ao Papa Calisto, embora tenha sido um dos poucos pontífices do século III, que não foi enterrado na Cripta dos Papas. A catacumba foi redescoberta em 1849 pelo arqueólogo italiano Giovanni

Battista de Rossi. Mais de 20 quilômetros de túneis e câmaras foram mapeados, mas ainda existem grandes labirintos a serem explorados. Os túneis foram construídos em até quatro camadas superpostas.

SAGRADO E SECRETO

A perseguição aos cristãos cessou durante alguns anos e nesses períodos de tranquilidade as catacumbas foram destinadas apenas ao sepultamento de cadáveres. Mas em épocas de perseguições oficiais, quando os ritos religiosos nas igrejas e nas casas eram perigosos demais, as famílias que visitavam as catacumbas para homenagear e rezar por seus entes queridos decidiram criar santuários nos locais. Os túmulos dos mártires assassinados durante as perseguições eram lugares sagrados e os cristãos os visitavam para homenageá-los e para rezar.

Mesmo em épocas de tolerância religiosa, as catacumbas continuavam a ser um foco poderoso da fé cristã. E, é claro, tinham uma importância simbólica do sentido da vida e da afirmação em meio à morte. Esse sentimento de afirmação estava muito presente entre homens e mulheres no início da Igreja.

A INSPIRAÇÃO MODERNA

Hoje, ficamos admirados com a coragem dos primeiros cristãos e observamos a história deles como um exemplo de esperança. A vitória sobre a morte e o triunfo de uma nova vida, mesmo no túmulo, eram o símbolo da grande promessa do cristianismo para seus fiéis. Por isso, as catacumbas continuam a exercer um grande fascínio na imaginação dos cristãos.

Abaixo: *As antigas caveiras parecem observar a cena na catacumba de São Calisto construída no centro de Roma.*

A Arte Subterrânea

Determinadas áreas das catacumbas assemelhavam-se às igrejas e afrescos mostravam cenas da cerimônia de ação de graças. O peixe quase sempre aparecia como um símbolo, não só porque Cristo e seus apóstolos haviam sido pescadores, como também as letras da palavra grega *ichtus* ("peixe") constavam da frase secreta *Iesu Christos Theou* (ou "Jesus Cristo, o Salvador"). As cenas do Antigo Testamento também eram representadas, como Moisés subindo a montanha e abrindo o mar, e Jonas sendo engolido pela baleia.

A "Galeria de Sacramentos" da catacumba de São Calisto tem pinturas fascinantes. A Catacumba de Domitilla, onde os principais santos do século IV eram enterrados, também tem pinturas. Em uma sala lateral, o teto tem um afresco do século III com o desenho do bom pastor; os nichos próximos e as passagens são decorados com imagens de Jesus, dos apóstolos e dos reis magos.

Acima: *Abraão se prepara para o sacrifício de seu filho Issac. As catacumbas guardam algumas das primeiras artes cristãs.*

Acima: *Dentro da igreja romana de São Calisto, a Cripta dos Papas abriga os restos mortais dos líderes da Igreja nos séculos III e IV.*

A IGREJA DE ROMA

O CRISTIANISMO AFASTA-SE CADA VEZ MAIS DE SUAS RAÍZES JUDAICAS. ROMA, O CENTRO DO MUNDO NO SÉCULO I, FOI O PRINCIPAL LUGAR DO DESENVOLVIMENTO DA NOVA RELIGIÃO.

Por que, apesar das origens no Oriente Médio, essa nova religião foi denominada Igreja Apostólica Romana? Em certo sentido, essa "romanização" foi acidental. A cena de tantos mártires assassinados adquiriu um simbolismo emocional e espiritual muito forte, para os primeiros cristãos. No século II, bem antes do início das perseguições, homens e mulheres faziam peregrinações aos túmulos de São Pedro e São Paulo.

Acima: *Esta iluminura de um manuscrito francês do século XV mostra a visão de Santo Agostinho de Roma como a "Cidade de Deus".*

A CAPITAL DO MUNDO

Havia também outras razões importantes para o desenvolvimento do cristianismo em Roma. A cidade era a capital de um enorme império e o centro do mundo. As decisões mais relevantes eram tomadas em Roma e os romanos dominavam as nações conquistadas. A cidade era o ponto de encontro de estradas bem construídas e do transporte de cargas.

Abaixo: *Tertuliano era um pagão que se converteu ao cristianismo em c. 197 d.C. Suas obras abrangem muitos temas teológicos e oferecem uma visão da vida religiosa e das crenças de sua época.*

Essas vantagens nem sempre interessavam à Igreja. Em primeiro lugar, o cristianismo fora influenciado pelo judaísmo. Na verdade, havia discussões acaloradas a respeito do batismo de gentios e muitos resistiram a essa mudança. No entanto, a interpretação literal de Pedro e Paulo das palavras de Cristo predominara: "Ide, pois, e fazei discípulos meus em todos os povos" (Mateus 29:19).

A HEGEMONIA DO LATIM

A decisão de Tertuliano, o principal pensador da Igreja, de escrever suas obras em latim, a língua de Roma, também foi importante. Até esse momento, só existiam duas línguas no cristianismo, o hebraico, a língua dos judeus, e o grego, a língua do reino selêucida no Oriente Médio. A palavra "Cristo" origina-se da palavra grega *Khristós* ("o ungido"). A decisão de Tertuliano em *c.* 200 d.C. revelou a ambição da Igreja de estender-se mais além de seus territórios de origem para o resto do mundo conhecido.

A CRUZ DE CONSTANTINO

Em 312, a Igreja encontrou um apoio inesperado no imperador Constantino I. Ao meio-dia, antes de enfrentar um rival que queria se apoderar do poder imperial em uma grande batalha, Constantino, o Grande, rezava para o Sol, o *Sol Invictus,* a suprema divindade de sua religião. De repente, ele e seu exército surpreenderam-se ao ver a imagem de uma cruz na superfície do Sol. O simbolismo inegável da cruz revelou-se em uma frase escrita no Céu: *in hoc signo vinces* ("Por este sinal conquistarás").

A conversão de Constantino na Batalha da Ponte Mílvia e seu apoio à Igreja deram um grande impulso ao desenvolvimento do cristianismo. Sem a ameaça de perseguição, os cristãos podiam se reunir e realizar os ritos religiosos abertamente e os membros do clero tinham liberdade de ação. A fé cristã, que por imposição das circunstâncias, havia tido um comportamento prudente e discreto, expandiu sua presença no mundo. Constantino estimulou esse processo de expansão, ao conceder recursos à Igreja e ao fortalecer suas instituições. Em 325, Constantino convocou o Concílio de Niceia, que discutiu questões importantes da doutrina cristã. Apesar de alguns cristãos sentirem que o apoio de Constantino "oficializara" o cristianismo, esse apoio dera acesso às estruturas imperiais, que ajudaram a Igreja a crescer.

Acima: *Constantino I é retratado neste afresco do século XVI ao lado da mãe, santa Helena. De acordo com a tradição cristã, teria sido ela quem descobriu o local da crucificação de Jesus Cristo e a relíquia da "verdadeira cruz". Com seu fervor religioso, Helena garantiu que o filho jamais renunciaria a sua fé cristã.*

A conversão de Constantino foi fundamental para a Igreja superar um momento difícil. Embora nem sempre o imperador fosse fiel ao seu compromisso com a nova crença, a fé inabalável da mãe, Helena, impediu que o filho se desviasse de sua crença. Ao se converter ao catolicismo seguindo o exemplo do filho, ela se transformou no guia religioso do imperador.

A NOVA CAPITAL

Ao mesmo tempo, Constantino transferiu a capital do Império Romano para Bizâncio, ou Constantinopla, como ele a chamou, uma mudança com resultados dramáticos para a história do cristianismo. Nos séculos seguintes, a cidade no Bósforo transformou-se no verdadeiro centro do mundo "romano", enquanto Roma mergulhava em um período de estagnação e declínio. Ao longo do tempo, ela recuperou seu prestígio, mas a Igreja do Império Romano do Oriente seguira um caminho independente e os seguidores do cristianismo dividiram-se.

Acima: *Este afresco do século XIII retrata o batizado de Constantino pelo Papa Silvestre I, um fato que representou uma grande evolução da Igreja tradicional. Embora, na verdade, o imperador só foi batizado em seus momentos finais.*

Uma Doação Duvidosa

Constantino deu um apoio importante ao cristianismo, com a construção da Basílica de São Pedro em Roma, entre muitas outras realizações para a consolidação da Igreja. No entanto, a Doação de Constantino, um documento no qual o imperador concedera ao Papa Silvestre I e aos seus sucessores uma autoridade temporal sobre Roma e muitas das possessões do império na Europa e no Norte da África, não foi uma iniciativa benéfica para a Igreja. A maioria dessas possessões foi invadida por outros povos ou governantes, mas os papas mantiveram o poder na região central da Itália. Ainda hoje, o Vaticano é uma nação soberana, com uma posição legitimada pela imposição do clero, mas não por um poder legal. Na realidade, a inautenticidade da Doação de Constantino foi revelada no século XV. Segundo especialistas, o documento havia sido redigido no século VIII.

À esquerda: *A cabeça do imperador Constantino exposta no fórum de Roma. Essa estátua foi durante grande parte do século IV a maior obra esculpida da época.*

Os primeiros Papas

A instituição do papado começou com as palavras de Jesus Cristo a Pedro: "Eu te darei as chaves do reino dos céus; e tudo o que ligares na Terra será ligado nos céus, e tudo o que desligares na Terra será desligado nos céus".

Pedro foi o primeiro Papa da Igreja Católica, embora o papado só tenha se institucionalizado ao longo do tempo. Pedro se chamava Simão, mas Cristo lhe deu um novo nome para que realizasse sua importante missão na Terra, como um líder espiritual. "Tu és Pedro e sobre esta pedra construirei a minha Igreja e as portas do Inferno nunca prevalecerão sobre ela." (Mateus 16:18).

Acima: *As chaves do Céu do brasão do Papa Leão X foram esculpidas neste alto-relevo romano em pedra datado de 1513-20.*

OS SUCESSORES DE JESUS CRISTO

A sucessão "apostólica" é o fundamento das reivindicações do cristianismo de ser a única e a verdadeira Igreja de Deus. Segundo essa teoria, a autoridade espiritual fora transmitida em uma sucessão ininterrupta de pontífices de Cristo a Pedro até o momento atual. Essa autoridade é personificada pelo papa, o chefe supremo da Igreja Católica, cujo brasão tem as chaves do Céu entrelaçadas como uma referência às "chaves dos céus" das palavras de Cristo a Pedro.

Em seus primórdios, a Igreja era pequena e pouco estruturada e, portanto, o cargo de bispo não representava um grande *status*. Com frequência, o cristianismo era, em razão da perseguição dos romanos, uma fé furtiva que agia em segredo. Seus bispos tinham de ser os mais discretos possíveis. Pedro não tinha um palácio, nem um Vaticano. Mas, assim mesmo, sua superioridade como "Príncipe dos Apóstolos" era reconhecida pelos seguidores de Cristo. Ele era o sucessor ungido do Salvador na Terra e nenhum cristão ousaria questionar sua autoridade.

A EVOLUÇÃO DA IGREJA

No Édito de Milão (313), Roma reconheceu a legitimidade da Igreja. Com muitos fiéis e sem a perseguição dos romanos, a Igreja sofrera uma grande transformação. A liderança de uma or-

Acima: *Cristo entrega as chaves do Céu a Pedro, o primeiro Papa da Igreja Católica. Afresco de Pietro Perugino do século XV.*

ganização grande e internacional era não só um desafio espiritual, como também uma tarefa administrativa complexa. Manter a disciplina doutrinal também exigia um grande esforço. Os pregadores independentes seguiram caminhos diferentes e, no final do século IV, a anarquia teológica ameaçou a integridade da Igreja.

Além disso, esse movimento de dissensão ocorreu em meio ao declínio do Império Romano, ameaçado pelas invasões dos bárbaros e pela instabilidade interna. O centro do poder político deslocara-se para o Oriente, onde Constantinopla florescia como a capital de um Estado "romano", com tendência de privilegiar os valores políticos, econômicos e culturais do Oriente. Roma transformara-se em uma cidade periférica e decadente. Segundo todos os indícios, a Igreja acompanharia o declínio do Império Romano do Ocidente e sua breve história cairia no esquecimento.

O PAPADO PODEROSO

O Papa Leão I, o Grande, teve uma influência definitiva no desenvolvimento da Igreja. Com um estilo de liderança agressivo, reagiu com severidade à oposição. Em sua opinião, a democracia era um luxo ao qual a Igreja não poderia se permitir. Em meio à desordem, ele agiu com poderes ditatoriais e centralizadores para impor a doutrina cristã. Em sua visão, o papa era herdeiro dos poderes de Pedro, como nas palavras de Cristo no Evangelho de Mateus 16:18.

Acima: *Quando o Papa Fabiano foi eleito em 236, a Igreja era uma grande organização. Nesta pintura de sua coroação feita por um artista do século XV da escola espanhola, uma pomba branca, um símbolo do Espírito Santo, pousa sobre sua cabeça.*

As primeiras gerações de cristãos respeitavam os papas, valorizavam a sucessão apostólica, haviam se inspirado nas palavras de Jesus Cristo a Pedro, mas não acreditavam que os papas eram herdeiros de Pedro. No entanto, com suas ações enérgicas o Papa Leão, o Grande, fortaleceu a Igreja Católica.

À esquerda: *Com seu poder de persuasão Leão, o Grande, evitou o ataque de Átila, rei dos hunos, a Roma no encontro dos dois em 452. Esta escultura em madeira de c. 1860 inspirou-se em um afresco de Munique.*

UM PAPA PERSUASIVO

Leão, o Grande, foi um pontífice autoritário, mas não um tirano. Ele conseguia dominar as pessoas com sua gentileza e calor humano. Leão, o Grande, tinha um talento especial para lidar com o ser humano.

Com seu poder de persuasão, o Papa evitou a invasão de Átila, o rei dos hunos, a Roma. Em 452, Átila com seu exército invadira a Itália e ameaçava destruir e saquear a cidade de Roma. Desesperados para defender a cidade contra um inimigo tão violento, os líderes civis e militares pediram ajuda ao Papa. Acompanhado por dois funcionários do império, o Papa Leão encontrou-se com Átila e pediu que não atacasse Roma. De acordo com um cronista da época, Átila ficou "tão impressionado com a presença do Sumo Sacerdote, que deu ordens ao exército para cessar as hostilidades e, depois de prometer a paz, partiu em direção ao Danúbio".

OS PADRES DA IGREJA

MUITOS ESTUDIOSOS AJUDARAM A DESENVOLVER A DOUTRINA DO CRISTIANISMO, MAS QUATRO TIVERAM IMPORTÂNCIA ESPECIAL, COMO OS "DOUTORES" DOS PRIMÓRDIOS DA IGREJA.

A Igreja tem uma dívida imensurável com os grandes "doutores", ou professores, do início da Idade Média, que ajudaram a moldar não só seus rituais, como também sua fé. Embora fossem claros em sua essência, os ensinamentos de Cristo tinham implicações que precisavam ser exploradas e examinadas, além de princípios a serem estabelecidos e sistematizados. A Igreja existia no mundo real. Os cristãos não só procuravam na Igreja uma fonte de inspiração, como também explicações sobre o mundo, orientação moral e ajuda para lidar com suas dúvidas e medos. No início, sua estrutura precária não lhe permitia exercer esse papel. Sua doutrina teológica era incipiente, assim como seus fundamentos institucionais.

Acima: *De acordo com as lendas, São Jerônimo tirara um espinho da pata de um leão e sempre o retratavam com um leão aos seus pés, como neste quadro do século XV de um artista suíço desconhecido.*

UM PAPA SEM BATISMO

A Igreja era tão desorganizada que, quando o bispo de Milão morreu em 374, seu sucessor, Ambrósio, não fora batizado, nem havia recebido as ordens sacras. O novo Papa também não tinha um conhecimento profundo de teologia. No entanto, Ambrósio sabia que era preciso impor um rigor teológico. Em sua primeira iniciativa, o Papa Ambrósio deu seus bens aos pobres; em seguida, iniciou seus estudos teológicos. Essa foi uma jornada espiritual e intelectual, na qual, segundo os livros que escreveu, os cristãos o acompanharam. A coragem de Ambrósio foi exemplar e sua rejeição às intimidações do imperador Teodósio estabeleceu um padrão de conduta para os pontífices seguintes. Sua devoção também era exemplar. Ambrósio teve uma grande influência no papel de destaque da Virgem Maria.

Acima: *Gregório, Ambrósio, Jerônimo e Agostinho: os quatro padres da Igreja observam a Virgem Maria e o menino Jesus neste altar do século XV.*

OS ESCRITORES DE LÍNGUA LATINA

Ambrósio beneficiou-se com o acesso às fontes gregas de escritos teológicos até determinado momento. Ele escrevia em latim e, por esse motivo, inseriu-se no mesmo processo de ocidentalização, que Tertuliano iniciara há dois séculos. Jerônimo continuou esse processo com a tradução da Bíblia para o latim iniciada em 382. Jerônimo nascera na Dalmácia e estudara nos livros escritos em grego, considerados as melhores fontes do conhecimento. Ao mesmo tempo, a Igreja se definia como um movimento ocidental. O grego, desde a época de Alexandre, era a língua falada não só na Grécia, mas também na Ásia, o centro, aos olhos da Igreja, da heresia.

Acima: *Em* A Missa de São Gregório, *o Salvador é retratado com seus ferimentos sangrando, e o sangue jorra no cálice do Papa nesta iluminura de c. 1490.*

O Confessor

Hoje, Santo Agostinho é mais conhecido por sua autobiografia *Confissões* (397) e seu pedido na juventude: "Senhor, faça-me casto, mas não agora!" No entanto, em sua insistência em enfatizar que a humanidade vivia, desde o começo de sua existência, em um estado de "pecado", ele se esquivou de críticas a respeito de sua conduta. Quando criança, lamentou ter roubado uma fruta que não precisava; mesmo como um bebê, Agostinho acreditava que havia chorado de propósito para atrair a atenção dos adultos. É um livro de certa forma estranho, mas a admiração causada pela análise de Agostinho de seu comportamento não se limita à Igreja, porque chamaríamos suas percepções surpreendentes de uma análise psicológica atual.

Acima: *O quadro* O Diabo segurando o Livro dos Vícios diante de Santo Agostinho, *de Michael Pacher (c. 1435-98). Para Santo Agostinho, o mal e suas tentações eram uma ameaça constante.*

A LUTA PELA ORTODOXIA

Santo Agostinho de Hipona combatia duas heresias poderosas. Na juventude, adotara a doutrina maniqueísta originária da Pérsia, que defendia a existência de um conflito cósmico entre o reino da luz (o Bem) e o das sombras (o Mal). O maniqueísmo exerceu grande influência no cristianismo no Oriente. Mais tarde, Agostinho rejeitou essa etapa de seu desenvolvimento espiritual, assim como repudiou seu estilo de vida dissoluto na juventude. A partir desse momento, Agostinho transformou-se em um defensor inflexível da ortodoxia ocidental.

Ele também defendeu os cristãos romanos contra a doutrina dos pelagianos, que minimizava o papel da graça divina. Pelágio, um monge do século IV, afirmara que a humanidade não havia pecado no Jardim do Éden e, portanto, não precisava da redenção de Cristo. As pessoas tinham o livre-arbítrio de seguirem o caminho do bem sem ajuda. Agostinho foi fundamental na formulação da doutrina do pecado original.

UM GRANDE REFORMADOR

Gregório I, o Grande, foi eleito pontífice em 590. O Papa Gregório foi incansável em realizar reformas extensas. Desde o celibato para o clero, a ideia da remissão do tempo no Purgatório, a atos públicos e privados de penitência, suas reformas atingiram todos os aspectos da vida religiosa. Os pedidos para sua canonização começaram ainda em sua vida ativa, embora os críticos dissessem que ele quase causara a falência da Igreja com sua índole caridosa.

A Igreja dividida

"Roma se pronunciou, o caso está encerrado", essas são as fortes palavras atribuídas a Santo Agostinho. A insistência da Igreja pelo dogmatismo religioso foi uma reação à ausência de uma disciplina doutrinal.

Roma era o centro do mundo no século I d.C., mas o poder e o controle exercidos pelo Império Romano não durariam muito tempo. A Idade das Trevas, que se prolongou do século V ao século XI, talvez não tenha sido um período tão obscuro da história da humanidade, como algumas fontes populares mencionam. Mas foi uma época de turbulência da Igreja. O Império Romano estava sendo atacado por inimigos e a situação política era péssima. Portanto, a sobrevivência do Estado e de uma civilização estava em jogo, assim como a Igreja. E no momento em que a unidade dos cristãos tinha importância vital, a rivalidade ameaçou fragmentar a fé.

Acima: *A Igreja, uma fortaleza, é defendida contra a heresia e o pecado nesta iluminura de um manuscrito francês do século XV.*

UMA CIDADE SITIADA

Agostinho pressentiu o perigo. Roma havia sido saqueada pelos visigodos, quando no final de 410, Agostinho começou a escrever *A cidade de Deus*. Muitos romanos acreditavam que o declínio da capital fora um castigo dos deuses por tolerarem a religião cristã, porém, na visão de Agostinho, a cidade de Roma e a Igreja eram estados paralelos, atacados, respectivamente, pelos bárbaros e pelos pagãos. Por isso, era preciso agir com urgência e vigor para garantir a integridade da Igreja.

AS DIFERENÇAS DE OPINIÃO

Segundo Agostinho, os hereges eram os inimigos internos do cristianismo. Havia muitos hereges na época que, em geral, tinham poder. Os partidários do arianismo seguiam os ensinamentos de Ário, um padre cristão egípcio, que acreditava na santidade de Cristo, porém negava seu caráter divino. Ambrósio combatera essa heresia como bispo de Milão no século IV, mas a doutrina difundira-se e tinha muitos seguidores entre a classe governante da Europa. Esse movimento foi interrompido após a crítica do imperador Teodósio proferida em uma conferência realizada em Constantinopla, em 381. Neste ano, uma versão revisada do Credo de Niceia rejeitou os princípios do arianismo. No entanto, essa doutrina continuou a exercer influência em regiões mais distantes do Império Romano do Ocidente.

No século V, surgiu o nestorianismo, a doutrina de Nestório, um arcebispo de Constantinopla, que fazia a distinção entre as naturezas divina e humana de Cristo. Essa heresia provocou a criação da Igreja Assíria do Oriente. Por sua vez, o monofisismo afirmava que Cristo só tinha a natureza divina. Seus partidários tinham conflitos violentos com os nestorianos no Oriente.

A IRLANDA

A ameaça dos ataques dos bárbaros à integridade da Igreja não era um exagero de Agostinho. No intervalo de um século após o saque de Roma, o cristianismo tinha sido praticamente eliminado da região ocidental da Europa. Só na costa distante da Irlanda no Oceano Atlântico o cristianismo ainda mantinha sua influência. Entretanto, nos séculos VI e VII, missionários desses mosteiros remotos espalharam-se pela região ocidental e central da Europa (até mesmo na Itália) e reintroduziram a Igreja de Cristo no continente.

A CAPITAL DO CISMA ENTRE O ORIENTE E O OCIDENTE

Em Constantinopla, o centro movimentado de um império em expansão, a Igreja continuou a prosperar. As diferenças culturais e linguísticas provocaram divergências entre as duas metades do Império Romano. O império do Ocidente era europeu e latino, enquanto o do Oriente era asiático e grego. Enquanto o império do Ocidente sucum-

À esquerda: *Os Concílios de Niceia realizados a partir de 325 d.C. criticaram diversos princípios importantes da doutrina cristã. As cenas dos concílios estão retratadas neste calendário russo datado de meados do século XVIII.*

***Acima:** Livros hereges são queimados na fogueira nesta ilustração de um manuscrito do século IX.*

bia a uma crise terminal, a riqueza do Oriente florescia e, assim, os patriarcas do Oriente não viam motivo para se inclinarem diante dos papas. Eles haviam jurado fidelidade aos imperadores bizantinos, que tinham o direito de nomeá-los. Sua lealdade ao pontífice situava-se em um segundo plano. A autoridade de Roma era reconhecida formalmente, mas o ressentimento crescia.

Em 1054, um enviado do Papa colocou uma bula papal de excomunhão do patriarca Miguel I Cerulário no altar da Basílica de Santa Sofia, em Constantinopla. Cerulário respondeu à altura. O Papa e o patriarca foram excomungados e expulsos da comunidade cristã. O cisma entre o Oriente e o Ocidente continuou e a Igreja "ortodoxa" do Oriente manteve uma existência separada da Igreja Católica.

Credo de Niceia

Creio em um só Deus, Pai Todo-Poderoso, Criador do Céu e da Terra, de todas as coisas visíveis e invisíveis.

Creio em um só Senhor, Jesus Cristo, Filho unigênito de Deus, nascido do Pai antes de todos os séculos.

Deus de Deus, luz da luz, Deus verdadeiro de Deus verdadeiro.

Gerado, não criado, consubstancial ao Pai.

Por Ele todas as coisas foram feitas.

E por nós, homens, e para nossa salvação Ele desceu dos céus.

E pelo poder do Espírito Santo, encarnou na Virgem Maria e se fez homem.

Também por nós foi crucificado. Sob Pôncio Pilatos, padeceu e foi sepultado.

Ressuscitou ao terceiro dia, conforme as Escrituras e subiu aos céus, onde está sentado à direita do Pai.

De novo há de vir em Sua glória para julgar os vivos e os mortos.

E seu reino não terá fim.

Creio no Espírito Santo, Senhor que dá a vida e procede do Pai e do Filho.

E com o Pai e o Filho é adorado e glorificado.

Ele que falou pelos profetas.

Creio na Igreja una, santa, católica e apostólica.

Reconheço um só batismo para a remissão dos pecados.

E espero a ressurreição dos mortos e a vida do mundo que há de vir.

Amém.

AVD-ITE-
MAGNI-ET
PARVI-CV
IVS-CVNQ
CODITIO
NIS-ET
GRADVS
ESTIS
ORDO-ISTE
FVIT-A-DEO
REVELATVS
SCE-BRIGI
DE-AD
HONOREM
VIRGI
NIS
MARI
E-PRICI
PIV-HVI
VS-RELIGIO
NIS-ET-SALV
TIS-E-VERA
VMILITAS-ET
PVRA-CAS
ORATE
PROPICTORE

A Idade Média

O segundo milênio da Igreja não poderia ter começado de uma maneira menos auspiciosa, com o cisma entre o Oriente e o Ocidente. No entanto, o cristianismo conseguiu reverter uma situação potencialmente catastrófica.

Assim chamada de Idade Média, em razão de ter sido o período intermediário entre a época clássica (Grécia e Roma) e o Renascimento, a *medium aevum* marcou uma mudança radical na Igreja. Não havia uma instituição no Ocidente que se comparasse ao cristianismo, e seus ensinamentos influenciaram o pensamento de homens e mulheres. A Igreja liderou o processo de reconstrução do Ocidente nos séculos caóticos após a queda do Império Romano, exerceu ascendência na formação de instituições, assim como incentivou o progresso em diversas áreas do conhecimento como cultura, arquitetura, música e literatura. As pessoas viam a Igreja como fonte de todos os seus preceitos espirituais e morais, além da legitimidade de seus governantes.

Mas, mesmo com circunstâncias tão favoráveis, a Igreja enfrentou desafios. No século VII, o islamismo surgiu como uma religião poderosa nos países árabes. No século XI, a rápida expansão de seu império constituiu uma grande ameaça à estabilidade do Ocidente e as cruzadas tentaram combatê-lo. Contudo, paradoxalmente, a existência desse inimigo definiu o cristianismo e o fortaleceu.

Acima: *Cristo contempla do Céu um coro de monges que cantam um hino nesta iluminura de um livro inglês de salmos de c. 1300.*

À esquerda: *Santa Brígida da Suécia funda a Ordem Brigidina (Giovannantonio di Francesco Sogliani, 1522). O monasticismo floresceu na Europa durante a Idade Média.*

O catolicismo medieval

A Igreja exerceu um papel preponderante na Idade Média. Todos os aspectos da vida, desde como as pessoas se sentiam à maneira como eram governadas, foram influenciados pela Igreja Católica.

Como a principal religião na Europa, o cristianismo que antes se escondia nas catacumbas agora se legitimara. Nenhuma monarquia igualava-se ao seu poder hegemônico. Os reis consultavam seus prelados e os papas, e os homens e as mulheres comuns respeitavam os padres, os legítimos representantes de Deus na Terra. Seus ensinamentos definiam os conceitos morais, intelectuais e culturais da sociedade. Os mosteiros eram repositórios do conhecimento e estimulavam o estudo da literatura e da ciência, e as catedrais exibiam o que existia de mais belo na arte e na arquitetura.

Acima: *Este globo de ouro do século XII, um símbolo do mundo, com uma cruz cravejada de pedras preciosas, fazia parte das joias da família imperial da Alemanha.*

FEUDALISMO E FÉ

Além do poder e da autoridade indiscutíveis, a hegemonia da Igreja inseria-se na visão do mundo da Europa medieval. Na Idade Média, associada à ideia de "fé" existia o princípio da "lealdade" (do latim *fidelitas,* ou "fidelidade"). Esse princípio definia a lealdade de um homem em relação a seu senhor. Assim, os servos eram leais a seus senhores feudais que, por sua vez, juravam lealdade ao rei; neste mesmo sistema de lealdade hierárquica, os cristãos obedeciam aos clérigos da Igreja Católica.

Os europeus na Idade Média acreditavam que Deus criara um cosmos disciplinado e que tudo no Universo tinha seu lugar. Os que detinham o poder, tanto espiritual quanto temporal, eram responsáveis pela manutenção da ordem na Terra. O poder da Igreja e do Estado era visto como os dois lados da

À esquerda: *Os servos que trabalhavam nas propriedades rurais usavam a colheita para pagar o dízimo à aristocracia e à Igreja, como nesta ilustração francesa da obra* O Livro das Horas.

mesma moeda. Apesar das divergências entre os papas e os reis, jamais ocorreria a um rei contestar a autoridade divina do papa, nem sua posição hierárquica, assim como a Igreja não enfraqueceria o poder do rei. Nem havia interesse em prejudicar o princípio da ordem na concepção da Idade Média.

PODER E RIQUEZA

A Igreja também exercia um grande poder em assuntos laicos e poucos governantes ousavam desafiá-la. Ninguém se atreveria a cobrar impostos dos mosteiros ricos. Por devoção ou medo do destino após a morte, os homens ricos presenteavam a Igreja com terras e riquezas.

Acima: *Com Platão e Aristóteles ao lado, e o polímata árabe Averróis em primeiro plano, São Tomás de Aquino é retratado no quadro do século XV de Benozzo di Lese di Sandro Gozzoli.*

Todos os anos, os camponeses pobres e artesãos eram obrigados a pagar um dízimo (um décimo) de sua renda à Igreja. Embora os padres dos vilarejos vivessem com a mesma modéstia de seus paroquianos, essa austeridade não era um hábito do clero, que ocupava cargos mais importantes na hierarquia religiosa. Ao longo do tempo, a ética dessa prática foi questionada, mas nessa época os prelados viviam como os senhores feudais ricos.

A ARTE E A EDUCAÇÃO

Ao mesmo tempo que os prelados bebiam e comiam suntuosamente, eles também incentivavam as artes e a literatura. Como resultado desse estímulo e do prazer que sentiam com a aquisição de obras de arte, os amantes da arte de hoje podem apreciar as maiores obras-primas da arte ocidental do período medieval. Giotto, Cimabue e inúmeros artistas anônimos trabalharam sob os auspícios da Igreja. As igrejas eram decoradas com trabalhos em madeira dos melhores entalhadores e escultores, cujas obras eram uma representação pictórica das histórias da Bíblia para os que não sabiam ler.

A educação e o aprendizado eram monopolizados por ela e, por fim, foram motivo de atrito. Mas no início as discussões intelectuais realizavam-se segundo os termos estabelecidos pelos grandes professores católicos da época. Tomás de Aquino, nascido na Sicília em *c.* 1225, foi um dos estudiosos e pensadores mais importantes da Idade Média. Em seu livro *Suma Teológica* (1266-74), um "resumo teológico", Aquino expôs um plano amplo e coerente de todos os ensinamentos da Igreja sobre Deus, o Universo e o papel do homem nesse Universo. Além do reconhecimento da importância de sua obra pelos filósofos atuais, Tomás de Aquino divulgou as ideias e doutrinas de pensadores mais antigos como o filósofo grego Aristóteles, os polímatas árabes Ibn Rushd (Averróis) e Ibn Sina (Avicena), e os médicos judeus como Maimônides na tradição ocidental.

Dante

Nascido em Florença em 1265, Dante Alighieri tem sido reverenciado como o poeta que anteviu o Inferno. Sua visão do Inferno n'*A Divina Comédia* é inspiradora e de uma beleza terrível, e revela simpatia pelos sofredores condenados a este. No entanto, Dante se surpreenderia ao ver essa visão abstraída do conteúdo d'*A Divina Comédia.*

Os tormentos do Inferno só faziam sentido para Dante como aspectos da ordem universal. Sua concepção do Inferno, assim como do Purgatório e do Paraíso, as três partes que compõem *A Divina Comédia*, baseava-se no amor a Deus. Ao mesmo tempo que lamentava o destino do pecador, agradecia a ordem do mundo.

***Acima:** Nesta pintura de 1465, Dante faz uma palestra para os cidadãos de Florença sobre sua visão do Universo.*

As cruzadas

Logo depois de o islamismo ter se fortalecido no Oriente, os exércitos árabes vitoriosos difundiram sua fé até os portões de Roma. Durante quase quinhentos anos, os cristãos repeliram seus ataques com as cruzadas.

Quase ao mesmo tempo em que o cristianismo estabeleceu-se como a religião predominante na Europa, o islamismo expandiu-se no Oriente. Essa nova religião ameaçou a autoridade da Igreja Católica e os governantes decidiram combatê-la.

A ascensão do islamismo

A missão do profeta Maomé de difundir o islamismo começou por volta de 610.

Os exércitos árabes espalharam-se pelo Norte da África e cruzaram o estreito de Gibraltar em direção à Espanha

Acima: *A organização da primeira cruzada no Concílio de Clermont-Ferrand por iniciativa do Papa Urbano II em 1095. Ilustração de Jean Fouquet para o livro* Grandes Crônicas da França, *c. 1460.*

Abaixo: *Os cruzados viajavam para o Oriente Médio por terra e por mar.*

no início do século VIII. Em 720 invadiram a França, porém foram rechaçados em Tours em 732. Os governantes cristãos no norte da Espanha haviam começado o movimento da Reconquista para expulsar os árabes da região, mas o sul da península permanecia sob o domínio do reino mulçumano de al-Ândalus. Diante da expansão com uma rapidez incrível do mundo islâmico, o cristianismo temeu por sua sobrevivência.

O APELO ÀS ARMAS

Em novembro de 1095, o Papa Urbano II fez um discurso inflamado no Concílio de Clermont-Ferrand, dizendo que os exércitos mulçumanos estavam prestes a invadir a Europa cristã. Suas palavras foram registradas pelo cronista Fulquério de Chartres, e terminou seu discurso com um apelo desesperado:

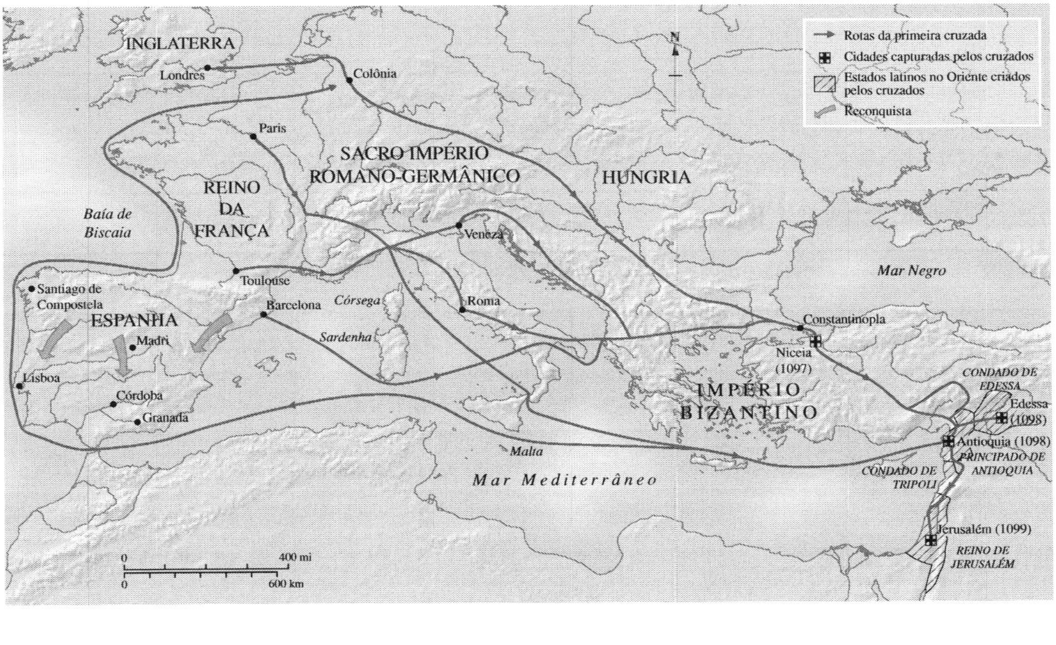

Por esse motivo eu lhes suplico e instigo, não, não eu, e sim Deus lhes suplica, como mensageiros de Cristo, os pobres e os ricos, de expulsar os mulçumanos das terras de seus irmãos e de ajudar os que veneram Cristo.

Como uma reação ao apelo do Papa Urbano II, uma mobilização maciça agitou a Europa, com a participação não só de cavaleiros e soldados, como também de homens, mulheres e crianças. Milhares de pessoas imbuíram-se do espírito do dever sagrado e juntaram-se às expedições militares. Outros foram motivados por razões laicas: a perspectiva dos saques e a promessa de uma aventura.

Acima: *Os cruzados invadem a cidade cristã de Constantinopla durante a quarta cruzada, como retratado neste quadro do século XVI do pintor italiano Jacopo Tintoretto.*

PARA JERUSALÉM!

A cruzada teve um início difícil. O exército que chegou a Constantinopla, preparado para avançar em direção a Anatólia (atual Turquia) e à Terra Santa, tinha poucos recursos bélicos. Dos cem mil cruzados só 40 mil sobreviveram à travessia das montanhas até Antioquia. Em seguida, só depois de um cerco de sete meses conseguiram capturar a cidade síria. Depois os cruzados seguiram em direção a Jerusalém. Em meio a combates violentos, a cidade foi conquistada em 13 de julho de 1099 e milhares de habitantes foram massacrados.

AS CRUZADAS SEGUINTES

Logo depois da conquista, Jerusalém foi mais uma vez ameaçada pelos "sarracenos", como os cristãos chamavam as tropas árabes. A segunda cruzada iniciada em 1147 foi um fracasso. Em 1187, o líder curdo Salah al-Din al-Ayyubi ou "Saladino", reconquistou Jerusalém. O rei inglês Ricardo Coração de Leão e outros reis cristãos organizaram a terceira cruzada em 1189, mas também com pouco sucesso.

Durante a quarta cruzada (1202-4), os cruzados saquearam Constantinopla e massacraram milhares de habitantes em sua ânsia de conseguir dinheiro para financiar a continuidade de sua expedição militar. Em 1212, houve outra tragédia, quando milhares de jovens e crianças franceses e alemães alistaram-se na Cruzada das Crianças, e antes que chegassem à Terra Santa morreram de fome ou foram vendidos como escravos no Norte da África.

À esquerda: *Apesar da visão intimidante, a fortaleza Krak dos Cavaleiros na Síria foi construída pelos cruzados no século XII.*

A quinta cruzada aproximou-se de Jerusalém pela região ao sul da cidade, porém, também não teve mais sucesso do que as predecessoras. Em 1228, o imperador do Sacro Império Romano-Germânico, Frederico II, iniciou as negociações diplomáticas para readquirir a posse de Jerusalém, mas a cidade foi reconquistada pelos mulçumanos. As últimas duas cruzadas realizadas em 1248 e 1270 tiveram resultados catastróficos.

A reconquista de Jerusalém ficou inviável depois que os turcos otomanos capturaram Bizâncio em 1453, porém, a luta contra o islamismo continuou. Na Espanha, a Reconquista terminou com a expulsão dos mouros de Granada em 1492. Os otomanos sitiaram Viena em 1529, mas por fim foram rechaçados. Depois de quinhentos anos de conflitos com os mulçumanos, os cristãos tiveram uma vitória decisiva na batalha marítima de Lepanto (1571). A guerra contra a expansão do islamismo tivera um preço extremamente alto em termos de vidas e dinheiro, mas exerceu uma grande influência na evolução da Igreja.

O Monasticismo

Os mosteiros foram centros culturais e econômicos importantes, que influenciaram o estilo de vida medieval. Esses locais reuniram comunidades dedicadas ao trabalho e à prece.

Desde o início, os cristãos reuniam-se em comunidades informais, que enfatizavam a cooperação como um esforço fundamental para a manutenção e o fortalecimento da fé. Para uma minoria cerceada, às vezes perseguida, a comunidade proporcionava consolo e segurança. No entanto, ao longo do tempo as comunidades organizaram-se de maneira mais formal e os monges recolhidos nos mosteiros quase sempre viviam afastados dos divertimentos e tentações da sociedade. São Bento de Núrsia (*c.* 480-543) fundou pelo menos 12 mosteiros no início do século VI.

Acima: *O grande pioneiro do movimento monástico, São Bento de Núrsia, entrega as Regras da Ordem Beneditina a São Mauro nesta iluminura de 1129, uma obra produzida no mosteiro de Saint Gilles, em Nimes.*

A REGRA DE SÃO BENTO

Uma comunidade, a ordem dos beneditinos, fundada por São Bento em Monte Cassino, ao sul de Roma, teve uma importância especial na história do cristianismo. No mosteiro em Monte Cassino, São Bento escreveu a "Regra de São Bento", um documento que estabelecia os princípios e um estilo de vida monásticos, com horas preestabelecidas de ritos coletivos, preces privadas e estudo. A regra também previa períodos diários dedicados a trabalhos manuais, que Bento considerava importante para eliminar o orgulho pessoal, e para louvar o nome de Deus. A regra também estabelecia uma estrutura hierárquica. Um monge seria eleito "abade" por seus colegas, com autoridade, embora tivesse de consultar os demais monges, para tomar decisões fundamentais quanto à administração da abadia e de seus fiéis. O abade, porém, tinha de cumprir a rotina de trabalho e de preces da comunidade. Com 73 tópicos, a regra dava instruções detalhadas desde a orientação a respeito dos ritos religiosos, da comida e das roupas, à recomendação de um estilo de vida simples, e sem castigos severos.

A VIDA MONÁSTICA

A Regra de São Bento logo se tornou a base da fundação de um extenso número de mosteiros na Europa medieval. Jovens de diversos lugares reuniam-se nessas comunidades, onde se dedicavam à vida monástica em todos os aspectos, não só em preces e meditação, como também em estudo e trabalho. Como um guia do aprendizado, esses mosteiros logo conquistaram o respeito das comunidades que os cercavam.

Administrados por monges motivados e educados, suas plantações e jardins floresceram, assim como outros empreendimentos econômicos. Alguns monges fa-

Acima: *Monges trabalham nos campos como retratado por Jörg Breu, o Velho, (c. 1475-1537) neste quadro do altar de uma igreja austríaca.*

bricavam cerveja ou bebidas artesanais, enquanto outros preparavam remédios com ervas que haviam plantado. Os mosteiros transformaram-se rapidamente em centros importantes de produção e comércio e, por sua vez, os abades exerciam influência nos governantes locais.

***Acima:** A Abadia de Sénanque, localizada no sul da França, foi fundada em meados do século XII.*

A REINVENÇÃO DO MONASTICISMO

Mas logo algumas pessoas começaram a questionar se o sucesso dos mosteiros não tivera um custo alto demais para a ruptura da rotina austera da vida dos monges. Os mosteiros não estavam desviando-se dos princípios das regras monásticas, com a prática de assuntos "mundanos"? Em 910, Guilherme, o Piedoso, o duque de Aquitânia, fundou uma nova comunidade religiosa em Cluny, na região leste da França. Segundo sua orientação, os membros da nova comunidade retomariam os princípios tradicionais do monasticismo estabelecidos pela Regra Beneditina. Guilherme percebera o estado de espírito da época e seu apelo a um novo tipo de monasticismo tocou em um ponto sensível. Embora o código de Cluny fosse ainda mais rigoroso do que a Regra Beneditina, muitos jovens juntaram-se à Ordem de Cluny estimulados pela perspectiva de uma dedicação total à vida religiosa. E, por fim, a Abadia de Cluny foi um grande centro monástico na Idade Média.

Os mosteiros em outros lugares pediam à Abadia de Cluny que enviasse professores para ensinar as novas regras. A reforma cluníaca logo se difundiu pela Europa ocidental. Mesmo em locais onde a reforma não era explicitamente adotada, sua influência era perceptível. Seus efeitos não se limitaram aos mosteiros e repercutiram na Igreja de uma forma mais ampla. A consciência do catolicismo despertara, e os fiéis, os clérigos e as instituições reformularam seus princípios e estilos de vida.

No entanto, a Abadia de Cluny foi vítima de seu sucesso. Seu poder e influência eram tão fortes que, na opinião de algumas pessoas, também havia se transformado em um centro mundano. Em 1098, Robert de Champagne, o abade Molesme, e Stephen Harding, o abade Estêvão, fundaram a ordem cisterciense na Abadia de Cister, em Cîteaux, na Borgonha. A nova ordem tinha o objetivo de restaurar a ordem beneditina original e teve muito sucesso em seus propósitos. A partir de 1113, sob a liderança de Bernardo de Claraval, a ordem cisterciense exerceu uma grande influência na reforma monástica.

O MISTICISMO MONÁSTICO

Assim como a ideia de comunidade é tão antiga como o cristianismo, a contemplação solitária também era uma prática originária de seus primórdios. A estadia de Cristo no deserto foi imitada por uma longa tradição de eremitas. Outros se aprofundaram em seus pensamentos para encontrar um lugar pacífico onde pudessem se comunicar com Deus.

Algumas místicas, como Juliana de Norwich e Matilde de Magdeburgo, seguiram os mesmos princípios das comunidades religiosas, mas com métodos opostos. Para essas místicas, quanto menos contato tivessem com o mundo, mais se aproximariam de Deus. A vida contemplativa afastada do mundo e de suas preocupações lhes permitiria vislumbrar a verdade essencial. A revelação espiritual, segundo um místico, seria desvendada em meio a uma "Nuvem de Desconhecimento".

Acima: *Juliana de Norwich foi uma das grandes místicas da Idade Média. Ela é retratada nesta estátua do século XX da catedral de Norwich, na Grã-Bretanha.*

SANTUÁRIOS E RELÍQUIAS

TESTEMUNHOS TANGÍVEIS DE UM AMOR HEROICO E DE SACRIFÍCIO, AO LONGO DA HISTÓRIA, OS SANTUÁRIOS E AS RELÍQUIAS SAGRADAS FORAM UMA PROVA DA CRENÇA INABALÁVEL DOS FIÉIS NA RELIGIÃO CRISTÃ.

Um santuário é considerado um lugar sagrado, abençoado pela presença de uma pessoa santificada, que realizara uma ação importante, ou que havia vivido, morrido ou fora enterrada no local. As relíquias são objetos que pertenceram a um santo ou que tiveram contato com seu corpo, como o fragmento de um osso, o pedaço de uma mortalha ou qualquer outro objeto. Os católicos acreditam que os santuários e as relíquias são sagrados em razão da associação com

Acima: *Santa Verônica enxugou o rosto de Cristo enquanto ele carregava a cruz até o monte Gólgota. Milagrosamente, o rosto de Jesus ficou impresso no tecido, como mostra este quadro do século XV, de Hans Memling.*

os santos. Os peregrinos visitam os santuários como testemunho da fé, e as relíquias são objetos de veneração.

Hoje os católicos têm dificuldade de imaginar o enlevo espiritual que os fiéis da Idade Média sentiam na presença de santuários sagrados ou de relíquias. Embora a Igreja Católica ainda incentive a veneração a relíquias genuínas, entre os fiéis atuais qualquer indício de superstição é rejeitado.

A EXPLORAÇÃO DA FÉ

Durante a Idade Média, houve sem dúvida um elemento grotesco no culto a determinadas relíquias, além de uma exibição oportunista. Grande parte do fascínio que as relíquias exerciam nos fiéis originava-se, tanto de curiosidade vulgar quanto de real manifestação da fé. Isso porque, as atividades ligadas às peregrinações eram um negócio lucrativo e a posse de relíquias sagradas não só conferia prestígio, como também podia ser um meio de ganhar dinheiro (às vezes, somas extraordinárias). O túmulo do apóstolo Marcos na Basílica de São Marcos, em Veneza, é um motivo de orgulho para a cidade e uma atração turística, embora os restos mortais tenham sido roubados pelos venezianos de seu túmulo original em Alexandria. Na Grã-Bretanha, a Catedral de Cantuária explorou o martírio de São Tomás Becket; e os padres com uma visão empresarial vendiam frascos de seu sangue e fragmentos de suas roupas.

Abaixo: *O suposto manto da Virgem Maria no nascimento de Jesus Cristo é guardado na Catedral de Chartres, França, desde 876 d.C. A catedral atrai um grande número de peregrinos.*

Acima: *Segundo uma tradição lendária, o corpo do apóstolo Tiago foi sepultado em Compostela. A catedral de Santiago de Compostela, assim chamada em sua homenagem, é um centro importante de peregrinação.*

UMA TRADIÇÃO VÁLIDA

Tantas igrejas têm pedaços da cruz de Cristo e fragmentos de ossos de santos, que é impossível que sejam relíquias genuínas. No entanto, mesmo que não sejam verdadeiras, ao longo dos séculos milhões de católicos têm encontrado bem-estar espiritual e inspiração na presença delas: um visitante do túmulo de Tomás Becket na Catedral de Cantuária pode refletir a respeito da coragem de um homem que enfrentou o rei por algo que acreditava; os visitantes à igreja de São Sebaldus em Nuremberg podem pensar em sua missão em Roma e como seus ensinamentos em Nuremberg foram importantes para a Alemanha. Diversos imperadores alemães visitaram a igreja para homenageá-lo.

O CONTATO COM OS SANTOS

Sem dúvida, a sensação de poder tocar em um santo é uma das razões que motivam as peregrinações, assim como a exibição de relíquias sagradas e a vontade de os peregrinos terem um contato mais íntimo com o objeto santificado criam um ambiente místico. Por esse motivo, os monumentos enormes e magníficos possuem, geralmente, pequenos nichos

Acima: *Santuários sagrados, como este do século XV pintado pelo mestre de San Sebastian, às vezes se associavam a curas milagrosas. Muitos peregrinos mancos ou doentes visitavam esses santuários em busca de ajuda.*

OS ESPELHOS QUE REFLETIAM AS RELÍQUIAS

Em 1440 em Aachen, Alemanha, a quantidade excessiva de peregrinos que visitaram a cidade para ver uma exposição de relíquias sagradas impediu que os fiéis tocassem nos relicários. Os peregrinos só podiam ter uma visão imprecisa desses tesouros sagrados em meio ao tumulto da multidão. A solução foi vender espelhos com uma moldura de metal, os assim chamados "espelhos dos peregrinos", que os visitantes prendiam nos gorros. Supostamente, esses espelhos captavam a luz emitida pelas relíquias sagradas, e a radiação podia ser compartilhada em casa com a família e os amigos.

onde as relíquias são colocadas, para que os fiéis tenham a sensação que estão o mais perto possível da fonte da graça divina.

A REJEIÇÃO ATUAL

Na opinião de pessoas que não acreditam na religião católica essa necessidade de contato com relíquias sagradas é uma evocação simplista da fé cristã. Os reformadores protestantes, assim como os intelectuais modernos, rejeitam a exposição de objetos concretos de culto, que podem ser vistos e tocados, como crucifixos, rosários, estátuas e vitrais, como testemunhos da fé. Para os católicos, a vontade de tocar em um fragmento da "verdadeira cruz" ou de visitar o túmulo de um santo compara-se às palavras de Tomé que não acreditava na ressurreição de Cristo: "Se eu não vir nas mãos os sinais dos cravos, e não puser o dedo no lugar dos cravos e minha mão ao seu lado, não acreditarei. (João 20:25-9).

No século XVIII, os filósofos franceses no período pré-revolucionário denunciaram o catolicismo como uma conspiração para apoiar instituições corruptas. Voltaire, um desses filósofos, em seus comentários críticos à religião, falou com desprezo a respeito da adoração do prepúcio de Cristo e do leite da Virgem Maria.

No entanto, para os fiéis o desejo de ter contato com Cristo e os santos não se origina da fraqueza da fé. O contato é uma manifestação de amor, como o da mulher que tocou na bainha das vestes de Jesus (Lucas 8:40-8).

PEREGRINAÇÃO

TODOS OS ANOS OS PEREGRINOS, SOZINHOS OU EM GRUPOS, PERCORRIAM AS ESTRADAS DA EUROPA PARA VISITAR OS SANTUÁRIOS SAGRADOS DA FÉ CATÓLICA.

As histórias de peregrinações na Idade Média ainda estão presentes no Universo dos estudantes de literatura, que ainda leem *Os Contos de Cantuária,* de

Acima: *O estudante de Oxford, um dos peregrinos de* Os Contos de Cantuária *(1400-10).*

Geoffrey Chaucer. Esse poema do século XIV relata a história de um grupo de peregrinos de diferentes origens e profissões que partem de Londres para Cantuária, para visitar o túmulo de São Tomás Becket na Catedral de Cantuária. Assim como muitos cristãos na Idade Média, os peregrinos de Chaucer esperavam obter a graça divina após viajar para lugares sagrados.

UMA ANTIGA TRADIÇÃO

Nessa época, a tradição da peregrinação, ou de jornadas espirituais, já era um costume antigo. Desde o século II, os fiéis visitavam Jerusalém para ver as cenas do ministério do Salvador e de seus sofrimentos e, assim, refletir sobre o impacto de sua missão na Terra em suas vidas. A peregrinação não era um hábito restrito aos cristãos. No século V, os budistas também visitavam o local de nascimento de seu mestre, Buda, em Kapilavastu, no Nepal.

A peregrinação incorporou-se às tradições do catolicismo. Era um gesto, uma declaração de um propósito espiritual. Longe da família, dos amigos e da rotina cotidiana, os católicos escolhiam uma nova direção em suas vidas. A peregrinação era apenas o começo, mas poderia ter um significado muito profundo. Afastado das rotinas do trabalho e da vida familiar, o peregrino poderia pensar com mais imparcialidade a respeito de sua vida e de como poderia melhorá-la. Ao chegar no lugar sagrado, o peregrino pensaria nos dramas religiosos que se desenrolaram no local, ou na vida do santo cujos restos mortais haviam santificado o lugar.

Alguns faziam peregrinações com a esperança de curar um parente doente ou obter a salvação após a morte. Outros eram motivados pela devoção, um desejo de se aperfeiçoar ou de expiar um erro cometido. E também havia pessoas que tinham motivos menos piedosos, como vontade de viajar, de viver uma aventura, ou apenas o desejo de mudar de vida.

LUGARES SAGRADOS

A Terra Santa, embora fosse o principal lugar de peregrinação, sob o aspecto geográfico, financeiro ou político, em razão do domínio mulçumano, esta-

Os Hospícios

Com milhares de peregrinos nas estradas, com frequência em viagens longas, era preciso ter uma infraestrutura para alimentá-los, oferecer um abrigo e protegê-los. Em seu caminho, eles tinham de tratar de seus ferimentos, ferrar os cavalos e remendar as roupas. Todos os detalhes da viagem eram importantes e, assim como no setor próspero de turismo atual, a peregrinação transformou-se em uma atividade lucrativa que impulsionava a economia. No entanto, em vez do lazer das viagens do mundo moderno, a devoção cristã era o estímulo à prosperidade em lugares distantes.

Acima: *Um hospício (albergue) para peregrinos, um dos muitos que se espalhavam pela Europa medieval. Ilustração do século XV de Antoine de la Sale extraída do livro* Cent Nouvelles Nouvelles.

Em Jerusalém e em outros locais importantes de peregrinação, como Santiago de Compostela, os mosteiros e outros estabelecimentos religiosos transformaram-se em hospícios, onde os peregrinos podiam hospedar-se com segurança. Esses hospícios não se destinavam a cuidar de doentes físicos ou mentais como em sua acepção atual, e seu nome originava-se da palavra latina *hospes*, "hospedagem" que, por sua vez, deu origem à palavra "hospitalidade".

va fora do alcance de muitas pessoas. Mesmo em épocas em que Jerusalém libertava-se da sujeição ao Islã, os piratas mulçumanos da Turquia e da costa do Magrebe, no Norte da África, atacavam os navios cristãos. A única opção para evitar os piratas era uma viagem por terra longa, dispendiosa e arriscada pelos Bálcãs. Roma, por ser o centro da Igreja e o local do santuário de São Pedro, era também um lugar importante de peregrinação, porém os peregrinos do norte da Europa tinham

Acima: *A credencial gasta de um peregrino mostrava que havia feito uma peregrinação especial. Esta credencial de estanho de Tomás Becket era um sinal que quem a usava havia feito uma peregrinação à Catedral de Cantuária.*

Acima: *Mapa francês do século XVII com as principais estradas de peregrinação para Santiago de Compostela, na Espanha.*

de atravessar os Alpes a pé para chegar a Roma e muitos arriscavam a vida nas montanhas traiçoeiras.

Havia lugares menos perigosos, como St. Andrews na Escócia, supostamente o local onde fora enterrado o apóstolo André. Na Galícia, Espanha, a catedral de Santiago de Compostela, com o túmulo do apóstolo Tiago, também atraía muitos peregrinos. Saragoça, na Espanha, onde a Virgem Maria aparecera em cima de uma pilastra à frente de São Tiago, era um local de grande visitação. Walsingham em Norfolk, Grã-Bretanha, onde a Virgem Maria fizera uma aparição em 1061, também foi um importante lugar de peregrinação.

A SEGURANÇA DA VIAGEM EM GRUPO

Mesmo viagens curtas eram arriscadas e, com frequência, os peregrinos viajavam em grupo para evitar o ataque de bandidos. Segundo o costume da época, eles se reuniam em um local na cidade onde recebiam uma benção do padre antes de iniciar a viagem. Em viagens mais longas, os grupos locais juntavam-se a outros peregrinos e formavam congregações de centenas e, às vezes, de milhares de pessoas.

A GLÓRIA GÓTICA

CONSTRUÍDAS PARA CELEBRAR A GLÓRIA DE DEUS E COMO LOCAIS DE CULTO, AS CATEDRAIS GÓTICAS DA EUROPA ERAM MONUMENTOS MAGNÍFICOS DE UMA ÉPOCA DE FÉ.

Acima: *A Catedral de Chartres, França, construída no século XIII, é uma das obras-primas da arquitetura gótica. O cone da segunda torre, à esquerda, foi colocado em cima de uma torre anterior na década de 1500.*

Como um camponês medieval se sentiria ao ver uma grande catedral como Chartres pela primeira vez? Atônito, olharia a estrutura gigantesca que brilhava em meio à névoa quente do mês de agosto e parecia irromper do chão. É claro que tinha ouvido comentários a respeito da nova Catedral de Chartres, como o cone da torre elevava-se para o Céu e as linhas claras da estrutura de pedra dissolviam-se em uma visão de estátuas, ao se aproximar. No interior da igreja, os vitrais que filtravam os raios de Sol iluminavam com um brilho etéreo os entalhes de madeira e as esculturas. Era a promessa do paraíso na Terra.

O ESTILO GÓTICO

Assim como a maioria dos movimentos artísticos, a arquitetura renascentista quis sobrepujar os estilos arquitetônicos anteriores. A palavra "gótico", erroneamente atribuída aos godos, um povo germânico que se espalhara pela Europa, foi usada de forma pejorativa pelos arquitetos italianos do Renascimento para descrever a arqui-

Acima: *Vitral da Catedral de Chartres com a imagem de Noé e sua arca. As cenas bíblicas dos vitrais davam acesso à Bíblia para os que não sabiam ler.*

tetura da Idade Média. Os godos haviam saqueado Roma no século V d.C. e, por esse motivo, adquiriram a reputação de bárbaros, de vândalos que haviam tentado destruir a civilização clássica que o Renascimento queria restaurar. No entanto, embora a expressão "estilo gótico" ainda seja usada não tem mais a conotação pejorativa do período renascentista e, hoje, a Idade Média é considerada a era de ouro da arquitetura europeia. O movimento revivalista do estilo gótico teve uma influência significativa, em especial na arquitetura, no século XIX.

O ALCANCE DO CÉU

A verticalidade era uma das características marcantes do estilo gótico. Entretanto, apesar da estética e do simbolismo de suas formas, a arquitetura gótica apoiava-se nos progressos da engenharia. As antigas igrejas românicas tinham paredes maciças, abóbadas semicirculares e janelas pequenas. Agora, os arcos ogivais distribuíam o peso em vários pontos e, desse modo, as paredes espessas não eram mais necessárias como base de sustentação. Isso permitiu construir edificações mais altas, mais leves, com paredes e colunas mais finas. O uso de pináculos e torres enfatizou a verticalidade das igrejas, em contraste com as construções românicas pesadas e baixas.

Como as paredes não precisavam mais suportar um peso tão grande, os belos vitrais coloridos iluminavam o interior das igrejas e criavam uma atmosfera mística. A Catedral de Chartres tem mais de cem vitrais com cenas bíblicas, que criam uma representação pictórica das Escrituras para os iletrados. Não mais escura e soturna, o interior da igreja gótica possibilitou que os melhores artistas e artesãos expressassem seus dons artísticos, com pinturas, trabalhos em metal, madeira e pedra, estátuas de santos, pias batismais, púlpitos com entalhes ornamentais de madeira, bancos e treliças para o local do coro.

A ida à igreja passou a ser uma grande experiência sensorial, de admiração e prazer, porém, a representação excessiva de demônios e tormentos do Inferno dos artistas medievais também provocava uma sensação de medo. De qualquer modo, sempre era uma experiência a ser lembrada. As fachadas também tinham imagens de demônios e gárgulas com figuras monstruosas, como elemento decorativo. A fachada da Catedral de Chartres exibe cenas da cultura medieval. Além dos temas religiosos, as paredes são decoradas com figuras de reis e rainhas famosos, profetas e filósofos.

ESFORÇOS COLETIVOS

Em geral, os criadores dessas obras de arte impressionantes eram artistas anônimos, embora tivessem grande liberdade em sua expressão artística. Enquanto em um prédio moderno a sensação de uniformidade é importante, as igrejas góticas assemelham-se a um ser vivo que cresceu de forma espontânea.

Essas igrejas enormes e imponentes demoravam anos para serem construídas, mais tempo do que a vida útil de um artesão e, portanto, as diversas gerações

de artistas, artesãos e operários que trabalhavam em sua construção imprimiam seu estilo pessoal em cada obra que faziam. Construtores, pedreiros, entalhadores e vidreiros percorriam as cidades da Europa executando projetos arquitetônicos, nos quais, dentro de certos limites, exprimiam sua liberdade criativa.

Acima: *Imagem da Última Ceia neste belo alto-relevo em ouro de uma igreja em Aachen, Alemanha.*

Apesar de ser um trabalho longo e irregular, funcionava. A construção das igrejas góticas era, em sua essência, um projeto comunitário. Além do culto a Deus e do objetivo de impressionar e educar o povo, as igrejas tinham a função básica de mostrar a riqueza e o prestígio das comunidades que as construíam. Nesse sentido, tiveram um sucesso brilhante.

À esquerda: *O Diabo acende o fogo, enquanto os demônios jogam as almas dos condenados ao castigo do Inferno no caldeirão. Ilustração em um alto-relevo do século XII da Catedral de York Minster, Grã-Bretanha.*

O Renascimento e a Reforma

O Renascimento foi um período de indiscutível supremacia da Igreja Católica na Europa, mas terminou em divergência e conflito. Na visão convencional dos historiadores modernos, o papado ficou cada vez mais corrupto à medida que seu poder crescia, e o clero se afastou do povo. Embora essa opinião tenha fundamentos, é apenas uma visão parcial de uma grande instituição que lutava para sobreviver em uma época de extrema turbulência. A vida social, política, econômica e intelectual sofrera uma transformação radical nesse período. Grandes epidemias haviam devastado a população da Europa; a imprensa estava democratizando o conhecimento; e a viagem de Colombo abrira as portas do Novo Mundo.

A posição de Martinho Lutero em Wittenberg em 1517 divergiu da proposta de reforma da Igreja Católica de João Calvino. Na Inglaterra, a recusa do rei Henrique VIII de obedecer ao papa resultou no rompimento com a Igreja e na criação da Igreja Anglicana. No entanto, essas turbulências não eram só externas. Havia mudanças internas na Igreja Católica, que se prolongavam há séculos, mas que ganharam um novo impulso nesse período.

A Reforma significou um trauma para a Igreja e em muitos países a religião católica foi mais uma vez estigmatizada. A Europa inteira sofreu com as guerras decorrentes da crise religiosa, com mártires de ambos os lados. Ao mesmo tempo, no processo de amplas consequências de reavaliação e renovação, a Reforma foi também um momento de renascimento.

Acima: *Retrato do profeta Daniel no teto da Capela Sistina pintado pelo artista italiano Michelangelo, 1508-12.*

À esquerda: *A religião foi tema recorrente nas grandes manifestações artísticas do Renascimento, como neste quadro do início do século XV,* A Ressurreição de Cristo, *de Mariotto di Cristofano.*

Os papas rivais

No início do Renascimento, a França foi a sede da Igreja Católica Apostólica Romana. Houve um pontificado de curta duração em Avignon e muitos conflitos internos na Igreja.

Além de ser uma instituição religiosa, a Igreja era uma organização social poderosa. Por esse motivo, envolvia-se em assuntos políticos. No período de transição da Idade Média ao Renascimento, a independência da Igreja ficou seriamente ameaçada, com governantes laicos tentando aproveitar sua influência em benefício próprio.

OS PAPAS E A POLÍTICA

No século XIII, a suposta transcendência da autoridade dos papas fora questionada, com a crescente interferência dos reis e dos clãs aristocráticos. O Papa Nicolau IV criou mais dificuldades para o papado, ao conquistar o apoio da família Colonna, uma importante família romana, lhe concedendo favores. A aquiescência do Papa por ocasião da coroação do príncipe francês Carlos II de Nápoles, como rei de Nápoles e da Sicília, também causou problemas para a Igreja. Além disso, a Casa de Colonna não estava disposta a abrir mão de suas prerrogativas com o sucessor de Nicolau, Celestino V. Em deferência ao rei Carlos, o papa transferiu a corte papal para Nápoles. Mas de caráter fraco e submisso, ele abdicou cinco meses depois de ter sido eleito em 1294. Em seguida, seu sucessor, Bonifácio VIII, voltou para Roma.

Acima: *Retrato de Bonifácio VIII escrevendo uma lei canônica nesta ilustração.*

Bonifácio não se curvou à autoridade de Carlos, ou ao domínio francês, mas a maneira autoritária como o enfrentou precipitou a crise. Em razão de sua postura, o rei de Nápoles e da Sicília e a Casa de Colonna lhe fizeram oposição. Anos de conflitos culminaram em uma tentativa de assassinato em 1303. Embora Bonifácio tenha sobrevivido, morreu poucas semanas depois de causas naturais.

***Acima:** Construído por Bento XII e, mais tarde, reformado por Clemente VI, o Palácio dos Papas de Avignon, França, foi a sede do papado no exílio.*

O PAPA E O "ANTIPAPA"

A mudança da corte papal para Avignon aumentou o esplendor e a riqueza institucional do papado. Mas o poder sem precedentes dos reis da França ameaçou a autonomia da Igreja. Por influência da corte francesa, depois da morte de Clemente em 1314, seis papas sucessivos reinaram em Avignon.

A transferência para a França ocasionara conflitos com a Igreja na Itália. Roma perdera o poder depois de tantos séculos em que fora sede da Igreja Católica. Havia também um clima de in-

A CORTE PAPAL EM AVIGNON

A oposição do rei Carlos e da Casa de Colonna não cessou com a eleição do sucessor de Bonifácio, Bento XI. Após sua morte, por influência dos franceses, Bertrand de Got, antigo arcebispo de Bordeaux, foi eleito Papa com o nome de Clemente V.

Clemente V nunca fora a Roma e quatro anos depois de ter sido eleito, em 1309 transferiu o poder papal para Avignon, no sul da França. Essa decisão foi uma das muitas concessões de Clemente V ao rei Filipe IV. A pedido do rei Filipe, novos cardeais franceses foram nomeados para o Colégio de Cardeais e, em 1307, Clemente declarou que a Ordem dos Cavaleiros Templários era ilegal, e seus membros foram perseguidos e assassinados. Em seguida, a imensa fortuna da Ordem na França foi confiscada pelo rei.

***Acima:** Em* Roma La Veuve, *um manuscrito italiano do período renascentista, a imagem alegórica da "Viúva de Roma" é retratada lamentando a partida do papado nas muralhas da cidade.*

O Grande Cisma do Ocidente

Assim chamado para diferenciá-lo do cisma anterior, que ocasionou a criação da Igreja Ortodoxa em 1054, o Grande Cisma do Ocidente teve consequências que se estenderam além da corte papal. Os governantes laicos tinham de decidir que autoridade legitimariam: o pontífice romano ou o papa de Avignon apoiado pelos franceses. Como os dois pontificados nomeavam seus bispos, o clero com um nível hierárquico inferior e o povo ficaram confusos e sem uma orientação espiritual. Os dois papados haviam excomungado os que se opunham à sua autoridade e, portanto, o povo não poderia afirmar se os sacramentos dos padres eram válidos perante a Igreja, ou se os casamentos e funerais de seus entes amados eram aceitos por Deus.

Acima: *Clemente VII, o primeiro "antipapa" do Grande Cisma do Ocidente, é eleito Papa em Avignon, em 1378. Ilustração do livro* Chroniques de France ou de St. Denis.

satisfação na Igreja de uma forma mais ampla. A rainha Bridget da Suécia uniu-se ao esforço de Santa Catarina de Siena para trazer a corte papal de volta a Roma e, em 1376, o Papa Gregório XI retornou a Roma. Mas essa vitória foi efêmera em razão de sua morte poucos meses depois.

Contudo, os franceses não haviam renunciado ao seu poder de interferência na corte papal. Em 1378, quando um italiano, Urbano VI, foi eleito Papa em Roma, os franceses elegeram um "papa", Clemente VII, em Avignon. Nos anos seguintes, os franceses elegeram quatro "antipapas" em oposição aos papas de Roma. Ao ser convocado como árbitro na questão, o Concílio de Pisa (1408) só agravou a crise. Durante algum tempo, a Igreja teve três papas, porque os cardeais franceses não chegavam a um consenso. Por fim, em 1417, o Papa Martinho V (um membro da Casa de Colonna) foi reconhecido como Papa legítimo da Igreja Católica e a sede do papado não mais saiu de Roma.

As indulgências

INICIALMENTE, OS PAPAS CONCEDERAM AS INDULGÊNCIAS PARA ATENDER A UMA NECESSIDADE ESPIRITUAL. A REMISSÃO TOTAL OU PARCIAL DAS PENAS TEMPORAIS PELOS PECADOS COMETIDOS DEU A MILHÕES DE CATÓLICOS A ESPERANÇA DE SALVAÇÃO.

A Igreja Católica é, em geral, dogmática em seus ensinamentos. Por isso, é fácil esquecer que no primeiro milênio seus ensinamentos em diversas áreas acompanharam a evolução de sua doutrina. A salvação e a condenação às penas do Inferno sempre foram um tema inquietante para os cristãos e o clero. Deveria haver uma solução conciliatória para os virtuosos que haviam cometido pecados leves?

A PURIFICAÇÃO DA ALMA

No século V d.C., os teólogos começaram a elaborar a noção de um lugar onde as almas que haviam cometido pecados ligeiros expiariam sua culpa, ou seriam purificadas pelo fogo, antes de partirem para a eternidade. No século VI, o Papa Gregório, o Grande, sugeriu que a Igreja poderia conceder "indulgência" aos devotos e virtuosos.

A indulgência, concedida aos que haviam feito um ato de devoção como uma peregrinação ou um programa de preces, permitiria que uma alma expiasse suas culpas no Purgatório após a morte. Era uma ideia radical que revigorou o cristianismo e deu esperança de salvação a seus fiéis. Poucos tinham a expectativa de serem santos na eternidade, mas poderiam ter uma vida mais virtuosa com preces e trabalhos de caridade.

Acima: *Quadro* Juízo Final, *de Rogier van der Weyden (c. 1450), no qual o arcanjo Miguel pesa as almas, separando as que serão salvas das condenadas às penas do Inferno.*

Acima: *Os virtuosos sobem ao Céu carregados por anjos, enquanto os pecadores são levados para o Inferno em um rio com águas escaldantes. Quadro do século XIV do pintor Jean Colombe.*

Além disso, a Igreja concederia a "indulgência" não só aos que tinham um comportamento virtuoso, como também estenderia a remissão da culpa aos entes queridos que haviam partido. Essa possibilidade criou um sentimento de solidariedade entre os vivos e os mortos.

A INDULGÊNCIA PLENA

Ao longo do tempo, uma simples ideia se transformou em um sistema formal, com períodos de indulgências definidos de acordo com determinados hábitos e ações. Em circunstâncias especiais, a "indulgência plena" poderia ser concedida, com a remissão total do castigo temporal pelo pecado cometido. Nesse caso, a alma não iria para o Purgatório.

Não era uma ideia excepcional, e sim um sistema que obedecia a determinadas regras, mas deu um incentivo espiritual aos fiéis. No entanto, ao mesmo tempo, permitiu o abuso de poder por parte da Igreja. A tentação sempre poderia ser usada pela Igreja para atingir seus objetivos terrenos. Em 1300, o Papa Bonifácio VIII declarou que concederia indulgência plena aos que fizessem uma peregrinação a Jerusalém. Dois milhões de pessoas atenderam a seu pedido. Alguns suspeitaram que o Papa fizera essa demonstração de força para intimidar seus inimigos políticos em Roma, porém os resultados revigoraram a Igreja.

UMA TRANSAÇÃO FINANCEIRA

A concessão de indulgências para atender a uma necessidade espiritual, com o decorrer do tempo transformou-se em uma atividade corrupta. As transações financeiras começaram com a prática de venda de indulgências aos que queriam salvar as almas dos mortos. Esses pagamentos suplementavam a renda dos padres de paróquias humildes. No entanto, essa prática disseminou-se e a Igreja explorou a devoção dos fiéis. Os pobres eram forçados a pagar por suas preces e os ricos ofereciam grandes somas, em troca da promessa de uma vida confortável após a morte. Logo, os prelados e

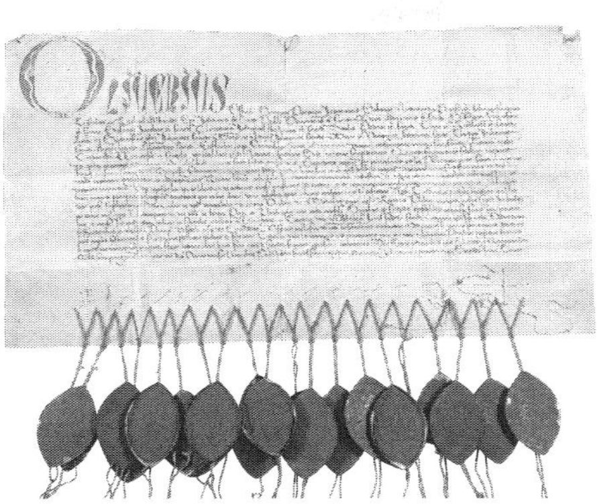

Acima: *Bula papal de Júlio II promulgada em 1505, concedendo indulgência para um grupo de benfeitores ricos.*

as grandes igrejas enriqueceram com o comércio de indulgências.

Havia uma percepção generalizada de que as indulgências não haviam sido criadas para beneficiar a humanidade pecadora, e sim para enriquecer a Igreja, porém, nem sempre essa visão era tão maniqueísta. Quando Jesus elegeu Pedro como o primeiro Papa da Igreja, ele lhe deu as chaves do Céu e prometeu que o "poder da morte" não predominaria na Igreja. O Purgatório não foi mencionado, mas ao dar a Pedro autoridade para "ligar" e "desligar" as leis da terra e do Céu, concedeu também a ele e aos papas seguintes o direito de organizar essas leis por meio da graça divina.

A Salvação à Venda

Em 1245, quando o rei Henrique III da Inglaterra quis reconstruir a abadia de Westminster, o Papa Inocêncio IV aprovou o projeto. Além disso, prometeu que as pessoas que fizessem contribuições para a reconstrução da abadia teriam vinte dias de indulgência do sofrimento no Purgatório. Essa decisão do Papa foi uma clara evidência da venda de indulgências, embora por uma boa causa. No século XIV, o comércio de indulgências era uma prática comum. Em *Os Contos de Cantuária,* de Chaucer, o vendedor de indulgências carregava uma coleção de "perdões" impressos em seu alforje. Em 1344, Clemente VIII concedeu duzentas indulgências à Grã-Bretanha, cujos ganhos reverteram para os cofres do papado.

Acima: *Ilustração de* History of the English *(c. 1253), com a imagem do rei Henrique III da Inglaterra na Abadia de Westminster, que mandara reconstruir.*

A revolução de São Francisco

São Francisco é um dos santos mais queridos da Igreja Católica. Ao seu fervor espiritual e amor à natureza, ele associou um radicalismo diplomático que teve um impacto de longo alcance na Igreja.

Giovanni di Pietro di Bernardone (*c.* 1181-1226) foi um dos jovens mais populares da cidade de Assis. Além de gostar de tudo que fosse francês, Giovanni também apreciava música, poesia, a moda da época e os flertes. No entanto, um lado de sua personalidade era mais sério. Na década de 1200, quando tinha cerca de 20 anos, uma série de crises espirituais provocou um questionamento sobre suas preocupações terrenas. Abandonou as ocupações rotineiras e seus amigos para cuidar de leprosos. Entregou-se com entusiasmo a sua nova vida, mas agora tinha uma nova amante no coração, a "Senhora Pobreza".

Acima: *Cristo celebra a cerimônia de casamento de São Francisco e da Senhora Pobreza nesta cena alegórica de Giotto datada dos séculos XIII e XIV.*

OS MENDICANTES DE CRISTO

Esse movimento interno de Giovanni foi uma grande transformação em sua vida, mas ainda havia um caminho espiritual a percorrer. Em 1209, quando assistia a uma missa em Assis, ouviu o sermão do padre com a citação do Evangelho de Mateus, capítulo 10:

> *Não leveis no cinto moedas de ouro, nem de prata ou de cobre; nem sacola para o caminho, nem duas túnicas, nem calçados, nem bastão, porque o operário é digno de seu sustento...*
>
> *Não vos preocupeis em saber como ou o que haveis de falar, porque nessa hora vos será inspirado o que deveis dizer. Não sereis vós que falareis, e sim o Espírito do Pai que falará por vós.*

Giovanni não precisava de mais estímulo para viver de acordo com as palavras do evangelho. Partiu para a estrada como um mendigo, sem dinheiro, sacola, uma roupa para trocar, sem sandálias ou amigos. Mas logo encontrou um companheiro, Bernardo di Quintavalle, um jovem rico de Assis,

Acima: *São Francisco mantém boas relações com o papado. Neste quadro de Giotto pintado nos séculos XIII e XIV, ele reza diante do sucessor do Papa Inocêncio, Honório.*

a quem recrutou como o primeiro frade da ordem mendicante dos Frades Menores. Ao contrário dos monges que viviam nos mosteiros, e que apesar dos esforços para evitar, tinham vínculos terrenos, os frades só teriam o ar que respiravam e a comida e a água que os estranhos lhes davam.

UMA NOVA ORDEM

O estilo de vida dos mendicantes poderia ser visto como uma crítica implícita às instituições religiosas, que haviam acumulado poder e riqueza. Já havia sinais de turbulência causados pelas críticas de alguns hereges à Igreja por seus interesses terrenos e à vida suntuosa. Mas a hierarquia eclesiástica poderia ser perdoada por sua atitude defensiva perante a aparente contestação de Giovanni, que recebeu o nome de Francisco de Assis depois de convertido, no entanto, não tinha interesse em contestar o clero. Ao contrário, ele defendia a instituição da Igreja contra a crítica de seus opositores e, humildemente, pediu apoio ao Papa Inocêncio III, que ficou surpreso com a personalidade desconcertante de Francisco. Segundo um relato, o Papa mandou que levassem o vagabundo maltrapilho e sujo para cuidar dos porcos. No entanto, arrependeu-se ao ver que Francisco não opôs resistência à ideia.

Quaisquer que fossem suas restrições quanto à atitude de Francisco, Inocên-

Acima: *Os frades dominicanos, retratados nesta pintura do século XVI da escola espanhola, eram escritores e professores.*

As Irmãs Clarissas

À direita: *São Francisco e sua discípula Santa Clara retratados neste quadro do século XIV de Memmo di Filipuccio. Com a orientação de São Francisco, Clara fundou a ordem de Santa Clara.*

A filha de uma família nobre destinada por seus pais a fazer um casamento aristocrático, Clara de Assis (1194-1253) sonhava com uma vida religiosa que lhe daria sentido à vida. Inspirada por São Francisco, que tivera uma formação semelhante à dela, em 1212 Clara lhe pediu ajuda. Com a orientação de São Francisco, Clara fundou a ordem de Santa Clara, ou das Irmãs Clarissas. Como não podiam viajar do mesmo modo que os frades mendicantes, as freiras dedicaram-se à vida contemplativa, às preces e aos trabalhos simples e humildes nos conventos. Apesar das tentativas de inseri-las na vida monástica, as Irmãs Clarissas mantêm sua independência e seus votos de pobreza.

cio chegou à conclusão de que Francisco deveria ser incentivado. Essa decisão revelou uma visão mais progressista por parte do pontífice. Um movimento que poderia ter um efeito profundamente desestabilizador foi aceito por uma Igreja consciente de que seria preciso mudar.

OS DOMINICANOS

São Domingos de Gusmão era um sacerdote espanhol que tentara repelir o movimento crescente de heresia no sul da França. Ele fundou a ordem dos dominicanos em 1214, com votos de castidade e pobreza. Os dominicanos achavam que os pobres não tinham acesso à Igreja, não só nos vilarejos dispersos da região rural, mas também nas cidades que cresciam com rapidez. São Domingos queria que os jovens da nova ordem levassem a Palavra de Deus a essas almas perdidas. Como São Domingos administrara um convento de freiras em 1206, essas freiras dominicanas antecedem aos frades dominicanos da nova ordem.

A MÚSICA SACRA

DA BELEZA AUSTERA DO CANTO GREGORIANO ÀS POLIFONIAS GLORIOSAS DO BARROCO E DE OUTROS ESTILOS MUSICAIS, A MÚSICA EXERCE UM PAPEL VITAL NAS LITURGIAS DA IGREJA.

Para muitas pessoas o cantochão, o canto tradicional da liturgia cristã, solene e monofônico (ou *plainchant* do latim *cantus planus*), quando ecoa pelos corredores dos claustros significa a quinta-essência do som associado à Igreja Católica. No entanto, na opinião de outras pessoas assemelha-se ao coro dos peregrinos de Lurdes, ao cantarem a Ave-Maria, ou as harmonias graciosas de *A Criação* de Haydn ou da *Missa Dunelmi* de James MacMillan.

Acima: *No início, a música sacra era cantada por uma única voz, como nesta iluminura do exemplar da* Bíblia de Borso d'Este *do século XV.*

UM COSMOS ORGANIZADO

É provável que a música tenha feito parte da liturgia cristã desde seus primórdios, apesar da ausência de fontes de notação musical fidedignas. O som das diferentes notas em uma melodia harmoniosa assemelhava-se à relação entre a Terra, os planetas e as estrelas, com suas órbitas regulares na ordem do Universo criada por Deus. Assim, a frase "a música dos corpos celestes esféricos" e a importância atribuída à música tinham uma dimensão maior do que o prazer estético.

A MÚSICA DE SÃO GREGÓRIO

Portanto, a música, que marcava a passagem das horas nas instituições religiosas, ocupava um lugar especial na ordem monástica. A ênfase recaía na austeridade, e o cantochão tinha apenas uma linha melódica, sem acompanhamento instrumental. Mas, assim mesmo, sua beleza etérea era uma fonte de inspiração dos monges e lhes lembrava todos os dias a majestade misteriosa de Deus.

O Papa Gregório, o Grande, foi um grande incentivador do uso do cantochão nas liturgias cristãs. Além da beleza da música, o canto litúrgico motivou as virtudes monásticas da cooperação e da disciplina. O incentivo do Papa Gregório estimulou um gênero musical que se

Acima: *Um instrumento constituído de teclado, pedaleira e tubos, este órgão da Capela de Versalhes é um elemento fundamental na composição da música sacra.*

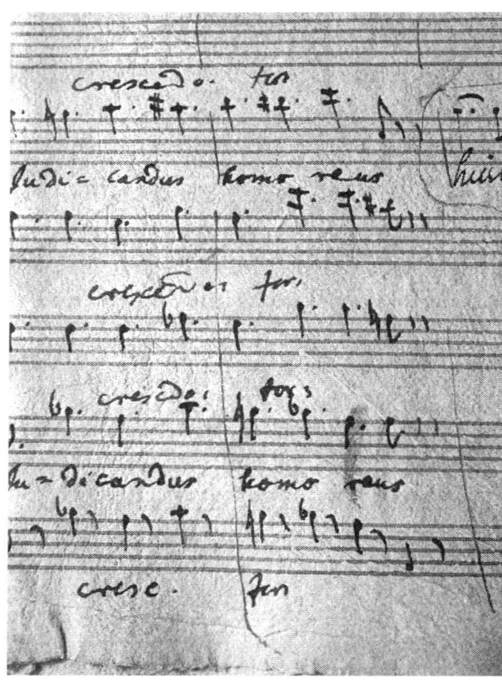

À direita: *Partitura do* Réquiem *de Mozart, uma das obras mais sublimes do universo da música sacra, apreciada por melômanos católicos e laicos.*

sofisticou rapidamente e uma forma rudimentar de notação musical surgiu no século IX.

Aos poucos, a música sacra evoluiu de duas a quatro composições para uma polifonia, um conjunto harmônico de instrumentos ou vozes que soavam ao mesmo tempo.

O uso do órgão nas cerimônias religiosas, autorizado pela primeira vez pelo Papa Vitaliano no século VII, acrescentou outra voz a esse conjunto harmônico. Os sons puros do órgão eram um complemento perfeito à voz humana e, desde então, foi o principal instrumento da música sacra. Na transição da Idade Média para o Renascimento outros sons instrumentais foram acrescentados à música erudita da tradição religiosa cristã.

AS INFLUÊNCIAS NA MÚSICA

A música sacra foi incentivada pela tradição da Igreja. O padre Claudio Monteverdi, o primeiro compositor de óperas no século XVII, teve uma grande influência na introdução do estilo barroco à música sacra.

Em seguida, outros italianos, como Antonio Vivaldi (1678-1741), um padre que compôs muitas de suas grandes obras para a orquestra do Ospedale della Pietà, um orfanato para meninas administrado pela Igreja, continuou sua tradição. Os mestres de capela, que compunham músicas por encomenda das cortes da Áustria e da Alemanha, também foram autores de peças de concerto para piano e orquestra.

Nessa época, o movimento reformista cristão de Martinho Lutero provocara uma revolução na Europa e diversos compositores do período barroco eram protestantes. No entanto, a música continuava a ser uma arte ecumênica. A criatividade católica foi estimulada pelas obras de Bach e Handel, enquanto os grandes gênios protestantes inspiraram-se nas tradições católicas.

A TRADIÇÃO CLÁSSICA

A religião foi uma influência importante na música clássica nos séculos XVIII e XIX. Joseph Haydn, um católico convicto, compôs muitas obras sacras, como *A Criação* para vozes e coro (1798). Em seu processo de composição musical, que se assemelhava a uma prece, ele terminava suas composições com um hino de "louvor a Deus".

Seu jovem contemporâneo, Wolfgang Amadeus Mozart, embora com uma vida mais atribulada, expressou sua profunda fé cristã no *Réquiem em Ré Menor*, a última composição em que trabalhava pouco antes de morrer em 1791. Franz Liszt, um pianista extraordinário e um compositor do período romântico, apesar de uma vida pessoal marcada por escândalos, era católico fervoroso e recebeu as ordens menores da Igreja em 1865.

OS CÂNTICOS DE LOUVOR A DEUS

Diversos compositores de música sacra erudita destacaram-se no século XX, entre eles o francês Olivier Messiaen e o escocês James MacMillan. No entanto, hoje os cânticos de louvor a Deus, ou hinos, predominam na música religiosa. Embora sejam uma expressão musical menos sofisticada, sem destaque para o desempenho individual, o canto comunitário é essencial para aproximar uma congregação de objetivo comum e de uma fé compartilhada por todos os seus membros.

***À direita:** Muitas das composições de Vivaldi foram apresentadas pelas meninas do orfanato Ospedale della Pietà, como retratado neste quadro* The Orphans' Cantata *de Gabriele Bella.*

Hereges

Os fiéis estavam questionando a autoridade da Igreja. O clero teria de decidir quais críticas aceitaria, quais ignoraria e o que poderia ser classificado como heresia.

Acima: *Embora fossem membros de uma fé cristã, os seguidores de Pedro Valdo foram associados à prática de bruxaria, como retratado nesta ilustração do século XV do* Book of Occult Sciences.

Uma instituição tão poderosa como a Igreja Católica, e com tantos fiéis dedicados e idealistas, estaria vulnerável a críticas, divergência de opiniões e discussões entre seus seguidores. Na medida do possível, esses conflitos de opinião eram controlados e os debates acalorados tinham a aceitação tácita ou, até mesmo, o incentivo da Igreja. No entanto, algumas ideias eram tão diferentes da doutrina e dos ensinamentos da Igreja Católica que não podiam ser aceitas sem que ameaçassem sua integridade. Essas ideias que negavam ou se opunham à doutrina estabelecida foram classificadas de "heresias".

Santo Agostinho liderara a luta contra a heresia no final do século IV e criticara o pelagianismo por acreditar que o homem era responsável por sua salvação, sem a intervenção de Deus. Sua visão de que a humanidade aviltara-se tanto com o pecado original, que a salvação só seria possível com a intervenção de Deus, foi exacerbada no século XVI pela doutrina herética do jansenismo. Mas o final da Idade Média foi um período turbulento na história do cristianismo e, em retrospecto, antecipou a Reforma.

OS VALDENSES

Em 1177, Pedro Valdo, um próspero comerciante de Lyon, na França, teve uma crise espiritual. Assim como São Francisco de Assis, renunciou aos seus bens e se tornou um pregador mendicante. Entretanto, ao contrário dos franciscanos, os valdenses criticaram a Igreja, porque, segundo eles, era uma instituição dedicada apenas à sociedade rica e poderosa. Por fim, rejeitaram a autoridade do clero, quando o Papa Lúcio III proibiu as pregações de Valdo em 1184. Pedro Valdo e seus seguidores fundaram uma igreja que sobreviveu às perseguições

Acima: *Os livros dos albigenses são jogados na fogueira, um gesto simbólico de condená-los às penas do Inferno e à destruição* (Santo Domingo y los Albigenses, Pedro Berruguete, *século XV).*

nos anos seguintes. Em 1848, a Igreja Católica concedeu a liberdade religiosa aos valdenses.

OS ALBIGENSES

O movimento herege dos albigenses, inspirado na antiga doutrina maniqueísta e que pregava um dualismo associado a diversas religiões, surgiu no sul da França. Essa seita fora introduzida no Ocidente através dos Bálcãs por Pop Bogomil e seus seguidores, que, provavelmente, dispersaram-se pelas rotas de comércio do Mediterrâneo. Os albigenses exacerbaram o dualismo maniqueísta entre o bem e o mal, a luz e a escuridão, o espiritual e o material. Para seus seguidores, a Criação terrena – o mundo material, o corpo e seus desejos – era a personificação do mal. O objetivo dos devotos era transcender esse mundo material.

Se a Palavra se "fez carne" em Cristo, esse fato confirmava o mal implícito na matéria, no poder e na riqueza da Igreja. A seita herética dos albigenses atraiu milhares de seguidores, apesar da oposição dos dominicanos. A violência da oposição oficial ao albigensianismo, como descrito a seguir na cruzada albigense, foi criticada, mas essa seita representou uma enorme ameaça à ordem medieval.

O LOLLARDISMO

Os ensinamentos de John Wycliffe, um padre e teólogo inglês do século XIV, refletiam o pensamento de muitas pessoas com menos instrução na Inglaterra. Assim como Valdo, Wycliffe criticava a

Abaixo: *Ilustração da perseguição aos lollardos no livro do puritano protestante John Foxe,* O Livro dos Mártires, *século XVI.*

A CRUZADA ALBIGENSE

Assim chamada por causa de Albiga (atual Albi), uma cidade da região de Languedoc, no sul da França, onde os albigenses foram acusados oficialmente de heresia em 1178, a cruzada albigense foi uma iniciativa do Papa Inocêncio III, em 1208. Ao chamá-la de cruzada, o Papa comparou a heresia que ameaçava a Igreja à luta contra o islamismo no Oriente Médio e na Espanha. Nos anos seguintes, as tropas do rei da França e dos nobres poderosos do norte do país atacaram os camponeses e os senhores locais, que os protegiam. Cerca de um milhão de pessoas morreu nesses combates.

Acima: *Muitas atrocidades foram cometidas na Cruzada Albigense. Nesta ilustração, os albigenses são expulsos da cidade de Carcassonne (*Grandes Crônicas da França, *século XV).*

riqueza e o envolvimento da Igreja com os assuntos dos governos laicos. Mesmo em temas religiosos, argumentou, a Igreja extrapolara seu poder. Wycliffe defendia uma hierarquia eclesiástica com menos poder e a tradução da Bíblia para o latim, para que as pessoas pudessem ler a palavra de Deus. Além disso, negava o princípio da transubstanciação. O pão e o vinho não se alteravam, mesmo quando se convertiam no corpo e no sangue de Cristo.

Os lollardos, seguidores de John Wycliffe, foram considerados uma ameaça à autoridade laica e religiosa. Suas ideias difundiram-se na Europa por Jan Hus (ou John Huss), um pensador e reformador religioso tcheco, que combateu a venda de indulgências no século XV. Apesar de ter sido um movimento de curta duração, suas ideias foram assimiladas pelos protestantes.

O Tribunal de Inquisição

Poucas instituições da Igreja Católica foram tão temidas como a Inquisição, ou constituíram um foco de tantas contradições. No entanto, os excessos do Tribunal do Santo Ofício não podem ser negados.

***Acima:** Jan Hus foi queimado na fogueira em razão de suas crenças heréticas, como mostra esta ilustração de Ulrich von Richenthal do livro* Council Chronicle, *datada do século XV.*

Ao longo da história, a Igreja Católica lutou contra a heresia, porém só no Renascimento a Igreja institucionalizou a repressão aos hereges. A cruzada albigense iniciada em 1208 na França, com o objetivo de eliminar a seita herege dos albigenses, foi uma iniciativa que precedeu à criação do Tribunal de Inquisição. Criado pelo Papa Gregório IX em 1232, o Tribunal do Santo Oficio tinha a função de reprimir e punir a heresia. Os primeiros inquisidores foram frades das ordens franciscanas e dominicanas, em razão de um estilo de vida humilde e do voto de pobreza e, portanto, sem ambições materiais, além disso, eles possuíam bons conhecimentos de teologia.

Nessa época, o Tribunal do Santo Oficio perseguiu os valdenses na Itália, mas, em seguida, as inquisições foram realizadas na Espanha, em Portugal e nas colônias ultramarinas até o final do século XV. Outros tribunais eclesiásticos para suprimir a heresia instalaram-se na França e na Itália durante a Reforma protestante.

Embora fosse administrada pela Igreja, a Inquisição trabalhava em cooperação com as autoridades laicas. Em geral, o Estado liderava os processos de investigação e os julgamentos de pretensos hereges e feiticeiros. Os reis tinham interesse em manter a ordem e a submissão de seus súditos. Depois da Reforma, a religião assumiu um aspecto político. Embora o protestante não fosse mais um herege, ainda era considerado um agente subversivo e perigoso proveniente de outros países da Europa.

***Abaixo:** O Tribunal de Inquisição teve uma grande atuação na Holanda e em Gante, uma cidade ocupada pelos espanhóis, como retratado nesta gravura do século XVI da escola flamenga.*

OS AUTOS DE FÉ DA ESPANHA

Nesse contexto político turbulento surgiu a *Leyenda Negra* ("Lenda Negra", em português). A Espanha, uma superpotência católica, estava sendo criticada pelos protestantes do norte da Europa. Os livros e panfletos impressos descreviam em detalhes terríveis as supostas atrocidades cometidas pelos espanhóis em suas colônias na América, desde câmaras de tortura à Inquisição. No entanto, os estudos modernos revelaram que muitos desses relatos criados por agitadores eram fictícios.

Contudo, algumas histórias, embora sensacionalistas, eram verdadeiras. Uma pesquisa recente mostrou o rigor da investigação dos documentos dos casos julgados pelo Santo Ofício, com a finalidade de evitar processos baseados em denúncias maldosas. Ao mesmo tempo, confirmou a realização de torturas durante os processos (que haviam sido autorizadas pelo Papa Inocêncio IV, em 1252). Embora sua frequência tenha sido exagerada, os autos de fé em que eram proclamadas e executadas as sentenças do Tribunal de Inquisição foram práticas habituais. Esses rituais, que incluíam um castigo público para o culpado, eram representações simbólicas do Juízo Final à frente de uma enorme multidão. Os autos de fé terminavam com os acusados sendo queimados na fogueira.

Acima: *O Grande Inquisidor da Espanha, Tomás de Torquemada, era um homem extremamente temido (quadro da escola espanhola, século XIX).*

AÇÕES CONTROVERSAS

A pressa com que a Igreja condenava seus críticos a morrer na fogueira foi um exagero da propaganda da Reforma. Os exércitos da cruzada albigense massacraram os seguidores do albigensianismo, mas a extensão do apoio da Igreja a esses atos de violência ainda é um tema controvertido. Embora quisesse perseguir os albigenses a Igreja prolongou por tanto tempo as discussões sobre os ensinamentos de Wycliffe, que ele morreu de causas naturais antes de ser denunciado como herege.

Entretanto, Jan Hus, o pregador tcheco e feroz crítico da venda de indulgências, foi queimado na fogueira em 1415 (um ato que o Papa João Paulo II lamentou em 1999). No entanto, não foi o único a ter esse destino nas mãos da Igreja que, diante de uma crítica crescente, estava sempre na defensiva e pronta para atacar.

À direita: *São Domingos era, em sua essência, um professor, mas quando todos os recursos de persuasão fracassavam, o medo da morte era um argumento convincente. Nesta ilustração, São Domingos preside um auto de fé (Pedro Berruguete, c. 1495).*

A INQUISIÇÃO ESPANHOLA

O Tribunal de Inquisição da Espanha foi criado em Aragão no século XIII, mas a Inquisição se fortaleceu no século XV durante o reinado dos reis católicos Fernando e Isabel. O epíteto dos reis da Espanha devia-se não só ao fato de serem católicos fervorosos, mas também pela unificação da Espanha com a incorporação dos reinos de Navarra, Aragão e Castela após o casamento dos dois (a palavra "católico" originalmente significava "universal", "geral" e, assim, seu uso estendeu-se à Igreja Apostólica Romana).

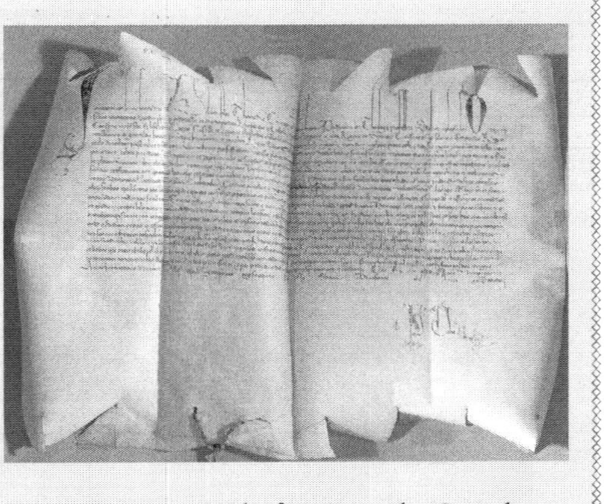

Acima: *Torquemada foi nomeado Grande Inquisidor da Espanha pela bula papal de Inocêncio VIII promulgada em 1487.*

Para Fernando e Isabel, o Santo Ofício era uma maneira de usar as estruturas eclesiásticas, como base de um Estado policial. Depois da Reconquista e com a conversão à força de muitos reinos judaicos e mulçumanos ao cristianismo, houve um medo generalizado de que os judeus e os mulçumanos estivessem fazendo seus antigos rituais religiosos em segredo. Portanto, era preciso realizar uma limpeza étnica, que antecipou os expurgos nazistas. O Grande Inquisidor, Tomás de Torquemada, nomeado pelo papa, disseminou o terror com as perseguições aos supostos hereges e feiticeiros.

A IGREJA EM TRANSIÇÃO

AS PRINCIPAIS NOTÍCIAS DO PERÍODO DE TRANSIÇÃO DA IGREJA REFERIAM-SE À OPRESSÃO E À DISSIDÊNCIA, MAS EM SURDINA OUTROS ACONTECIMENTOS IMPORTANTES DESENROLARAM-SE NA REFORMULAÇÃO INTERNA DA IGREJA CATÓLICA.

A Igreja na Idade Média foi uma instituição sólida, sem interesse em evoluir. No entanto, sua posição como líder espiritual tinha sido questionada. As heresias criticaram e fomentaram as discussões sobre o papel da Igreja. Essas discussões não só contestaram os pontos mais sensíveis da doutrina cristã, como também o papel exercido pelo catolicismo na sociedade e no relacionamento entre a Igreja e o Estado.

Acima: *Convocado em 1215, o IV Concílio de Latrão, mostrado nesta gravura do século XIX, introduziu profundas reformas no funcionamento da Igreja.*

A REALIZAÇÃO DOS CONCÍLIOS EM UM MOMENTO DE MUDANÇA

Esses temas foram discutidos pelos prelados em assembleias, como no Terceiro Concílio de Latrão em 1179 e no quarto concílio realizado em 1215. Esses concílios aconteciam no grande salão de conferências do Palácio de Latrão, a residência oficial do papa em Roma. Os prelados mais importantes discutiam as mudanças que a Igreja teria de fazer para se adaptar a um mundo em evolução e, ao mesmo tempo, se manter fiel aos seus princípios originais.

As recomendações do Terceiro Concílio de Latrão enfatizaram a manutenção da ortodoxia cristã, enquanto o quarto se destacou pela promulgação de um decreto, no qual judeus e muçumanos teriam de usar uma roupa especial para diferenciá-los dos cristãos.

No entanto, as conclusões dos concílios não divergiram muito. O trabalho concentrou-se na organização interna da Igreja. Novas medidas foram introduzidas para que o clero tivesse mais responsabilidade em suas ações, além do objetivo de controlar as atividades dos estabelecimentos religiosos.

A ASCENSÃO DO HUMANISMO

No final do século XV, o estudioso italiano Giovanni Pico Della Mirandola apresentou alguns princípios teóricos

Acima: *Figuras que representam as Sete Artes Liberais – Aritmética, Música, Geometria, Astronomia, Lógica, Retórica e Gramática – são apresentadas na publicação de 1503* Margarita Philosophica Nova *sobre o humanismo, de Gregor Reisch.*

que deram origem ao "humanismo". O dom mais precioso que Deus deu ao ser humano, argumentou Mirandola, era a capacidade de raciocinar e, assim, a humanidade não tinha apenas o direito de usar esse dom, mas também o dever. Segundo a visão tradicional católica, seu papel era, em sua essência, de um intérprete passivo dos desígnios de Deus. Nos ensinamentos doutrinários da Igreja durante gerações, esses desígnios adquiriram a força de um precedente legal no pensamento católico. No entanto, de acordo com Pico Della Mirandola, as pessoas precisariam pensar por si mesmas e, sem se prenderem à tradição, deveriam consultar as antigas fontes. Neste contexto, Mirandola expressou as posições assumidas pelos artistas e escritores do Renascimento italiano.

Inspirados em obras da Grécia clássica e de Roma, artistas como Leonardo da Vinci viram o ser humano como a mais perfeita Criação de Deus. Cientistas também se inspiraram nos livros e tratados dos gregos e dos romanos, e sentiram-se confiantes em pôr de lado os pressupostos dos séculos passados e de elaborarem novas teorias e ideias.

Acima: *Ilustração de Ambrosius Holbein de* A Ilha da Utopia, *como imaginada pelo humanista inglês Thomas More e publicada em 1518 em livro de mesmo título.*

O CONCÍLIO DE TRENTO

O humanismo não contestou a grandeza de Deus, ainda menos sua existência, mas questionou como os fiéis deveriam servir a Deus. Os líderes da Igreja ficaram preocupados, sem surpreender, porque o pensamento humanista havia influenciado alguns estudiosos a aderirem às novas teologias protestantes. Mas nas obras de escritores como Thomas More e Erasmo, o humanismo revigorou a tradição católica, que, de certo modo, se fossilizara ao longo dos anos.

Contudo, a Igreja conseguiu adotar uma postura mais flexível, com a iniciativa de convocar o Concílio de Trento. Iniciado em 1545, quando a Europa estava no auge das discussões da Reforma protestante, suas sessões continuaram até 1563. Em suas principais conclusões, a Igreja manteve-se inflexível e rejeitou as heresias teológicas propostas pelos rebeldes protestantes. Ao mesmo tempo, algumas críticas motivaram a Igreja a realizar uma ampla reforma institucional. Seus líderes adotaram medidas de combate à

UMA SÁTIRA CRISTÃ

Desiderius Erasmo ("Erasmo de Roterdã"), um dos mais sérios pensadores do Renascimento, exprimiu com uma sátira o ambiente de uma época extraordinária. Seu tratado *Elogio da Loucura* (1511) foi um exercício magistral de ironia, no qual criticou em tom satírico os absurdos da Igreja. O respeito profundo dos estudiosos pela tradição, suas superstições e a corrupção foram ridicularizados em seu tratado. No entanto, a obra surpreendeu pela reafirmação final de uma fé católica, cuja verdade transcendia as limitações terrenas da Igreja.

À direita: *Erasmo de Roterdã, retratado em 1523 por Hans Holbein, o Jovem, foi um estudioso e teólogo brilhante da época renascentista. Além de escritor prolífico, teve papel importante na inserção do movimento humanista na Igreja.*

corrupção e à regulamentação da concessão de indulgências para evitar sua venda. Os novos seminários diocesanos dedicaram-se ao treinamento de padres e a Igreja criou estruturas disciplinares para lidar com os transgressores.

Os papas poderosos

O Renascimento foi o auge do período da força política do pontificado, mas, ao mesmo tempo, significou uma época de extrema decadência moral, responsável por um dos capítulos mais lastimáveis da história da Igreja.

Hoje, a imagem de um "papa do Renascimento" sugere luxo e poder político. Contudo, isso também envolve corrupção em alta escala. É claro que é uma visão estereotipada, mas muitos pontífices dos séculos XV e XVI viveram em meio a esse fausto e poder. A Igreja era a maior instituição da época, com riqueza e poder incalculáveis. Ao mesmo tempo, era uma instituição dedicada ao ser humano. As pessoas submissas e os inocentes seriam abençoados no Céu, mas aqui na Terra elas eram motivadas pela ambição, desonestidade e a falta de escrúpulos.

UM NEGÓCIO FAMILIAR

Entre a hierarquia da Igreja havia troca de favores, concessão de privilégios e nepotismo. Por esse motivo, não causou surpresa o fato de o sobrinho do Papa Eugênio IV tê-lo substituído no trono de Pedro, como Papa Paulo II em 1464.

O Papa Sisto IV, eleito em 1471, nomeou seis sobrinhos como cardeais durante seu papado, além de lhes conceder

Acima: *O Papa Sisto IV nomeia um novo diretor para sua biblioteca pessoal, outro símbolo da opulência de seu papado. Ilustração do quadro de Melozzo da Forlì (1477).*

privilégios que os enriqueceram de uma forma fabulosa (a Igreja tinha uma renda enorme proveniente de uma série de fontes como aluguéis, doações, heranças e pagamentos de funerais, que constituía uma tentação à corrupção). Sisto IV também casou suas sobrinhas com membros da alta aristocracia italiana e, assim, construiu uma poderosa rede de contatos familiares, que defendia de uma maneira implacável. Havia rumores que fora cúmplice de uma trama, na qual dois irmãos da família Medici haviam sido atacados com adagas em 1478, quando assistiam à missa na Catedral de Florença. Um deles, Giuliano de Medici, morreu em consequência dos ferimentos.

Acima: *A construção da Basílica de São Pedro demorou anos para ser concluída. A gravura de Antoine Lafréry (1575) mostra a benção do papa à cúpula inacabada.*

Um sentido forte de "família", de continuidade dinástica e de hostilidade inflexível, infiltrou-se em meio a uma Igreja em que o clero fazia votos de celibato. Alguns papas não obedeceram a esse voto. O Papa Alexandre VI (1492-1503) teve nove filhos de diversas mulheres desconhecidas. Um de seus filhos, César Bórgia, foi um assassino e um político astuto, que, após ser nomeado cardeal, renunciou ao cargo para fazer um casamento vantajoso.

O PAPADO E O APOIO ÀS ARTES

No entanto, apesar do comportamento inescrupuloso e do abuso de poder, os papas do Renascimento foram grandes patronos das artes e deixaram um legado de obras-primas da arte ocidental. Motivados pela vaidade, amor à arte ou talvez por excentricidade, o apoio dos papas teve um grande impacto na história da cultura ocidental.

O Papa Sisto IV gastou uma fortuna embelezando o centro de Roma, desde a construção de avenidas mais amplas, novas igrejas e outros prédios. A ponte Sisto ainda atravessa o Rio Tibre.

O Papa Júlio II foi também um grande patrono das artes. A seu pedido, Donato Bramante fez um projeto arquitetônico para a antiga Basílica de São Pedro e a construção da maior igreja do mundo cristão começou em 1505, dois anos depois de ter sido eleito (as despesas astronômicas da construção da catedral foram pagas com a concessão de indulgências, uma crítica a mais aos excessos da Igreja).

A família Medici já tinha uma longa tradição de apoio às artes, quando o filho de Lorenzo, o Magnífico, foi eleito Papa com o nome de Leão X, em 1513. "Deus nos deu o papado", disse Leão X a um amigo, "agora vamos aproveitá-lo". Felizmente, sua maior extravagância limitou-se às artes plásticas, à história, à música e à literatura. Leão X deu um grande apoio a artistas italianos como Michelangelo e Rafael, e a escritores como Erasmo.

Acima: *O retrato pintado por Rafael (c. 1517) de seu patrono, Leão X, transmitiu o poder e a autoridade do Papa.*

A Prisão do Papa

No mundo atual, temos uma visão do papado como instituição "acima" das questões políticas, protegida até certo ponto pelo seu status santificado. Mas o poder político exercido pelos papas do Renascimento não condizia com o de homens que serviam a Deus. Contudo, Clemente VII foi punido por essa influência política. Embora fosse membro da família Medici, ironicamente, não era um homem apegado a bens materiais e valorizava a espiritualidade, segundo os padrões da época. Suas tentativas de estabelecer relações diplomáticas mais seguras entre as grandes potências da Europa provocaram conflitos entre ele e o rei da Espanha, Carlos V, e com o imperador da Alemanha. Em 1527, as tropas de Carlos V invadiram a Itália e saquearam Roma. O Papa Clemente foi preso no Castelo de Santo Ângelo, mas conseguiu fugir incólume.

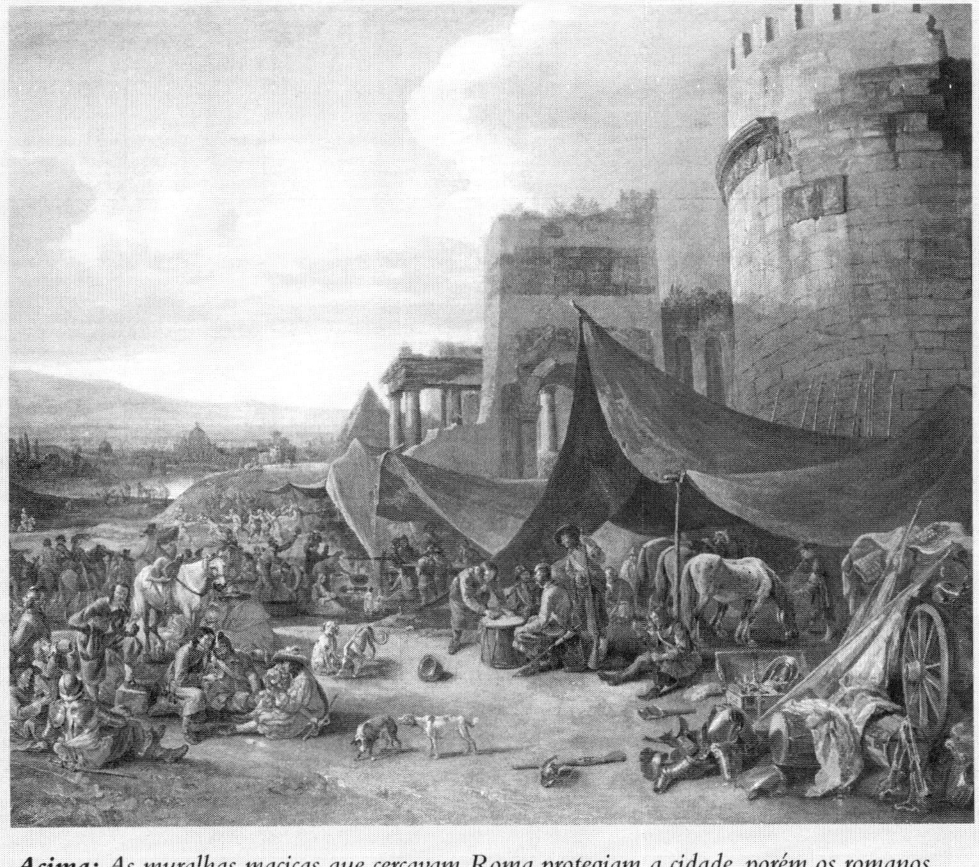

Acima: *As muralhas maciças que cercavam Roma protegiam a cidade, porém os romanos não tinham tropas defensivas eficientes. Nesta ilustração do quadro* O Saque de Roma, *Johannes Lingelbach descreve a invasão das tropas espanholas a Roma, em 1527.*

O PAPA E O PINTOR

O TETO DA CAPELA SISTINA DO PALÁCIO APOSTÓLICO NA CIDADE DO VATICANO, RESIDÊNCIA OFICIAL DO PAPA, É UMA OBRA-PRIMA INCONTESTÁVEL. E TAMBÉM É O ARQUÉTIPO DO RELACIONAMENTO DIFÍCIL ENTRE O ARTISTA E SEU PATRONO.

Mesmo se Michelangelo não tivesse pintado o teto da Capela Sistina, ainda assim os turistas a visitariam atraídos pelos afrescos pintados por grandes artistas como Rafael, Botticelli, Perugino e Ghirlandaio. Algumas tapeçarias deslumbrantes de Rafael foram roubadas pelas tropas de Carlos V durante o saque de Roma em 1527, porém mais tarde foram restituídas e restauradas. Embora tivesse sido construída na época do Papa Sisto IV, a capela foi uma exibição magnífica da criatividade da arte do Renascimento no período do pontificado de Júlio II.

Acima: O Dilúvio e A Embriaguez de Noé *ilustra transgressão e castigo, temas importantes para o teto como um todo.*

A TAREFA DE MICHELANGELO

Hoje, muitos turistas passam sem grande interesse pelas obras-primas penduradas nas paredes da capela, com os olhos fixados no teto a uma altura de 20 metros. Sem dúvida, é uma visão extraordinária de pinturas da Criação do homem ao Juízo Final, em cenas de uma energia vital. No entanto, se Michelangelo, no início de sua carreira, houvesse seguido suas aspirações artísticas essa obra-prima não existiria.

Nascido em Arezzo, na Toscana, em 1475, Michelangelo nunca duvidou de seu talento como escultor. Em 1505, quando Júlio II pediu a Michelangelo para construir seu mausoléu, o artista ficou encantado com a encomenda e dedicou-se a criar sua obra-prima. Mas para sua crescente irritação, o Papa pediu-lhe que ajudasse a fazer diversos trabalhos artísticos e, por fim, encarregou-o de pintar os afrescos do teto da Capela Sistina.

UM RELATO CONTEMPORÂNEO

Giorgio Vasari, um cronista que gostava das intrigas da cena artística do Renascimento, disse que a ideia de pedir a Michelangelo para pintar o teto da Capela Sistina não partira de Júlio II. Segundo seu relato, Rafael e Bramante haviam sugerido seu nome ao Papa. Rafael era o principal pintor da época e Bramante um arquiteto renomado. Ambos sentiam-se ameaçados pelo talento prodi-

À esquerda: *Michelangelo e Júlio II tinham uma relação de trabalho difícil, mas que, por fim, resultou em uma das obras mais célebres da arte ocidental. Neste quadro, o artista e seu patrono foram retratados pelo pintor do século XVI Anastasio Fontebuoni.*

gioso de Michelangelo. O Papa era um grande apreciador de esculturas e não havia ninguém à altura de Michelangelo na Itália. Assim, com essa tarefa ambiciosa e aparentemente impossível de ser realizada por um pintor inexperiente e relutante, seus rivais pensavam em desfechar um golpe fatal na credibilidade artística de Michelangelo.

Na verdade, essa versão dos acontecimentos é fantasiosa, mas é provável que Michelangelo, com uma desconfiança paranoica, a tenha contado a Vasari.

UM TRABALHO PENOSO

Michelangelo tentou recusar o trabalho de todas as formas possíveis. Por fim, desalentado, decidiu realizá-lo o mais rápido possível, porém a pintura do teto da Capela Sistina demorou quatro anos para ser concluída. No entanto, diante da complexidade do trabalho foi um tempo extraordinariamente curto, para um artista que trabalhou sozinho, com apenas um assistente que misturava as cores. Mesmo assim, o Papa insistia em lhe perguntar como ia o progresso do projeto. O famoso filme *Agonia e Êxtase* que relatou esse episódio na vida do artista deveria ter se intitulado "Irritabilidade e Impaciência".

Embora não tenha sido um trabalho feito com amor, é uma obra extraordinária sobre o tema da fé cristã. Na visão do artista o Antigo Testamento, foi o prenúncio da vinda de Cristo prometida por Deus aos profetas. Mas Michelangelo era um homem do Renascimento e, portanto, em sua visão a humanidade era o centro da Criação de Deus e a beleza das formas humanas revelava a grandeza de Deus. Esses valores expressaram-se com mais ênfase nas mãos estendidas do afresco *A Criação de Adão,* um momento em que Deus transmite vida a um homem.

Acima: *Um Cristo implacável surge n'*O Juízo Final*: uma cena vigorosa do teto da Capela Sistina.*

Acima: *A mais famosa cena do teto da capela:* A Criação de Adão, *em que Deus estende o braço para transmitir vida a Adão.*

UM RICO LEGADO

Michelangelo não conseguiu concluir o trabalho do túmulo de Júlio II, um mausoléu construído por ocasião da morte do Papa em 1513 e colocado na Basílica de São Pedro Acorrentado, e não na Basílica de São Pedro. Michelangelo teve uma pequena participação na construção do mausoléu, embora a figura imponente de Moisés revele que foi um trabalho especial. No entanto, a humanidade só se beneficiou com a imposição do Papa Júlio II. O teto da Capela Sistina é uma das obras-primas mais famosas e mais visitadas do mundo.

Novos horizontes

As explorações ultramarinas e as sucessivas descobertas científicas criaram um ambiente de efervescência intelectual no período renascentista, mas também um contexto em que as bases do mundo tradicional na Europa ruíram.

À medida que as certezas ideológicas dissolviam-se, a Igreja lutou para manter sua antiga autoridade intelectual. O período medieval fora a "Era da fé", quando homens e mulheres não questionaram seu dever de obedecer à ordem de Deus, nem de duvidar do papel central que ocupavam no cosmos. Paradoxalmente, apesar da ênfase humanística do Renascimento, esse papel central foi discutido.

Enquanto as viagens dos grandes navegadores estenderam os limites do

Acima: *Apesar dos furacões e dos motins da tripulação, o navegador português Vasco da Gama foi o primeiro europeu a chegar à Índia com a travessia do Cabo da Boa Esperança, em 1497-8.*

mundo conhecido pelos europeus, os astrônomos exploravam um Universo em expansão, que não mais girava em torno da Terra.

A ERA DA DESCOBERTA

Os europeus sabiam que o continente onde viviam excluía outras regiões do mundo como, por exemplo, a África localizada mais além da região do Mediterrâneo. As especiarias e outros luxos eram trazidos do Oriente pela Rota da Seda; Marco Polo visitara a China no final de século XIII e fizera relatos extraordinários. Mas poucos europeus o haviam seguido em sua viagem ao Oriente. Depois das cruzadas, o Oriente Médio transformara-se em um lugar hostil e o comércio na região era realizado em grande parte por intermediários.

O custo crescente dos produtos importados motivou a procura por uma rota marítima incentivada pela criação de uma academia naval pelo príncipe de Portugal, Henrique, o Navegador, em *c.*1450. Bartolomeu Dias cruzou o Cabo da Boa Esperança na África em 1487 e Vasco da Gama chegou à Índia dez anos depois.

Cristóvão Colombo à frente da frota dos reis católicos chegara à América em 12 de outubro de 1492, no entanto, acreditou até morrer que descobrira o caminho para o Leste da Ásia. Mas, para os europeus, Colombo havia descoberto um "Novo Mundo" e a Europa nunca mais seria a mesma.

"E quem é o meu próximo?", perguntou um doutor da lei a Jesus (Lucas 10:29).

Acima: *As descobertas de Colombo revelaram aos europeus um Novo Mundo e seu povo, como estes índios norte-americanos da Virgínia retratados na gravura do século XVI de Theodor de Bry.*

Acima: *Cristóvão Colombo se prepara para zarpar do porto de Palos, Espanha, em 1492. Afresco de Antonio Cabral Bejarano, século XIX.*

Uma pergunta complexa de responder. Sempre havia sido difícil amar seu próximo como a si mesmo, segundo as palavras de Jesus Cristo, mas agora a descoberta de um Novo Mundo transformara a pergunta em um desafio conceitual. Nas palavras de Gomes Eanes de Zurara, um cronista português, como os "selvagens" nus descobertos pelos navegadores poderiam pertencer "à geração de Adão"? E por que não seriam? Por que esses estranhos seriam nossos próximos a quem amaríamos como a nós mesmos? A ideia do mundo tradicional da Europa fora contestada.

AS REVOLUÇÕES

A situação agravava-se cada vez mais. Em 1543, Nicolau Copérnico morreu. Só então sua grande obra *De Revolutionibus Orbium Coelestium* (*Das Revoluções das Esferas Celestes*, em português) foi publicada. Copérnico, um padre de uma família de freiras e padres, fora incentivado a fazer pesquisas astronômicas por outros clérigos. Mas, apesar do apoio, relutou em revelar suas conclusões, porque a Igreja sempre seguira a concepção de Aristóteles e Ptolomeu de que o Sol e os planetas giravam em torno de uma Terra imóvel. Entretanto, na concepção de Copérnico a Terra e os planetas giravam ao redor do Sol, em um sistema que ele denominou de heliocêntrico.

Desde então a Igreja aceitou a teoria de Copérnico, mas na época seus líderes temeram que sua ideia revolucionária pudesse subverter os relatos da Criação e do cosmos nas Escrituras, ou daria a impressão de contestá-los. No século XVII o padre Giordano Bruno apoiou a teoria de Copérnico e, acusado de blasfêmia e heresia, foi julgado pelo Tribunal da Inquisição e morreu queimado na fogueira em 1600.

Abaixo: *Copérnico mostrou que a verdadeira "harmonia das esferas" era resultado da órbita concêntrica dos planetas ao redor do Sol, como mostrado nesta ilustração de Andreas Cellarius em* Scenographia, *c. 1660.*

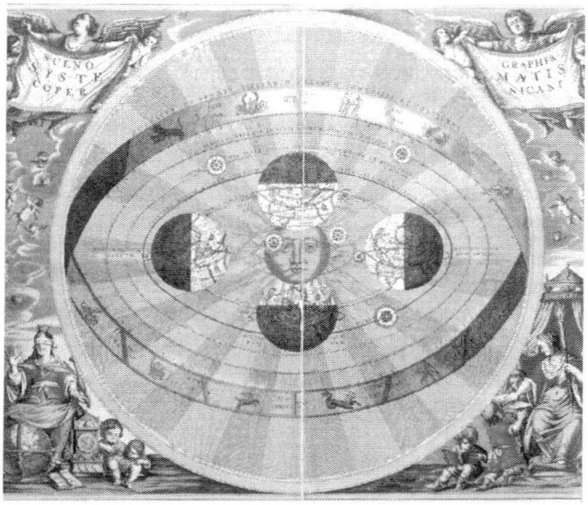

A Heresia de Galileu

No início do século XVII, outro astrônomo católico, Galileu Galilei, fez observações que apoiaram a teoria de Copérnico. Por causa desse apoio, Galileu foi acusado de heresia pela Igreja em 1663 e o obrigaram a renegar suas opiniões. As descobertas de Galileu e seu argumento convincente de que a cosmologia do Antigo Testamento deveria ser vista como um elemento poético e não como ciência haviam recebido um apoio discreto de alguns membros importantes do clero. O cardeal César Barônio comentara em tom irônico que, de acordo com as ideias de Galileu: "A Bíblia ensina o caminho do Céu, mas não para onde vai". No entanto, oficialmente, a Igreja Católica condenou as teorias de Galileu.

Acima: *Galileu, retratado pelo pintor flamengo do século XVII, Justus Sustermans, entrou em conflito com a Inquisição romana por causa de seu apoio à teoria de Copérnico.*

A Reforma protestante

No início do século XVI, muitos fiéis apoiaram as ideias do teólogo e reformador alemão Martinho Lutero. Na Inglaterra, o rei Henrique VIII rompeu com a Igreja de Roma e declarou que era o chefe da Igreja Anglicana.

A grande venda de indulgências do Papa Júlio II para custear a reconstrução da Basílica de São Pedro em 1505, causou indignação na Europa. O comércio de indulgências era uma prática que existia há séculos, com abusos ocasionais ridicularizados durante a Idade Média. O comportamento de Júlio II não era muito pior do que o de outros papas, mas após séculos de uma suposta reforma e de um momento em que a autoridade da Igreja estava sendo questionada, a venda de indulgências pelo Papa teve uma grande repercussão negativa. Nes-

***Acima:** O Papa age como um cambista na venda de indulgências e de dispensas por motivos religiosos nesta xilogravura de 1521 do artista Lucas Cranach.*

se contexto, a simples eliminação desses abusos entre o clero não seria suficiente para acalmar os dissidentes.

A AUTORIDADE QUESTIONADA

Em 1517, Martinho Lutero, um padre e professor universitário de teologia, afixou suas "95 Teses" na porta da catedral de Wittenberg, na Alemanha, como um protesto contra a venda de indulgências. Seus argumentos opunham-se aos princípios da teologia cristã que permitiam a concessão dessas indulgências. Logo, a Igreja foi submetida a críticas de diversas correntes do pensamento contemporâneo. A Igreja não passara incólume pelas descobertas científicas e pela inquietação intelectual da época. Além disso, a invenção da imprensa criara um público de leitores, que antes só tinha acesso a poucos livros e a leitura, com frequência, restringia-se à elite do clero que sabia ler em latim.

Havia também um sentimento crescente de que homens e mulheres deveriam ser capazes de ter um julgamento próprio, isento de qualquer condicionamento. Então, Lutero encontrou um público receptivo às suas dúvidas quanto à existência da hierarquia eclesiástica, assim como à sua opinião que todos os cristãos deveriam ser seus próprios padres. Além disso, ele quis que as Escrituras ficassem mais acessíveis ao povo em geral. A bula papal promulgada em 1520 decretou que os ensinamentos de Lutero eram heréticos e, poucos meses depois, ele foi excomungado pela Igreja.

***Abaixo:** O famoso protesto de Martinho Lutero afixado na porta da catedral de Wittenberg foi um dos fatores cruciais que desencadearam a Reforma protestante. Este quadro do pintor do século XIX, Ferdinand Pauwels, retrata Lutero no momento em que prega as "95 Teses" na porta da catedral.*

Em 1522, Lutero publicou sua tradução do Novo Testamento em alemão e a versão da Bíblia em inglês de William Tyndale foi editada em 1525. As duas obras foram condenadas pela Igreja por medo que o povo iletrado se desviasse da doutrina cristã, sem a ajuda da interpretação dos textos pelos padres. No entanto, com o número crescente de uma nova classe intermediária educada que se espalhava pela Europa, sobretudo, na região ao norte do continente, essa condenação foi vista como uma atitude arrogante por parte da Igreja.

A RUPTURA COM A IGREJA

Alguns cristãos aderiram aos princípios protestantes, uma palavra originária do latim *protestari*, que significa "protestar", ou "afirmar" e "confessar". Significados apropriados para pessoas que queriam seguir as Escrituras e não os ensinamentos da Igreja. Esses cristãos acreditavam que uma pessoa deveria ter a sua relação individual com Deus. O catolicismo não teria o direito de reivindicar a propriedade das "chaves do Céu". O importante era a Palavra divina como revelada nas Escrituras, uma leitura obrigatória para todos os cristãos.

Em tese, os protestantes assumiram uma responsabilidade moral maior, sem a prática da venda de indulgências ou de preces mecânicas condicionadas a séculos de aceitação dos dogmas cristãos. No entanto, a ideia da "salvação" pela simples declaração de fé e que a fé e não o trabalho justificava os atos não tinha uma base sólida, que não pudesse ser refutada.

O CALVINISMO

Em Genebra, João Calvino fez uma distinção entre o "Eleito", o escolhido para ser salvo e o resto, os "predestinados" condenados às penas do Inferno por Deus antes de terem nascido. A rejeição de Calvino a Roma, aos seus ideais e as suas instituições foi o primeiro passo de sua ofensa à hierarquia católica. Suas doutrinas eram uma afronta ao sentido cristão de compaixão e perdão. O fatalismo de Calvino e de seus seguidores perante o destino de tantos sofredores condenados às penas perpétuas parecia não só profano, como também uma visão inumana dos desígnios de Deus. Os católicos acreditavam que Deus em sua sabedoria infinita não era o árbitro supremo da conduta das almas que havia criado. Na opinião desses católicos, a porta da salvação estaria sempre aberta.

Abaixo: *A sobriedade da capela calvinista fazia nítido contraste com as igrejas católicas ricamente ornamentadas. Quadro pintado por Jean Perrissin em c. 1565.*

O Rompimento do Rei Henrique VIII com a Igreja Católica

As moedas do Reino Unido ainda têm as letras "F.D." cunhadas em sua superfície, em homenagem ao rei. As letras são a abreviatura de *Fidei Defensor*, ou "Defensor da Fé". Ironicamente, esse título foi concedido ao rei Henrique VIII pelo Papa Leão X, como um testemunho de gratidão por seu panfleto, "A Defesa dos Sete Sacramentos" (1521), uma reação eloquente às críticas de Lutero. No entanto, o fracasso da rainha Catarina de Aragão de dar um herdeiro masculino ao trono da Inglaterra provocou um conflito entre o rei e Roma. Henrique VIII pediu a anulação de seu casamento, para que pudesse se casar com Ana Bolena, mas o pedido foi recusado pelo Papa Clemente VII. Contrariado em seu projeto, o rei rompeu com Roma em 1532 e declarou que o rei da Inglaterra seria o chefe da Igreja Anglicana. Henrique VIII também confiscou os bens das igrejas católicas na Grã-Bretanha.

Acima: *O rei Henrique VIII responde à altura ao Papa Clemente VII nesta gravura satírica inglesa do século XVI.*

A Contrarreforma

A Reforma protestante significou um desafio aos princípios da doutrina cristã, mas a Igreja soube reagir a essa provocação. Um exame de consciência urgente resultou em mudanças com um impacto maior.

Enquanto os líderes da Igreja estavam discutindo sua reforma institucional no Concílio de Trento, um livro causou emoção na Itália. O livro *A vida admirável e da doutrina de Santa Catarina de Gênova* refletiu a crise do catolicismo, apesar de Catarina ter morrido há meio século e de não ter feito votos religiosos. Embora de origem nobre, ela perdeu sua posição social em razão de um casamento com um homem violento e a quem não amava. Mas Catarina dedicou sua vida a Deus e a ajudar os doentes e os pobres. Nos últimos anos de vida, enfrentou com coragem o sofrimento da doença.

Acima: *Em 1545, o Concílio de Trento realizou uma ampla reforma no âmbito da Igreja, seus membros foram retratados nesta cópia de uma pintura contemporânea do século XVIII.*

Na mesma época em que a biografia de Catarina estava sendo lida por centenas de famílias na Europa, em um convento distante na Espanha Teresa de Ávila tinha visões de Cristo que possuíam seu ser, corpo e alma. Mais tarde ela descreveu essas visões em uma autobiografia escrita na década de 1560.

DEVOÇÃO E PAIXÃO

As experiências de Catarina e de Teresa foram produtos de sua época. Ambas eram estranhas ao meio em que viviam e foram mulheres admiráveis não por seus serviços à instituição da Igreja, e sim pela intensidade dramática de sua vida espiritual. Embora o caminho de Catarina em direção a Deus tenha sido árduo e difícil, para muitos católicos seria o caminho a seguir. Além disso, a paixão demonstrada na fé de Teresa causou uma emoção profunda em diversas pessoas, nas quais a rotina da vida religiosa criara um sentimento de indiferença afetiva ou moral.

Os católicos que admiravam essas mulheres não pensariam em se converter ao protestantismo, nem Catarina ou Teresa teriam se convertido, porém eles estavam reagindo a um descontentamento que permeava suas vidas. A mensagem de Lutero aos católicos baseava-se na rejeição a um cristianismo, sem a espiritualidade profunda e autêntica da fé pessoal.

Acima: *Santa Teresa de Ávila representou um novo tipo de espiritualidade, apaixonada e intensa, como retratada na escultura* O Êxtase de Santa Teresa, *do artista Gian Lorenzo Bernini de 1645-52.*

OS JESUÍTAS

O livro *Exercícios Espirituais*, escrito por Inácio de Loyola na década de 1520, foi uma das fontes de inspiração de Teresa de Ávila. O teólogo espanhol Inácio de Loyola fundou a Companhia de Jesus, uma grande ordem religiosa, embora em sua visão a fé cristã se enraizasse na expressão de um sentimento pessoal. Os *Exercícios Espirituais* eram um manual de autoajuda no caminho da devoção cristã, um conjunto de regras de meditações diárias e de preces. No entanto, para Loyola a fé teria de inserir-se na estrutura da Igreja e, portanto, os *Exercícios* teriam de ser seguidos sob a orientação de um diretor espiritual.

Os vínculos entre a Igreja e seus fiéis foram um ponto crucial que estimulou a Contrarreforma. A fé e sua paixão não tinham uma direção precisa; e, ao mesmo tempo, uma grande instituição não atrairia fiéis sem desenvolver uma relação pessoal de troca e identificação entre eles. Na visão de Inácio de Loyola, os jesuítas da Companhia de Jesus teriam a missão de oferecer aos fiéis uma doutrina cristã, em que esses dois componentes estariam sempre associados.

O mesmo ideal guiou a vida e o trabalho de São Francisco de Sales que, no início do século XVII, decidiu opor-se à Reforma. Como bispo de Genebra, Francisco de Sales viveu no centro do movimento calvinista, e dedicou o período em que exerceu seu cargo a atrair os protestantes de volta à Igreja Católica.

À esquerda: *Papa Urbano VIII participa das comemorações do centenário de fundação da Companhia de Jesus. Quadro dos pintores Andrea Sacchi, Filippo Gagliardi e Jan Miel (c. 1640).*

A Companhia de Jesus

Inácio de Loyola nasceu em uma família nobre do País Basco e cresceu imbuído da importância de suas origens. Assim como o herói burlesco do escritor espanhol Cervantes, Don Quixote, Inácio gostava de romances de cavalaria da Idade Média, com suas histórias de cavalheirismo e atos de bravura. Inácio alistou-se no exército, com o objetivo de conquistar a reputação de um excelente soldado nas batalhas, mas descobriu que os costumes militares haviam mudado ao longo dos séculos. Em vez de trocar cortesias com os companheiros aristocratas com quem lutaria com a espada e a lança, perdeu uma perna com um tiro de canhão durante o cerco de Pamplona. No entanto, mesmo assim, Loyola não se desiludiu; enquanto se recuperava no hospital, pediu para ler romances. Como não havia esse tipo de literatura, distraiu-se com a leitura da vida dos santos e decidiu que iria lutar pela causa espiritual de Cristo, mas, como um verdadeiro romântico, fundou a Companhia de Jesus, a ordem religiosa dos jesuítas cavalheirescos.

Acima: *Inácio de Loyola era um cavaleiro que defendia a causa de Cristo. Retrato pintado em 1556 por Jacopino del Conte.*

A ARTE DO ÊXTASE

A Contrarreforma deu origem a uma nova estética, com intensa conotação emocional. Os artistas e os arquitetos procuraram dramatizar a paixão e o fervor da fé religiosa em suas obras.

A arte foi um dos temas polêmicos da Reforma. Os protestantes viam a exibição de riqueza da Igreja com suspeita. Enquanto a arte laica era uma das vaidades à qual os cristãos deveriam renunciar, a "arte religiosa" foi uma questão controversa em meio às discussões. O importante era a Palavra de Deus: as pinturas sagradas e as estátuas eram vistas como "ídolos" proibidos pela Bíblia, ob-

Acima: *A expressividade marcante era um elemento essencial da estética da Contrarreforma, como neste afresco de São Pedro Damião com a Virgem Maria atribuído a Pietro da Cortona, no século XVII.*

jetos de veneração pagã da Virgem Maria e dos santos. O acervo de obras de arte da Igreja era uma das armadilhas da "Prostituta da Babilônia", as tentações mundanas que atormentavam uma alma em conflito.

A opinião dos protestantes era tão radical, que alguns extremistas em um delírio iconoclasta quebraram estátuas, vitrais e jogaram cal nos afrescos. Muitas igrejas na Inglaterra ainda têm vestígios do vandalismo dos protestantes, como as estátuas desfiguradas e o vidro sem desenhos que substituiu o vitral quebrado na Lady Chapel da Catedral de Ely.

A OFENSIVA

A Igreja Católica reagiu à hostilidade dos protestantes redobrando seus esforços de evangelização e com um grande movimento artístico. Ao mesmo tempo, a arte religiosa adquiriu uma nova ênfase. Antes, o arquiteto contentava-se em sugerir a grandeza de Deus e o esplendor da Igreja, porém, agora, os sentimentos da fé religiosa incorporavam-se aos projetos arquitetônicos. O artista não se limitou mais a enaltecer as virtudes da devoção, e a nova espiritualidade era apaixonada e intensa. Agonia, êxtase, tragédia, triunfo – as sensações humanas

Acima: *O assistente de Bernini, Giovanni Battista Gaulli, apelidado de "Baciccia", pintou o teto da Igreja de Jesus, com o estilo de seu mestre em 1672-85. Seu trabalho excede os limites geralmente criados pelas abóbadas cilíndricas.*

dramáticas foram exacerbadas pelos artistas, com a intenção de atrair a atenção e causar emoção.

A surpresa do espectador diante do impacto da obra foi um elemento explorado pelos artistas e arquitetos desse período. A Igreja de Jesus em Roma simboliza o estilo da época. A fachada branca com suas formas simétricas elegantes é deslumbrante, mas o efeito em geral é simples, quase casto. Esse efeito acentua o choque (nenhuma outra palavra seria mais apropriada), quando o visitante abre a porta e é surpreendido pela beleza arrebatadora e a exuberância luxuriante de seu interior.

Os afrescos, colunas, estátuas, pilastras e peças ornamentais em mármore e revestidos com lâminas douradas parecem dissolver-se em uma visão dissonante de linhas e planos. Os limites dos projetos arquitetônicos anteriores desaparecem e as obras de arte estendem-se pela abóboda cilíndrica. Cristo e os anjos parecem se elevar em direção ao Céu.

O efeito é emocionante. Enquanto as estátuas e os vitrais das igrejas góticas eram "livros" visuais para instruir os iletrados, o interior dessa igreja tinha a intenção de se apoderar dos sentidos e, portanto, da alma do visitante.

A DRAMATICIDADE EXALTADA

Construída no final do século XVI, a Igreja de Jesus é a sede espiritual da Companhia de Jesus, cujo túmulo de seu fundador, Santo Inácio de Loyola, encontra-se na capela lateral. Ao lado

Acima: *Uma cena que poderia ser teatral e esquemática simbolizou um drama humano na estátua,* A Religião açoitando a Heresia e o Ódio, *de Pierre Le Gros, o Jovem, datada de c. 1696.*

do altar, uma estátua alegórica de quase três metros de altura, *A Religião açoitando a Heresia e o Ódio*, do escultor francês Pierre Le Gros, o Jovem, um escultor francês radicado em Roma, é um monumento grandiloquente da fé cristã. Com a cruz do cristianismo em uma das mãos e raios de fúria celestial na outra, a imagem alegórica da religião desequilibra-se um pouco ao expulsar a heresia, representada por um homem idoso e feio do pedestal, desafiando as leis da gravidade. O ódio, uma mulher envelhecida e com a pele enrugada, recua diante da fúria justa da religião. À esquerda, ao pé da escultura, um pequeno anjo rasga livros dos escritores protestantes Ulrico Zuínglio e Martinho Lutero.

Acima: *Os escultores talentosos do Renascimento transmitiam uma forte emoção em suas obras. A estátua* A Beata Ludovica Albertoni, *de Gian Lorenzo Albertoni, é um exemplo marcante do trabalho deste artista.*

UM SENSACIONALISMO EXAGERADO?

A obra de Le Gros tem um impacto extraordinário. Além da técnica impecável a escultura é grandiosa. É difícil acreditar que um trabalho tão esquemático tem essa capacidade de impressionar e que um pedaço de pedra fria capturou tanto dinamismo. No entanto, a transformação milagrosa do mármore em um tecido drapejado, a carne exalando vida nessa estátua é ainda mais impressionante na famosa estátua de Gian Lorenzo Bernini, *Êxtase de Santa Teresa* (1645-52), outra extraordinária escultura desse período.

Como previsível, alguns críticos disseram que essas esculturas eram superficiais e sensacionalistas, mero exibicionismo de um virtuosismo artístico. Contudo, essas objeções não captaram a essência da estética evangelizadora dessas obras, que usava a força da emoção para criar um envolvimento pessoal intenso entre Deus e os fiéis.

A AUTORIDADE LAICA

APESAR DO PODER E GRANDIOSIDADE CRESCENTES DA IGREJA CATÓLICA NO CENTRO DA ITÁLIA, EM OUTROS LUGARES DA EUROPA A ANARQUIA E A GUERRA DIFICULTARAM A PRIMAZIA DO CRISTIANISMO.

A força da Igreja em Roma poderia ser atribuída em parte a duas doações. Embora tenha sido denunciada como uma falsificação no século XV, durante vários séculos a Doação de Constantino dera ao papado uma autoridade laica sobre Roma

À direita: *O imperador Carlos Magno, retratado neste quadro do pintor J. P. Scheuren em 1825 com a miniatura da catedral de Aachen em uma das mãos, aumentou o vínculo entre o poder sagrado e o laico na Europa.*

Acima: A segunda Batalha de Nördlingen travada em 1634 foi um dos muitos conflitos da Guerra dos Trinta Anos. Ela foi retratada em meados do século XVII pelo pintor Pieter Meulener.

e seus bens territoriais e imóveis. Em consequência, a Igreja Católica exerceu um enorme poder político em Roma.

A doação diferente do rei merovíngio Pepino I foi genuína. Seu reino estendia-se por quase todo o território da França, a região ocidental da Alemanha e o norte da Itália. Em 754, ele concedeu à Igreja autoridade laica sobre o ducado de Roma e regiões vizinhas. No Sacro Império Romano Germânico criado pelo filho de Pepino, Carlos Magno, esses privilégios aumentaram. Durante o pontificado de Inocêncio III no século XIII, os Estados Pontifícios abrangiam a região central da Itália e grande parte da região nordeste.

Esses bens não só geraram uma grande fortuna para o papado, como também um considerável poder político. Papas importantes do Renascimento, como Alexandre VI e Júlio II, tinham o mesmo status diplomático dos grandes monarcas da Europa. No entanto, nem sempre as relações eram amenas, como comprovado pelo Papa Clemente VII ao ser preso em 1527 durante o saque de Roma. A ideia de uma Igreja dedicada à alma e ao espírito, acima das questões políticas e das maquinações tortuosas da diplomacia internacional, não podia ser mantida quando o papa era quase um rei.

CONFLITOS DE INTERESSES

As tensões entre os papéis laicos e religiosos exercidos pela Igreja eram inevitáveis. No início do século XVII, o papado enfrentou uma disputa com a cidade de Veneza. A cidade-Estado permanecera católica, mas em razão de a economia basear-se no comércio, era importante manter relações comerciais com os países protestantes da Europa central. Além disso, por ser uma república, Veneza não via motivo para ser controlada por uma autoridade externa.

Em 1606, o Papa Paulo V decretou que a cidade estava proibida de celebrar

Acima: O Papa Urbano VIII viveu o período mais difícil da Guerra dos Trinta Anos, sua estátua esculpida por Gian Lorenzo Bernini está apoiada em seu túmulo na Basílica de São Pedro, em Roma.

ofícios divinos, excomungou a população, negando-lhe os sacramentos. Essa decisão do Papa de infligir um castigo espiritual por uma causa subjacente de rejeição da autoridade teve uma repercussão muito negativa, não só em Veneza como também em outros lugares. Enquanto a oposição da Igreja e do Estado tinha de ser explicitada, ficou claro, que em determinado grau, o papa exacerbara seu poder.

A GUERRA DOS TRINTA ANOS

Esses conflitos no sul da Europa diminuíram quando o centro do poder econômico deslocou-se para o norte. Carlos Magno criara o Sacro Império Romano Germânico, com a incorporação da Alemanha e da Itália, mas a Alemanha se fortalecera. No entanto, no que se referia à Igreja, era um país no qual não se podia confiar, porque muitos de seus governantes haviam aderido à causa luterana. A Paz de Augsburgo em 1555 apenas adiara a luta entre os principados católicos e protestantes do antigo Império Romano. Quando o Papa Gregório XV foi eleito em 1621, a guerra havia eclodido na Alemanha. Incentivados pelo espírito da Contrarreforma, os príncipes católicos, apoiados pela Igreja, viram uma oportunidade de eliminar a presença dos protestantes no território alemão. Entretanto, o poder político é sempre complexo. Os governantes não fizeram concessões em seus projetos políticos e os estados periféricos entraram em guerra.

A guerra prolongou-se por trinta anos e transformou o centro da Europa em um inferno. Os civis enfrentaram os exércitos mercenários em suas orgias de estupros e pilhagem. Um quinto ou mais da população da Alemanha foi assassinada, algumas pessoas morreram de maneira brutal em carnificinas, outras em escassez de víveres e por pestes desencadeadas pela guerra e, em consequência, houve um grande movimento migratório na Europa.

UMA VITÓRIA SEM SENTIDO

As potências católicas venceram a guerra e anexaram um número significativo de territórios, sobretudo na França. A humanidade, é claro, foi a mais prejudicada. Paradoxalmente, a Igreja também sofreu os efeitos da guerra prolongada. Nos termos da Paz de Vestfália (1648), o princípio de *cuius regio, eius religio*, ou "em cada região, sua religião", predominou. O protestantismo disseminou-se em diversos países e mesmo o calvinismo ficou protegido de eventuais perseguições.

Nesse ínterim, os governantes católicos restringiram o apoio tradicional concedi-

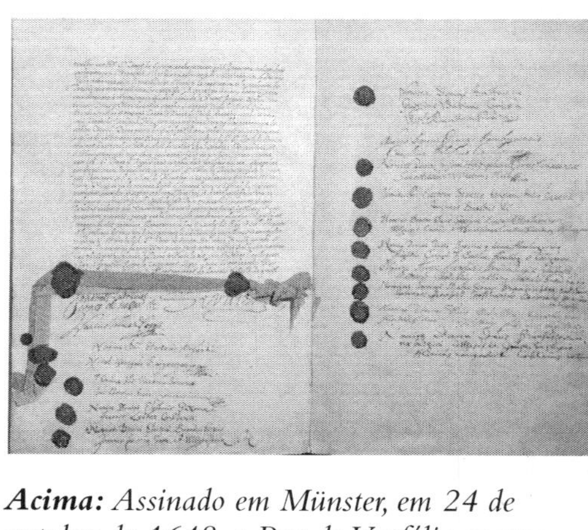

***Acima:** Assinado em Münster, em 24 de outubro de 1648, a Paz de Vestfália encerrou as hostilidades da Guerra dos Trinta Anos.*

do a Roma. Eles tinham seus objetivos estratégicos: para a França, por exemplo, a guerra tinha sido uma maneira de conter a expansão da Espanha católica e não uma cruzada religiosa. A fim de frustrar os planos dos Habsburgos, a França aliou-se à Suécia protestante, sem se preocupar com a ofensa ao papa. A partir desse momento, os reis católicos apoiariam a Igreja apenas quando lhes convinha.

As ramificações políticas

A Reforma representou um choque sísmico para a Igreja Católica, mas sua repercussão teve também consequências políticas profundas.

O mundo religioso e o político eram indissolúveis na Europa renascentista. A estabilidade da ordem social dependia da autoridade inquestionável da Igreja Católica. Mas, com a divisão dos países, a Igreja começou a perder seu poder hegemônico.

A reação laica

Esse choque sísmico comprometeu a segurança da Espanha. A autoridade da Coroa espanhola vinculava-se à da Igreja. Aderir ao protestantismo não só seria uma atitude profana, como também significaria uma renúncia ao nacionalismo espanhol. Em razão da extensão do império espanhol na América e no Pacífico, o apoio da Espanha era importante para a Igreja. Em meio a esse cenário de insegurança, os pedidos de tolerância religiosa dos huguenotes na França foram rejeitados e, em 1572, em uma explosão de violência, milhares de huguenotes foram assassinados no massacre de São Bartolomeu. Henrique IV permitira a prática da fé protestante com a promulgação do Édito de Nantes em 1598, mas Luís XIV revogou essa medida em 1685. O governo confiscou as propriedades dos huguenotes e fechou suas igrejas; mais de 200 mil huguenotes partiram do país e foram viver no exílio.

No norte da Europa, o centro da Reforma protestante, houve também uma divisão política. Nos Países Baixos, em território que pertencia à Espanha, o povo aderiu ao protestantismo em parte por um espírito de resistência nacionalista.

Um acordo de coexistência religiosa

A Alemanha, o país natal de Lutero, era em tese uma unidade territorial do Sacro Império Romano Germânico, mas,

Acima: *Assassinato dos huguenotes no massacre de São Bartolomeu. Quadro do século XIX de François Dubois.*

na verdade, era uma colcha de retalhos de pequenos países. O protestantismo havia se difundido com sucesso em muitas dessas nações. Diversos governantes locais aderiram à nova religião para fortalecer seu poder político. Em 1555, chegou-se a um consenso quando a Paz de Augsburgo concordou com o princípio de *cuius regio, eius religio* ("a cada região, sua religião"). Em outras palavras, quando o governante era católico, o catolicismo era a religião oficial e o protestantismo predominava em países governados por reis luteranos.

Contudo, em vez de proporcionar um ambiente de tolerância, essa divisão religiosa provocou perseguições sistemáticas a movimentos sectários dissidentes. Os reis católicos não eram inocentes, mas nos estados protestantes da Alemanha e da Suíça, a pátria de Calvino, os padres foram queimados nas fogueiras e o catolicismo foi eliminado.

Abaixo: *Meio milênio da tradição da cultura católica foi destruído com a Dissolução dos Mosteiros. Estas ruínas foram o que restaram da Abadia de Fountains em Yorkshire, Inglaterra.*

O MOVIMENTO DISSIDENTE DA INGLATERRA

A ruptura da Inglaterra com a Igreja Católica foi oportunista desde suas origens. O rei Henrique VIII não tinha opiniões contrárias à doutrina da Igreja; seu conflito baseou-se na oposição do papa à anulação de seu primeiro casamento. Pelo Ato de Supremacia (1534) Henrique VIII foi designado chefe supremo da Igreja Anglicana. As instituições católicas foram fechadas e o rei confiscou os bens da Igreja. E a Dissolução dos Mosteiros rompeu uma infraestrutura eclesiástica que existia há séculos.

A Peregrinação da Graça, uma revolta em Yorkshire em 1536 (onde ocorreria uma segunda rebelião, o Levante do Norte, em 1569), opôs-se à dissolução. A religião católica ressurgiria na Inglaterra quando a filha de Henrique, Maria I, o sucedeu no trono. Mas sua repressão violenta ao protestantismo levou seus opositores a lhe darem o epíteto de Maria, a Sanguinária.

Em 1593, a rainha Elisabete I, educada na religião anglicana, introduziu uma lei que combatia os "recusantes", católicos que não aceitavam a autoridade da Igreja Anglicana, entre eles, muitas famílias importantes da Inglaterra, sobretudo, do norte e da região ocidental do país. Segundo dizem, o pai de William Shakespeare foi um recusante que se opôs à conversão à igreja protestante da Inglaterra, assim como seu filho, o maior dramaturgo da Inglaterra.

O rei Filipe II da Espanha, viúvo da rainha Maria, apoiara a missão de reconver-

Acima: *Ilustração da rainha Elisabete I sentada majestosamente em seu trono no Parlamento inglês. À sua esquerda, vê-se a imagem de Sir Francis Walsingham, um perseguidor implacável dos "recusantes", católicos que se opunham à conversão ao protestantismo.*

são da Inglaterra. Assim, com a intenção de restaurar o catolicismo na Inglaterra, o rei enviou para invadir a Inglaterra em 1588 a Invencível Armada, que foi rechaçada e dispersada pelo "vento protestante" da Marinha britânica.

Abaixo: *O Michelade foi um massacre de católicos em Nîmes, depois da feira de São Miguel em setembro de 1567, como retratado por Franz Hogenberg neste quadro do século XVI.*

À direita *Algumas casas inglesas tinham locais secretos para os padres se esconderem das autoridades. Esta ilustração mostra o esconderijo na Sala do Rei em Moseley Old Hall, Staffordshire.*

Os padres clandestinos

Os padres ingleses estudavam em seminários no continente e depois voltavam clandestinamente para a Grã-Bretanha. Eles se esgueiravam disfarçados de casa em casa ao redor do país para celebrar missas. As missas tinham de ser realizadas em segredo, por medo de denúncias de um vizinho desconfiado ou de um criado ressentido.

Embora muitas casas tivessem esconderijos para os padres visitantes, diversos padres eram presos e executados. Em geral, eram enforcados, afogados ou esquartejados. Os católicos também eram assassinados, mas os torturavam antes para forçá-los a revelar o paradeiro de outros católicos, em especial dos padres. As autoridades tinham medo dos missionários, não só por serem dissidentes religiosos, mas também porque eram agentes inimigos. O fato de as sedes do catolicismo inglês estarem no exterior, em Douai na França e em Valladolid na Espanha, não alterava esse ambiente de perseguição religiosa.

S.Catherina
Ins

Uma Religião Mundial

A religião católica sofreu uma grande mudança cultural e geográfica quando uma seita do Oriente Médio transformou-se na igreja europeia de Roma. À medida que os horizontes ampliavam-se, os missionários viajavam a lugares distantes da Ásia, América e África para transmitir a palavra de Deus a milhões de pessoas que a desconheciam.

Durante muito tempo, a ideia de um universo sem um deus fora inimaginável na Europa. Nos séculos XVII, XVIII e XIX, intelectuais, cientistas e políticos direcionaram sua "fé" para a razão. O cristianismo era tão supersticioso, diziam os racionalistas, que se convertera em um instrumento de opressão, e a Igreja era uma força reacionária.

Quando duas ideologias laicas – o fascismo e o comunismo – mergulharam o mundo no caos no século XX, a Igreja envolveu-se na turbulência dos conflitos. Por fim, a paz voltou pelo menos na Europa ocidental e na América do Norte, onde uma nova geração cresceu em sociedades prósperas. Na sociedade de consumo, tudo era uma questão de escolha, inclusive a crença religiosa e a conduta moral. No entanto, a maior parte do mundo vivia ainda em meio à pobreza, e a Igreja tinha a obrigação de ajudar as comunidades pobres.

No novo milênio, o catolicismo enfrentou enormes desafios, como ao longo de sua história. A Igreja Católica sempre conseguira superar suas adversidades e aprender com os erros cometidos, enquanto mantinha com firmeza seus princípios básicos de ser um guia da fé em um mundo conflituoso.

Acima: *Quando os europeus imigraram para o continente americano, o catolicismo difundiu-se com rapidez na América Latina. A irmã Juana Inés de la Cruz, uma poeta, estudiosa e freira mexicana foi retratada no século XVII por um artista mexicano desconhecido.*

À esquerda: *Os exploradores europeus introduziram a cruz e o cristianismo nas civilizações desconhecidas do Novo Mundo. Théodor de Bry ilustrou cenas dos encontros dos europeus com os nativos em seu* Americae Tertia Pars *de 1592.*

As missões ao Oriente

Os apóstolos foram os primeiros cristãos a difundirem os evangelhos. Do século XV ao século XVII, os europeus viajaram para o Oriente, onde transmitiram a mensagem da Igreja.

"Ide, pois, fazei discípulos meus todos os povos...", disse Jesus Cristo (Mateus 28:19). Para os apóstolos, o impulso missionário fazia parte do cristianismo. Eles disseminaram a mensagem de Cristo na Síria, na Ásia Menor e nas regiões a oeste de Roma, o centro de um enorme império. Segundo a tradição, São Tomé divulgou os evangelhos na Índia. As comunidades cristãs prosperaram no Iraque e no Irã, porém, no século V essas comunidades rejeitaram a autoridade de Roma, ao aderirem ao nestorianismo, uma doutrina herege que fazia distinção entre as naturezas divina e humana de Cristo. Chegara o momento de os missionários divulgarem os evangelhos em lugares ainda mais distantes da Ásia.

Abaixo: *O imperador mongol Kublai Khan recebe os irmãos Polo em sua visita à China. Nesta ilustração de c. 1412 do livro* As viagens de Marco Pólo*, eles recebem uma carta a ser entregue ao Papa recém-eleito Gregório X.*

Acima: *São Francisco Xavier (1506-52) foi incansável em sua missão de difundir a mensagem de Cristo no Oriente. Este retrato do século XVII foi pintado por um artista desconhecido.*

A ÁSIA CENTRAL

A facilidade com que os mongóis aderiram ao nestorianismo contribuiu para a lenda de Preste João. Em 1289, o Papa Nicolau IV enviou João de Montecorvino à China para entregar mensagens ao Kublai Khan e a outros líderes mongóis. Ele foi o primeiro missionário romano católico a visitar a China e traduziu o Novo Testamento e os Salmos para a língua mongol. O trabalho missionário

> **Preste João**
>
> No século XII, o fracasso das cruzadas e a força crescente do mundo islâmico haviam desmoralizado o cristianismo ocidental. A desesperança era tão grande que pessoas acreditavam em histórias improváveis, até mesmo na lenda que em algum lugar no Oriente havia um império poderoso governado por um rei cristão. Segundo uma lenda, Preste João havia escrito uma carta na qual prometera salvar a Europa e atacar o inimigo mulçumano pela retaguarda. As histórias eram tão vagas e o conhecimento da geografia da Europa tão inexato na época, que os reinos de Preste João às vezes localizavam-se na Etiópia ou na Ásia Central. Em 1177, o Papa Alexandre III escreveu uma carta a Preste João pedindo-lhe ajuda, mas o mensageiro se perdeu em algum lugar da vastidão da Ásia.

Acima: *Muitos missionários arriscaram suas vidas por sua devoção religiosa. Um artista japonês desconhecido retratou o martírio de jesuítas no Japão em 1622.*

tinha um forte apelo ao espírito empreendedor das novas ordens dominicana e franciscana, que enviaram missões às regiões central e ocidental da Ásia no século XIII.

A PROPAGAÇÃO DO CRISTIANISMO

Embora as missões à Ásia fossem iniciativas corajosas, suas dimensões eram modestas. A expansão das missões era um projeto irrealizável, em razão da situação geográfica e política da Igreja. A Europa estava "cercada" pelo Islã na fronteira oriental, pelo Saara africano ao sul e por um aparente oceano Atlântico infinito a oeste. Entretanto, a Era dos Descobrimentos mudou essa situação, com a abertura de uma porta para um mundo muito maior. No início do século XV e até o século XVII, os europeus exploraram os oceanos à procura de novas rotas comerciais. Assim que essas grandes viagens expandiram os horizontes, os cristãos fizeram contato com países que desconheciam a Palavra do Evangelho.

O impulso evangelizador não havia desaparecido e recebeu um novo estímulo no século XVI. A Contrarreforma proporcionou uma nova energia espiritual, com a liderança dos jesuítas. São Francisco Xavier fundou uma missão em Goa, na costa da Índia em 1542. Em seguida, o "Apóstolo das Índias" pregou o cristianismo na Indonésia e, a partir de 1549, no Japão. As outras ordens não ficaram ociosas: os franciscanos haviam se estabelecido em Malaca, na Malásia, e os frades agostinianos fundaram uma missão nas Filipinas em 1565.

O ESFORÇO DA CHINA

A China, um país enorme e complexo, com uma história antiga e tradições religiosas sólidas, era o maior desafio dos missionários cristãos no século XVI. Em 1552, São Francisco Xavier preparava-se para iniciar uma nova missão à China, quando morreu na ilha de Guangdong, na costa sul do país. Após trinta anos seus colegas jesuítas, Michele Ruggieri e Matteo Ricci, criaram uma missão religiosa em Pequim.

Os jesuítas não tinham ilusões quanto à magnitude da tarefa que os esperava, não apenas por causa da enorme população do país, como também pela sofisticação da sociedade chinesa e seu sentido de identidade cultural. Os chineses, de forma alguma, eram "selvagens" que precisavam ser civilizados.

Acima: *O missionário jesuíta Matteo Ricci e o erudito Li Paul Xu Guangqi ficaram amigos, como mostra esta gravura do século XVII. Os dois traduziram obras importantes da ciência ocidental para o chinês.*

UMA TROCA CULTURAL

Os ocidentais aproximaram-se da elite culta chinesa e, dirigindo-se a ela como iguais, iniciaram um diálogo sobre todos os aspectos da vida e do pensamento. Nesse processo, introduziram na cultura chinesa diversos temas da cultura ocidental, desde arte, literatura, matemática e ciências. Eles conquistaram o respeito e a confiança dos governantes da China e vários jesuítas ocuparam cargos na administração imperial. Muitos intelectuais chineses converteram-se ao cristianismo.

Infelizmente, as divergências entre os jesuítas e os franciscanos prejudicaram a eficiência de suas missões evangelizadoras. Além disso, em 1664 os invasores manchus depuseram a antiga dinastia Qing e iniciaram um novo governo bem menos tolerante em relação às crenças estrangeiras.

AS MISSÕES NAS AMÉRICAS

A DESCOBERTA E A EXPLORAÇÃO DO NOVO MUNDO DURANTE OS SÉCULOS XVI E XVIII REVELARAM NOVAS NAÇÕES E CULTURAS E, EM CONSEQUÊNCIA, MAIS MISSÕES PARTIRAM PARA O CONTINENTE AMERICANO.

Os povos indígenas recém-descobertos na América foram tema de um debate importante em Valladolid, na época a capital da Espanha, no período de 1550-1. Dois dominicanos, Juan Ginés de Sepúlveda e Bartolomé de las Casas, fizeram as perguntas polêmicas do momento. Esses povos nativos da "Nova Espanha" eram de fato homens e mulheres como os europeus? Eles pareciam seres humanos, mas andavam nus como os animais e seus hábitos eram desconhecidos dos europeus. Eles deveriam ser tratados como iguais ou deveriam ser subjugados?

Acima: *Padre Bartolomé de las Casas (1484-1566) simbolizou a consciência católica da América, com seus pedidos veementes de um tratamento humanitário para os povos nativos (artista desconhecido).*

Abaixo: *Depois da chegada de Colombo ao Caribe, o cristianismo difundiu-se com rapidez pela América do Sul.*

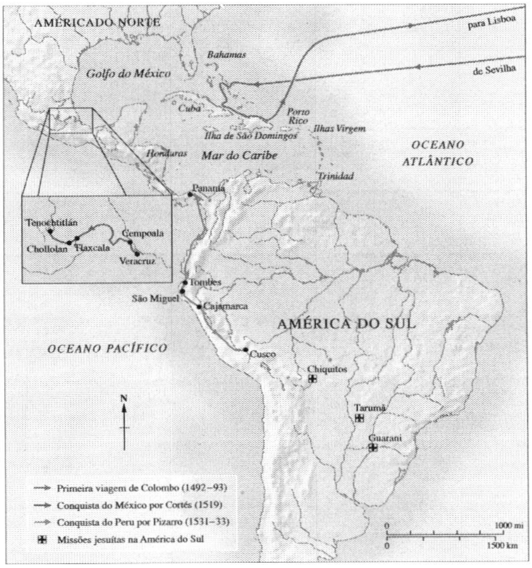

Havia motivos importantes para subjugá-los, disse Sepúlveda. Aristóteles não escrevera que alguns povos, por sua índole de escravos, precisariam ser subjugados por seu próprio bem? Ao contrário, afirmou Las Casas. Ele acreditava que os "índios" deveriam receber o mesmo tratamento dos europeus, mas sua opinião foi escandalosamente ignorada. Tanto em seus pronunciamentos em Valladolid quanto em sua série de textos polêmicos a respeito do assun-

Acima: Os espanhóis massacraram os incas depois de capturarem a capital do império, Cusco, em 1532. O massacre foi retratado nesta gravura de 1602 de Theodor de Bry em Historia Americae.

to, Las Casas registrou todos os tipos de exploração e maus-tratos infligidos aos nativos. Das viagens de Colombo às ilhas do Caribe e às conquistas do México e do Peru de Cortès e Pizarro, respectivamente, os povos nativos como os tainos, os astecas, os maias e os incas foram tratados com brutalidade pelos espanhóis.

NOVOS MUNDOS, NOVOS COSTUMES

Ambos os lados do debate vangloriaram-se da vitória, mas a controvérsia prolongou-se durante anos. A Igreja dividira-se: em alguns lugares era um instrumento de opressão, enquanto em outros havia uma luta pela proteção aos indígenas e aos seus direitos. Os espanhóis criaram um sistema de governo, no qual os europeus ocuparam as terras conquistadas e escravizaram a população local.

Em teoria a expropriação associou-se ao dever de tutela. Alguns cumpriram esse dever com seriedade. A Companhia de Jesus tentou transformar o Novo Mundo em um lugar melhor. Os jesuítas controlavam as *reducciones* (reduções, ou missões jesuíticas), que se estendiam por quase todo o território atual do Paraguai e em grandes trechos do Uruguai, Brasil, Bolívia e Argentina. Os padres jesuítas eram os legítimos representantes do poder colonial. Mas, em vez de escravizar os povos nativos, os jesuítas abrigaram os índios nas missões, abriram escolas e criaram fazendas para ensiná-los agricultura.

A abordagem dos jesuítas poderia ser vista como uma atitude arrogante, mas o paternalismo deles era preferível à exploração ultrajante de outros lugares. Os povos indígenas foram claros em sua preferência e um grande número de nativos refugiou-se nas *reducciones*. Por esse motivo, os colonos vizinhos foram obrigados a melhorar as condições de vida em

Acima: *Esta tampa de uma caixa asteca para guardar oferendas encontrou uma nova função na liturgia cristã. Agora, faz parte do acervo do Museu do Templo Mayor, na Cidade do México.*

suas terras para manter os índios escravizados. Em 1537, o bispo de Michoacán, no México, Vasco de Quiroga, criou um sistema próprio de administração. Além de proporcionar uma educação cristã, "seus" nativos aprendiam trabalhos manuais diferentes em cada vilarejo, como tecelagem, trabalhos em metal, cerâmica etc. Seus escravos tinham até certo grau de autonomia política.

Como previsível, esses sistemas utópicos provocavam controvérsias e muitos europeus opunham-se a eles. Essa oposição foi tão bem-sucedida que no século XVIII os jesuítas foram formalmente expulsos da América espanhola e portuguesa.

AS MISSÕES À AMÉRICA DO NORTE

A costa marítima oriental da América do Norte fora colonizada principalmente por protestantes ingleses, com a exceção da colônia de Maryland fundada por refugiados católicos da Grã-Bretanha em 1663. Mais ao norte, no Canadá, a colonização tinha o predomínio francês. Os padres franceses corajosos exerceram um papel importante com a exploração do interior do país e da descoberta do Rio St. Lawrence e dos Grandes Lagos.

No início a costa ocidental, embora controlada pelos espanhóis, recebeu poucos colonos europeus. Só no século XVIII alguns povoados foram fundados

A Canção de Natal Canadense *Huron Carol*

Em 1643, o padre jesuíta e explorador Jean de Brébeuf escreveu a letra da música *Huron Carol*, referindo-se a Deus como *Gitche Manitou*, a grande divindade do povo dos algonquinos e deu à história de Natal do Canadá um novo cenário.

> *Durante a Lua do inverno quando todos os pássaros tinham fugido, a poderosa* Gitche Manitou *enviou um coro de anjos para cantar a música em substituição ao canto dos pássaros; antes que o brilho das estrelas esmaecesse, os caçadores ouviram uma música: Jesus nosso Rei nasceu, Jesus nasceu,* in excelsis gloria...
>
> *Deitado em uma manjedoura em um estábulo viram o bebê com o delicado corpo enrolado em uma pele de coelho rasgada, mas quando os caçadores corajosos aproximaram-se a música dos anjos tocou mais e mais alta: Jesus nosso Rei nasceu, Jesus nasceu,* in excelsis gloria.

por comerciantes russos, que haviam partido da Rússia depois de alguns conflitos locais.

Em 1769, padre Junípero Serra partiu para San Diego acompanhado de um soldado espanhol e do oficial Gaspar de Portolá, com o objetivo de fundar uma série de missões no local. Eles fundaram 21 missões no que passou a ser chamado de *Camino Real*, "Caminho Real", em português. Junípero Serra fundou nove missões percorrendo distâncias de cerca de 38 mil quilômetros em 15 anos até morrer.

À direita: *Estátua do padre Junípero Serra ao lado da Mission San Diego de Alcalá, em San Diego, a primeira igreja da Califórnia fundada em 1769.*

O EVANGELHO NA ÁFRICA

A HISTÓRIA DO CATOLICISMO NA ÁFRICA ESTÁ INTRINSECAMENTE ASSOCIADA AO COLONIALISMO DO SÉCULO XVI AO SÉCULO XIX. HOJE, A IGREJA RELEMBRA ESSE PROCESSO DE ACULTURAÇÃO.

A exploração da África subsaariana pelos europeus foi um processo tardio. Até o século XIX, quase toda a África era apenas um lugar para comprar escravos. Os capitães de navios de diferentes países navegavam pela costa perigosa, mas em geral só paravam o tempo suficiente para embarcar a carga humana indefesa. Em seguida, partiam para as fazendas dos colonos ingleses na América do Norte, ou para as colônias católicas do Novo Mundo fundadas por Portugal, Espanha e França.

Embora o tráfico de escravos fosse monstruoso sob o aspecto humanitário e ético, era um comércio extremamente lucrativo e as colônias na América eram vitais do ponto de vista estratégico das potências. Os padres estavam tão envolvidos com o tráfico de escravos que poucos questionavam suas implicações morais. Apesar da condenação dos Papas Gregório XIV em 1591, Urbano VIII em 1639 e Bento XIV em 1741, havia tantos interesses em jogo que a mensagem deles não foi ouvida.

CATOLICISMO AFRICANO?

Alguns esforços foram feitos para divulgar os evangelhos na África. Os padres portugueses percorreram o reino do Congo (que incluía parte da atual Angola, República do Congo e República Democrática do Congo) difundindo a mensagem de Cristo. No entanto, com um espírito de tolerância, a Igreja incorporou elementos da religião africana e, em consequência, o catolicismo congolês pouco se assemelhava à doutrina católica. No início do século XVIII, uma mulher chamada Kimpa Vita mobilizou as massas, alegando que era a reencarnação de Santo Antônio de Pádua. Ela insistia que Cristo era congolês e que Santo Antônio era uma divindade que o acompanhara.

À esquerda: *Um cartunista contemporâneo retratou as ambições imperiais do rico homem de negócios britânico, Cecil Rhodes. Os europeus competiam para explorar as riquezas da África.*

Acima: *Para muitos africanos escravizados, como estes fotografados em Zanzibar na década de 1880, a mensagem cristã daria sentido a uma vida de opressão.*

A PARTILHA ESPIRITUAL

A exploração do imenso território do interior da África começou no século XIX, quando para muitos católicos ainda era um "continente obscuro". No entanto, a Igreja aproveitou a rica experiência missionária adquirida na América e na Ásia e fundou a Congregação para a Propagação da Fé em 1622 (no século XX a congregação foi rebatizada com o nome de Congregação para a Evangelização dos Povos).

A Igreja Católica enfrentou competição em seu trabalho missionário. O famoso viajante inglês que percorreu a África, David Livingstone, embora na visão atual talvez fosse só um explorador; na verdade, foi um dos missionários protestantes extremamente motivados que partiram para a África. Mas é difícil separar as explorações de Livingstone da iniciativa mais abrangente da Grã-Bre-

Acima: *Um boletim missionário francês de 1878 envia uma mensagem edificante para incentivar a generosidade de volta para casa.*

tanha de colonizar o interior da África. A ambição presunçosa de Cecil Rhodes de construir uma ferrovia que ligaria a "Cidade do Cabo ao Cairo" exemplifica a visão colonialista que se tem da África como uma tela em branco destinada a ser o cenário dos grandes projetos de colonização. Os missionários católicos e protestantes, além da difusão dos evangelhos, transmitiram a mensagem inconfundível da supremacia europeia.

Esses missionários debatiam-se em meio a uma guerra de influência, às vezes pouco ética, análoga à "partilha da África", na qual os europeus competiram pela posse do território africano do final do século XIX até a Primeira Guerra Mundial. Em alguns lugares essa guerra territorial teve consequências trágicas. Em Buganda, o principal reino, que hoje é um reino subnacional de Uganda, o rei local, um déspota de uma crueldade extrema, manteve-se no poder instigando a rivalidade entre os missionários protestantes e católicos.

Os missionários católicos na África pertenciam à Sociedade dos Missionários da África, mais conhecida pelo nome de "Padres Brancos". A sociedade havia sido fundada em 1868 pelo arcebispo de Argel, Charles Lavigerie, que fora enviado para o Norte da África com a missão de evangelizar o povo local. A batina branca que os membros da sociedade usavam inspirara-se nos trajes dos nômades do deserto. Os padres da Sociedade das Missões Africanas fundada em 1850 pelo bispo Melchior de Marion-Brésillac também fizeram um trabalho pioneiro de evangelização.

Abaixo: *Os Padres Brancos franceses posam em meio à população local convertida ao cristianismo, na parte externa da missão construída de maneira tradicional em Urandi (atual Burundi), antes da Primeira Guerra Mundial.*

GOVERNANTES DESPÓTICOS E CRUÉIS

A presença do arcebispo Charles Lavigerie na Tunísia, disse certa vez um político francês, "tem o valor de um exército para a França", porque nas palavras de Lavigerie: "Os missionários franceses também trabalhavam para a França". Em lugares colonizados por países católicos, a Igreja funcionava com frequência como uma extensão da administração colonial. O reino do Congo, atual República do Congo, foi cenário de atrocidades cometidas pelos governantes franceses.

Ainda pior foi o holocausto ordenado pelo rei Leopoldo II da Bélgica no Estado Livre do Congo, hoje República Democrática do Congo. Os soldados realizavam estupros em massa e mutilações para evitar a dissidência política e aumentar a produtividade das fazendas e das minas. Em 1908, dez milhões de habitantes foram assassinados pelos soldados.

O ILUMINISMO

DAS COMUNIDADES CIENTÍFICAS, INTELECTUAIS E POLÍTICAS SURGIRAM CRÍTICOS INCISIVOS DO CATOLICISMO, E A IGREJA LUTOU PARA MANTER SUA HEGEMONIA ENTRE OS FIÉIS.

A revolução provocada pelo astrônomo Copérnico no século XVI, ao afirmar que a Terra orbitava ao redor do Sol e, consequentemente, não era o centro do Universo como a Igreja acreditava, foi apenas o prenúncio de grandes desafios futuros. Em 1687, o cientista inglês, Sir Isaac Newton publicou o livro *Princípios Matemáticos da Filosofia Natural*. Embora não fosse ateu, suas teorias revolucionárias sugeriram um Universo controlado não por Deus, e sim pela matemática e a ciência.

O poeta inglês Alexander Pope, católico, não teve dificuldade em conciliar a nova ciência de Newton com sua visão religiosa profunda sobre a Criação:

A natureza e as leis da natureza escondem-se na escuridão da noite, mas

Acima: *Brilhante em seu pensamento, mordaz em sua sátira, Voltaire foi um crítico implacável da Igreja Católica. Esta ilustração mostra seu retrato pintado por Jacques Augustin Pajou em 1811.*

Deus disse: "Deixem Newton expressar sua teoria" e a luz iluminou o Universo.

Mas o poeta vivia em um país protestante onde havia um forte sentimento de oposição ao catolicismo. A hostilidade era tão agressiva que os católicos haviam sido considerados culpados pelo grande incêndio de Londres em 1666. Segundo as leis do direito penal da Grã-Bretanha, o poeta não pôde viver em Londres e mudou-se para uma casa em Twickenham, nos arredores da cidade. A fé de Pope fortaleceu-se em razão das humilhações a que foi submetido.

A "INFÂMIA" FRANCESA

Na França, um país católico, a Igreja identificava-se com a monarquia que oprimia os pobres e reprimia qualquer expressão de liberdade. Nessas circunstâncias, os jovens intelectuais criticavam a religião por ser uma doutrina supersticiosa e desprezavam as liturgias e os sacramentos. Esses intelectuais e, logo em seguida, o povo francês, adotaram teorias mais racionais sobre os mistérios da Criação. *Écrasez l'Infâme* ("esmaguem a infame", em português) foi a frase de guerra de Voltaire, pseudônimo de François-Marie Arouet, o famoso escritor francês. A "infame", segundo Voltaire, era a aliança da Igreja e da monarquia contra a liberdade, a justiça e o domínio da razão.

Voltaire foi o mais celebrado dos filósofos do século XVIII, cuja obra estendeu-se bem além do campo da filosofia e abrangeu todos os aspectos da vida e da política. Entre outros filósofos proeminentes podemos citar Jean-Jacques Rousseau com sua célebre frase: "O homem nasce livre, mas vive acorrentado". As correntes metafóricas de Rousseau não se referiam apenas à tirania, mas também às instituições públicas e à moral: segundo Rousseau, as crianças nasciam inocentes, mas a educação as corrompia. Rousseau também dizia que nenhuma instituição tivera influência tão perniciosa na alma pura do homem do que a Igreja Católica, símbolo da moral que destruíra as virtudes que pretendia salvar.

Abaixo: *As teorias de Sir Isaac Newton mudaram a concepção do universo e, inevitavelmente, de Deus. Ilustração da folha de rosto do livro* Princípios Matemáticos da Filosofia Natural.

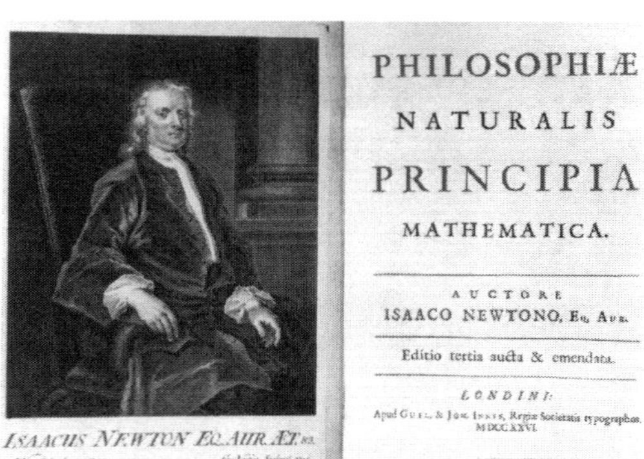

UMA CRÍTICA ABRANGENTE

Em 1750, sob a direção de Denis Diderot, um grupo de estudiosos trabalhou no projeto ambicioso de redação da *Encyclopédie*, um "dicionário sistemático de ciência, artes e profissões" com diver-

O CATECISMO IMPERIAL

Em 1804, Napoleão Bonaparte derrubou o regime revolucionário e foi proclamado imperador Napoleão I. A esperança da Igreja de recuperar a antiga autoridade com o novo império sofreu um duro golpe, com a promulgação em 1806 do "Catecismo Imperial", reescrito pelo imperador e imposto aos educadores franceses católicos.

Quais são os deveres dos cristãos em relação a Napoleão, nosso imperador?

Os cristãos têm a obrigação de amar, respeitar, obedecer e ser fiel aos seus príncipes e, sobretudo, a Napoleão I, nosso imperador. Além disso, precisam fazer o serviço militar e pagar os impostos a fim de preservar e defender o império e seu trono...

***Acima:** Papa Pio VII e seus núncios apostólicos sofreram a terrível humilhação de serem obrigados a participar da coroação de Napoleão em 1804. Ilustração pintada por Jacques--Louis David, em 1807.*

sos volumes e uma abordagem, segundo Diderot: "Sem preocupação com os sentimentos alheios". Os colaboradores da *Encyclopédie* queriam abranger em seus textos todas as áreas do conhecimento humano.

Os enciclopedistas questionaram um dos dogmas mais fundamentais do cristianismo, ao argumentar que a teologia era apenas um dos campos da pesquisa filosófica e que a doutrina religiosa deveria ser submetida ao mesmo exame científico de qualquer outra área do saber.

A REVOLUÇÃO

Por fim, o Antigo Regime foi derrubado em 1789. Embora a Revolução Francesa em sua essência tivesse um ideal libertário, logo o Regime do Terror perseguiu e assassinou os adversários da Revolução. A nova república foi desafiadoramente laica em sua abordagem. A ideia de *laïcité* foi estabelecida: a França seria administrada por pessoas laicas e não pelo clero. Os valores cristãos foram substituídos pelo lema revolucionário *Liberté, Egalité et Fraternité* ("liberdade, igualdade e fraternidade", em francês).

Acima: *Uma ilustração intimidadora francesa do final do século XVIII mostra sapadores do exército segurando cartaz com as palavras: "Liberdade, igualdade e fraternidade ou morte".*

A religião não foi proibida, como seria mais tarde em alguns países comunistas, mas foi reprimida e não usufruiu mais de favores especiais do Estado. Nem pôde opinar sobre a maneira de governar o país. O catolicismo era apenas tolerado, como fora o protestantismo quando os cardeais e os bispos tinham uma participação ativa no governo dos países.

Na ausência de um entendimento genuíno entre as autoridades do Estado e a hierarquia da Igreja, o conceito de "ultramontanismo" logo se disseminou entre os católicos em oposição à *laïcité*. A palavra *ultramontanisme* quer dizer em um sentido literal "além das montanhas; as montanhas em questão eram os Alpes onde do outro lado situavam-se a Itália e Roma. Os católicos franceses foram advertidos pelo clero que, independentemente da visão do Estado, a autoridade da Igreja superava a do Estado.

A preservação dos valores da Igreja

Nos séculos XIX e XX, a Igreja lutou para defender-se do livre pensamento do liberalismo e da reforma social e econômica.

A identificação da Igreja com suas causas conservadoras deixou um legado duradouro difícil de ser eliminado. A Igreja sempre afirmara que não era inimiga da ciência e da razão, só se opunha ao "racionalismo" que idolatrava o pensamento humano. Embora a Igreja houvesse aceitado as descobertas de Newton e seus sucessores, durante o século XIX e início do século XX o clero agiu como apologista do atraso científico, o que confirmou a acusação de que a Igreja era supersticiosa.

As opiniões conservadoras

O resultado mais óbvio do Iluminismo foi uma revolução violenta na França católica. O estímulo à revolução foi visto com preocupação por governantes de outros países, que se sentiram ameaçados. A oposição de Roma à *laïcité* era compreensível, mas essa atitude definiu sua posição conservadora.

Sob pretexto de resistir ao movimento revolucionário, os governantes da dinastia Habsburgo da Áustria se opuseram a todos os tipos de mudanças sociais. Com o apoio do chanceler e dos imperadores Francisco I e Ferdinando I, eles rejeitaram as pretensões de soberania expressas pelo povo na Hungria, nos Bálcãs e na Itália.

Acima: *Giuseppe Garibaldi comandou os italianos em sua luta no século XIX pela unificação do país. A maioria dos italianos não compreendia por que a Igreja não apoiava o* Risorgimento.

O *RISORGIMENTO*

No século XIX, a Itália assistiu a uma reafirmação do sentimento de nacionalidade entre as pessoas que haviam vivido por tempo demais sob a dominação austríaca. Surgiu então o *Risorgimento*, um movimento que buscou unificar o país. A Igreja, com sua visão conservadora que qualquer ataque à autoridade representava uma ameaça à sua força, não apoiou o movimento. Os conservadores italianos compartilharam a posição da Igreja, mas à medida que a turbulência política aumentava, essa atitude foi extremamente impopular. O fato de o Vaticano ter uma identificação mais próxima com governantes despóticos em Viena do que com o desejo veemente de unificação do povo italiano, teve consequências graves para a reputação da Igreja.

O Papa Pio IX ainda insistia que, como Papa, ele era o governante laico dos Estados Pontifícios, a região central da Itália sob o controle do Vaticano. Os italianos reagiram cada vez mais a essa posição e, em 1849, Pio IX recorreu à intervenção militar do im-

À esquerda: *Na década de 1860, o Papa dependeu totalmente do apoio dos franceses. Neste quadro do século XIX do pintor Achille Vespa, ele abençoa as tropas dos Bourbon no Palácio Real em Nápoles.*

O Papa que apoiou os Trabalhadores

Apesar da posição conservadora da Igreja, um Papa distinguiu-se por sua visão diferente. As declarações de apoio do Papa Leão XIII aos trabalhadores do mundo inteiro envergonhariam muitos socialistas. Ele não era um democrata e certa vez deu uma resposta impertinente a um conselheiro com uma opinião divergente da sua, *Ego sum Petrus* ("eu sou Pedro") para mostrar sua autoridade, mas percebia a necessidade de uma mudança radical, mesmo que fosse apenas para recuperar o *status quo.*

***Acima:** Com um olhar no futuro, um fonógrafo registra a bênção do Papa Leão XIII nesta gravura de 1903 do artista Achille Beltrame.*

Na encíclica *Rerum Novarum*, o Papa Leão XIII citou a situação das classes trabalhadoras como o grande problema da época. Segundo ele, o fracasso da reforma social e econômica resultaria em revoluções e, por esse motivo, incentivava mudanças de longo alcance na organização das economias modernas. Com a crítica ao abismo entre os ricos e os pobres, ele expressou seu apoio aos direitos dos trabalhadores e dos sindicatos, e solidarizou-se com os trabalhadores que faziam greve para garantir o bem-estar de suas famílias..

***Abaixo:** O general Francisco Franco cumprimenta com cortesia alguns clérigos que lhe davam apoio. As relações eram tensas entre a classe de trabalhadores e a Igreja na Espanha.*

perador da França, Napoleão III, para manter sua posição. Em repetidas vezes, o papa precisou do apoio de imperialistas estrangeiros, como os franceses e os austríacos, em sua oposição à luta de Giuseppe Garibaldi e de seu exército patriótico das Camisas Vermelhas. Por fim, em 1871, o domínio do papado em Roma terminou. Além do minúsculo enclave do Vaticano, os antigos territórios foram anexados à Itália. Agora Roma era a capital de uma Itália unificada.

A OPOSIÇÃO À MUDANÇA

Esse episódio provocou ressentimentos. Os liberais viam a Igreja Católica não como defensora e, sim, como inimiga da liberdade. Os trabalhadores, por sua vez, a viam como a inimiga da mudança. A Igreja ficara ferida e partiu para o ataque diante das ameaças à sua autoridade com um turbilhão de declarações autoritárias. Em 1864, Pio IX promulgou o Sílabo dos Erros, uma relação das novas ideias liberais que considerava perigosas. Ele resumiu a atitude da Igreja como uma rejeição à aceitação do "progresso... Liberalismo ou da civilização recente". (Convocado em 1869 para ratificar o Sílabo, o Primeiro Concílio do Vaticano causou surpresa quando, em 1870, Pio IX proclamou o dogma da infalibilidade do papa porque, segundo ele, os papas recebiam uma orientação divina e, portanto, eram infalíveis.)

Nos países protestantes, a posição política da Igreja foi mais sutil. No entanto, em grande parte associou-se ao conservadorismo. Na Espanha, os pobres não recorriam à ajuda da Igreja. Haviam aprendido a ver os padres com suas batinas pretas como corvos que se alimentavam de carne em decomposição. Quando a guerra civil eclodiu no país em 1936, milhares de freiras e padres foram assassinados.

Tempos sombrios

Com a entrada triunfal dos fascistas em Roma, com a ascensão do nazismo na Alemanha e o domínio dos comunistas na Europa Oriental, a primeira metade do século XX foi uma época de turbulência para a Igreja.

Em 1922, as multidões receberam com aplausos Benito Mussolini e os Camisas Negras, apelido dos membros paramilitares fascistas, em sua entrada triunfal em Roma. Entretanto, essa recepção foi menos calorosa por parte dos clérigos italianos que tinham pouco em comum com os grupos que seguiam *Il Duce* ("O Líder").

Contudo, esses clérigos apreciavam o respeito à autoridade e à tradição do fascismo. Os anos de liberalismo, com os elogios à liberdade, haviam provocado uma agitação incessante entre os trabalhadores, a imoralidade pública e o des-

Acima: *No auge do poder, Benito Mussolini visita o Vaticano em 1932 para encontrar o Papa Pio XI e os núncios apostólicos.*

Acima: *Cardeal Pacelli, o futuro Papa Pio XII, assina a vergonhosa concordata com a Alemanha em 1933 em nome do Papa Pio XI.*

prezo pela Igreja e seus valores. E ainda pior, havia sinais evidentes em todos os lugares da Europa dos progressos feitos pelos comunistas, com a criação de um Estado ateu na União Soviética.

ENVIADO PELA PROVIDÊNCIA

A Santa Sé recusara-se a aceitar a anexação de Roma à Itália em 1871 e passou os sessenta anos seguintes em discussões com os sucessivos governos. Nos termos do Tratado de Latrão firmado em 1929, Mussolini concordou em indenizar a Igreja pela perda dos antigos Estados Pontifícios. Mussolini rejeitara o catolicismo em que fora educado e, em seu íntimo, o desprezava, porém reconhecia a importância do apoio dos conservadores italianos. O catolicismo passou a ser a religião oficial, a crítica à Igreja era considerada crime, o divórcio foi proibido e o ensino de religião fez parte de todos os currículos das escolas. A legislação do país foi revisada para garantir a conciliação com a lei canônica. Nas palavras do Papa Pio XI, *Il Duce* era: "Um homem enviado pela providência" e algumas pessoas não questionaram o preço moral que a Igreja pagara para obter esses privilégios de Mussolini.

Mussolini e Hitler eram ex-católicos. Assim como Mussolini, para Hitler o cristianismo era uma crença de seres fracos, mas reconhecia a importância de ter boas relações com a Igreja. Em 1933, o Papa Pio XI assinou uma concordata, um acordo com um governante laico, referente às questões religiosas, com o governo de Hitler ansioso para ter outro aliado na resistência ao avanço comunista.

Entretanto, os nazistas causaram mais problemas à Igreja do que os fascistas

Acima: *Pio XI e Mussolini assinaram o Tratado de Latrão, como ilustrado na capa da edição da* Simplicissimus *de março de 1929, uma revista liberal e satírica publicada na Alemanha.*

O Catolicismo nos Regimes Comunistas

A União Soviética foi um dos países vitoriosos na Segunda Guerra Mundial em 1945. Na doutrina materialista do comunismo, não havia espaço na estrutura comunista para uma instituição religiosa. Os clérigos com um espírito mais independente da Igreja Ortodoxa russa foram perseguidos pelas autoridades soviéticas. Com o objetivo de substituí-la as autoridades criaram uma congregação colaboracionista. Na Ucrânia, na Romênia e na antiga Tchecoslováquia, milhares de católicos foram obrigados a se unirem a essa congregação, embora muitos fiéis continuassem a fazer seus ritos religiosos tradicionais escondidos. Na Polônia, uma "igreja silenciosa" coexistiu de maneira precária e desconfortável com o regime comunista.

Acima: *O Papa João Paulo II visitou a Colina das Cruzes em 1993. Em diversas ocasiões anteriores, as autoridades soviéticas tentaram retirar do local esse monumento impressionante da fé dos lituanos.*

italianos, sobretudo, quando o horror do antissemitismo do regime nazista evidenciou-se. Em 1937, o Papa enviou uma carta para ser lida nas igrejas alemãs. *Mit Brennender Sorge* ("com profundo pesar") continha uma condenação vigorosa aos ataques nazistas à população judaica, assim como suas tentativas de controlar a Igreja Católica na Alemanha.

APOIAR A QUEM?

O Holocausto foi um dos mais terríveis episódios da história moderna e a Igreja, assim como muitas outras instituições, teve sua reputação maculada. O Papa Pio XII, sucessor de Pio XI em 1939, foi criticado com razão. Mas manteve a discrição e era cuidadoso em suas declarações públicas. Ele gostava da Alemanha e de sua cultura (no início da carreira fora um núncio apostólico, um embaixador do Vaticano na Alemanha), mas tinha um profundo desprezo pelo populismo de Hitler, porém, o que na verdade instigava seu fervor moral era a ameaça representada pelos comunistas no Leste Europeu e, em sua opinião, o nazismo era o menor dos dois perigos.

Apesar das tentativas de Pio XII em amenizar o drama das vítimas da Segunda Guerra Mundial, inclusive de judeus, alguns críticos o acusam e a Igreja Católica de um fracasso na liderança moral. Muitos padres e freiras fizeram esforços heroicos para ajudar as vítimas da guerra, mas, mesmo assim, para esses críticos a Igreja exerceu um papel inexpressivo durante a guerra. Por esse motivo, no contexto da Igreja a desculpa sincera do Papa João Paulo II à comunidade judaica, em sua visita a Jerusalém em 2000, foi bem recebida.

DEPOIS DA GUERRA

O fascismo foi derrotado no final da Segunda Guerra Mundial, embora os governos autoritários na Espanha e em Portugal prolongaram-se ainda por alguns anos. Os comunistas conquistaram um grande poder no Leste Europeu e a situação da Igreja ficou ameaçada. Depois das lições aprendidas com o regime nazista, a Igreja fez críticas francas à opressão comunista. No entanto, os antigos vínculos da Igreja com o fascismo lançaram dúvidas se a oposição da Igreja ao comunismo tinha princípios bem fundamentados.

OS MODERNIZADORES

OS PAPAS DO SÉCULO XX FIZERAM MUDANÇAS NOS DOGMAS DA IGREJA E SUAS REFORMAS ALTERARAM O PERFIL DA IGREJA E DA EXPERIÊNCIA DE SER CATÓLICO.

Embora o pontificado do Papa Pio XII agora seja um tema controvertido, na década de 1950 sua autoridade era incontestável, guiou a Igreja ao longo da Segunda Guerra Mundial e era visto

***Acima:** O Papa João XXIII abençoa a multidão ao se encaminhar para a abertura oficial do Segundo Concílio do Vaticano em 1962.*

com gratidão, sua atuação e a da Igreja estavam acima de qualquer questionamento. Com sua oposição inflexível ao comunismo durante a Guerra Fria, conquistou respeito muito além dos limites da Igreja. O primeiro "Papa midiático" divulgou sua imagem e ideias por meio de jornais, programas de televisão e transmissões de rádio. Pio XII exercia um poder imenso na Igreja, mesmo pelos padrões de um pontífice, porque se cercara de cardeais idosos e que tinham opiniões semelhantes às suas.

UMA ESCOLHA CONVENCIONAL

A Igreja conservadora de Pio XII era um lugar frustrante para os jovens e os radicais. Quando ele morreu em 1958, alguns anteviram uma oportunidade de fazer reformas. Mas os cardeais elegeram

À esquerda: *Cena de um dos momentos mais tensos do Segundo Concílio do Vaticano realizado na Basílica de São Pedro. Ao fundo, a imagem do Papa João XXIII sentado em seu trono atrás do baldaquino.*

Angelo Roncalli, o patriarca de Veneza, como o novo Papa com o nome de João XXIII. O pontífice já tinha 77 anos e, em sua longa carreira, sempre obedecera a seus superiores sem discutir. Não era de modo algum o espírito renovador que os progressistas haviam esperado e sua escolha como substituto de Pio XII indicava que a Igreja não queria mudar.

A união da Igreja era o único tema que estimulava o novo Papa. João XXIII lamentava a desintegração gradual da Igreja de Jesus ao longo dos séculos e queria criar vínculos entre os "irmãos católicos divididos". Com essa intenção, reuniu-se com o arcebispo da Cantuária da Igreja Anglicana e com representantes de outras igrejas. Embora fosse uma causa importante, não despertava entusiasmo, porque não havia perspectiva imediata de mudança.

O SEGUNDO CONCÍLIO DO VATICANO

O sonho de João XXIII de promover a união cristã nunca se concretizou. Porém, teve uma consequência imediata. Em 1962, convocou o Segundo Concílio do Vaticano, e a Igreja Católica nunca mais foi a mesma.

Embora alguns críticos tenham visto as mudanças como superficiais, o Concílio enfatizou mais uma vez (de certa forma, reforçou) a natureza hierárquica da Igreja. Ao mesmo tempo, reconheceu a necessidade de fazer uma abordagem de "cima para baixo" nas diretrizes da Igreja, que seria complementada com a visão de "baixo para cima" para integrar os elementos individuais com o conjunto dos princípios. Além da receptividade à abertura e à crítica, as discussões envolveram a participação de observadores laicos, inclusive de mulheres. Os católicos iriam ter uma voz mais ativa na condução de sua fé e discutiu-se o projeto de ampliar a disseminação das Escrituras traduzindo--as para a língua vernácula dos diversos países da comunidade católica.

Acima: *Em 1976, o arcebispo reacionário Marcel Lefebvre desafiou a Igreja e celebrou a missa tridentina tradicional. A celebração dessa missa tem sido incentivada por papas recentes.*

Houve recomendações para que os católicos laicos tivessem um papel mais atuante na missa e a liturgia também teria um componente vernáculo. Esse processo de mudanças foi concluído pelo Papa Paulo VI em 1969 quando, além da transição completa da liturgia na língua vernácula, a prática do padre rezar a missa à frente da congregação foi introduzida. Antes o padre olhava o altar que, em geral situava-se no final da igreja a leste em direção a Jerusalém (assim como os mulçumanos que olham em direção a Meca em suas preces diárias). Os rituais tradicionais transmitiam aos fiéis uma sensação de mistério e fascínio, mas o novo catolicismo queria envolver os paroquianos nas cerimônias da Igreja.

O RETROCESSO

O Segundo Concílio do Vaticano teve, em muitos aspectos, uma abrangência menor do que o previsto. Temas controvertidos como contracepção e divórcio não foram debatidos. Mas o catolicismo adotou uma nova diretriz, e os críticos do Papa João XXIII reconheceram que as mudanças haviam sido significativas.

O arcebispo francês Marcel Lefebvre havia liderado um movimento na Igreja de retorno às antigas práticas e da celebração da missa tridentina, a liturgia latina, que fora aprovada no Concílio de Trento no século XVI. Por fim, o arcebispo foi afastado da Igreja e, em 1988, o Papa conservador João Paulo II o excomungou por ele ter consagrado quatro novos bispos sem a aprovação oficial.

A Religião Pop

A nova concepção do catolicismo foi recebida com grande entusiasmo em um momento que coincidiu com a cultura pop da década de 1960. Os sons das guitarras, a representação de cenas bíblicas por crianças e os beijos de paz simbolizavam a cultura informal das "massas". Esse movimento concentrou-se em Liverpool, Reino Unido, cidade natal dos Beatles e, em 1967, expandiu-se na moderna Catedral Metropolitana do Cristo-Rei de Liverpool. Apesar da construção em forma de uma cruz estilizada e da claraboia belíssima de vitral, o espaço central da igreja era democrático e acolhedor. O poeta Roger McGough captou a atmosfera do local em seu poema "O Lord on Thy New Liverpool Address". O poema referia-se a um padre vestido com uma batina velha: "Via-se um jeans por baixo".

Acima: *O projeto arquitetônico moderno da Catedral Metropolitana de Liverpool, com a claraboia de vitral.*

A IGREJA MILITANTE

O DEVER CRISTÃO DE AJUDAR OS POBRES É INCONTESTÁVEL, MAS EM QUE DIMENSÃO A IGREJA CATÓLICA ESTAVA PREPARADA PARA AJUDÁ-LOS FOI UMA QUESTÃO DISCUTIDA PELA TEOLOGIA DA LIBERTAÇÃO.

No século XX, muitos sul-americanos viviam em uma situação de extrema miséria e em meio a esse drama surgiu a Teologia da Libertação. Essa corrente teológica cristã desafiou a Igreja a incorporar o espírito de bem-aventurança dos evangelhos, com a finalidade de derrubar os sistemas políticos e econômicos estabelecidos.

Ele derrubou os poderosos de seus tronos e exaltou os humildes.

Encheu de bens os famintos e os ricos despediu de mãos vazias.

Essa é uma das passagens mais notáveis dos evangelhos, o "Magnificat" de Maria (Lucas 1:46-55).

As palavras da Virgem Maria homenageiam Cristo que, em sua grandeza divina, juntava-se às prostitutas e aos leprosos. O Cristo que, em sua gentileza e em sua recomendação "dá a outra face", ficou violento diante da visão dos cambistas no Templo. O mesmo Cristo que, enquanto prometia a salvação para todos, advertia os ricos de que era mais fácil um camelo passar pelo buraco da agulha do que um homem rico entrar no reino dos céus.

O "EVANGELHO" DE MARX

Além de salvador da humanidade, Jesus também não foi um revolucionário? É fácil entender por que muitas pessoas pensam desse modo, embora seja difícil imaginar uma revolução cristã no mundo real. Em especial porque a partir do século XVIII, para a ortodoxia revolucionária, a religião não significava uma ajuda à humanidade, e sim uma fonte de problemas para os seres humanos. Karl Marx, o fundador do comunismo, dizia que a religião era "o ópio do povo", embora no contexto em que disse essas palavras havia uma tolerância quanto ao uso de drogas recreativas. Sua sugestão que a religião era "o suspiro da criatura oprimida", "o cerne de um mundo impiedoso" revelava pelo menos certo grau de compreensão pelos que procuravam consolo na religião. No entanto, em sua visão esse consolo era ilusório.

Acima: *Os bolcheviques russos não escondiam seu firme antagonismo à religião, como mostra esta ilustração de 1930 do artista Achille Beltrame publicada no jornal italiano La* Domenica del Corriere.

Os seguidores de Marx tinham uma visão extremada da crença religiosa e estavam convictos que a religião era uma farsa cruel destinada a reconciliar as pessoas com o mundo de opressão em que viviam. Com a falsa esperança de salvação após a morte, os fiéis suportavam seu fardo na Terra e, assim, um *status quo* lúgubre perpetuava-se. Não era difícil encontrar sinais dessa situação desalentadora, não só no sofrimento dos pobres no mundo, como também nas relações cordiais entre os líderes religiosos e os que detinham grande poder político.

OS RADICAIS DO SÉCULO XX

A negligência da Igreja em relação aos pobres foi um fato recorrente em sua história, apesar de no século XIX, o Papa Leão XIII ter feito uma menção à situação das classes trabalhadoras na encíclica *Rerum Novarum*. Na década de 1970, o radicalismo difundiu-se no mundo, com as revoltas estudantis e as manifestações contra a guerra. Os afro-americanos, assim como os católicos na Irlanda do Norte protestante, fizeram passeatas gigantescas reivindicando seus direitos; houve greves gerais e tumulto dos estudantes na França. Embora os objetivos dos ativistas fossem vagos, o espírito de revolta era contagioso, e muitos católicos, sobretudo os jovens, sentiram necessidade de contribuir para a "luta".

Abaixo: *Óscar Romero, arcebispo de São Salvador, o protetor dos pobres e das vítimas da guerra civil no país, foi assassinado em 1980 quando celebrava uma missa.*

OS LIBERAIS DA AMÉRICA DO SUL

Na América Latina, milhões de pessoas viviam em condições de extrema pobreza, enquanto o clero era um mero espectador. Por sua vez, os esquerdistas conseguiram alcançar seus objetivos. Em 1959, Fidel Castro, Che Guevara e o exército de guerrilheiros derrubaram o regime repressor de Cuba. A Teologia da Libertação criada por Gustavo Gutiérrez, um padre peruano, queria que o catolicismo, além de prometer a salvação após a morte, se mobilizasse para promover uma mudança revolucionária no mundo.

Não havia dúvidas em relação à sinceridade do movimento para melhorar as condições de vida do povo sul-americano, ou de valorizar sua importância. Milhares de padres, freiras e católicos laicos inspiraram-se na mensagem da

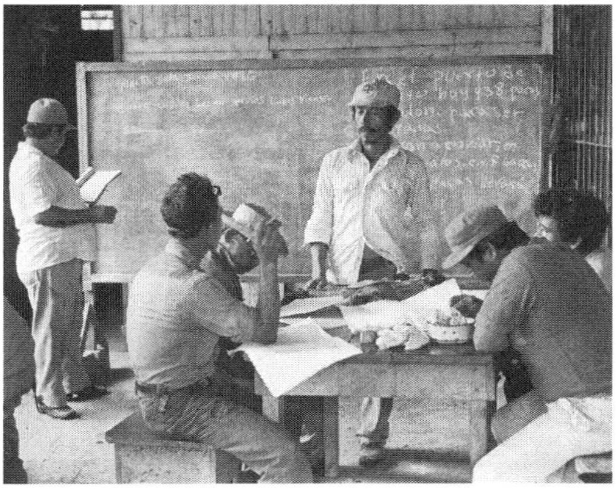

À esquerda: *Muitos católicos acreditavam que Cristo teria aprovado a campanha dos sandinistas para erradicar o analfabetismo na Nicarágua, mas a Igreja opôs-se a seus objetivos mais abrangentes.*

Teologia da Libertação e diversos católicos importantes morreram em defesa de suas crenças. O arcebispo Óscar Romero, que liderara a oposição popular contra o regime militar opressor de El Salvador, foi assassinado quando celebrava uma missa, em 24 de março de 1980. Representantes do clero apoiaram o movimento sandinista que conquistou o poder na Nicarágua na década de 1980, como o famoso padre e poeta Ernesto Cardenal.

Entretanto, era evidente que a Igreja olhou esses movimentos com desconfiança, não só por um conservadorismo arraigado. A Teologia da Libertação fracassou, como os marxistas diriam, por causa de suas contradições. Apesar de alguns objetivos comuns, a relação do comunismo com o cristianismo sempre seria problemática, em razão da recusa do comunismo em reconhecer a existência de uma dimensão espiritual. O Papa João Paulo II, que vivenciara a tirania imposta pelo comunismo ao tentar criar o Céu na Terra, não tinha ilusões a esse respeito.

CAMILO TORRES

"Se Cristo estivesse vivo, seria um guerrilheiro", disse Camilo Torres. Nascido em 1929, Torres fora ordenado padre no início da década de 1950. Mas desapontara-se com o fracasso da Igreja em minimizar o sofrimento dos pobres. Ao decidir que era necessário fazer uma ação radical, mesmo que violenta, aderiu ao Exército de Libertação Nacional (ELN), um movimento marxista de guerrilha que se opunha ao governo da Colômbia. Mas Torres foi assassinado em 1966, quando participava de sua primeira operação com o ELN e converteu-se no mais famoso mártir do Exército de Libertação Nacional da Colômbia.

Abaixo: *O Papa João Paulo II ouviu o discurso de Daniel Ortega, líder dos sandinistas, em sua visita à Nicarágua em 1983.*

O Papa do povo

O Papa João Paulo II exerceu uma influência marcante na Igreja Católica. Esse Papa santificado e carismático foi uma figura importantíssima no mundo.

Embora os últimos anos do século XX tenham sido de contínuo desafio ao papado, o desenvolvimento da tecnologia moderna ofereceu oportunidades sem precedentes para a divulgação da fé cristã. O Papa Pio XII teve sua imagem divulgada no mundo inteiro por meio da televisão e da imprensa. O Papa Paulo VI, o primeiro da era do jato, fez viagens importantes ao redor do mundo. No entanto, esses papas nem sempre se sentiam confortáveis diante da exposição da mídia. Mas o Papa João Paulo II soube usá-la com uma habilidade extraordinária.

Acima: *Na época em que Karol Wojtyla era um jovem seminarista em 1942, na Cracóvia, a Polônia estava sob ocupação dos nazistas.*

UM ATOR INESPERADO

João Paulo II foi o primeiro Papa não italiano em meio milênio, um homem extremamente sério e erudito, com uma fé profunda e mística. O mais jovem dos três filhos, Karol Wojtyla nasceu na Polônia em 1920. Wojtyla perdeu a mãe ainda criança e, em seguida, o irmão mais velho a quem amava muito. Antes de se ordenar padre todos os membros de sua família já haviam morrido. Na juventude foi um aluno brilhante e um intelectual no sentido mais amplo. Além de fluente em diversas línguas, ele era culto, escrevia poesias e peças de teatro, e participou de diversos grupos teatrais como ator. Wojtyla era um grande es-

Abaixo: *A reputação de "artista do rock and roll" não condizia com um homem profundamente sério e espiritualizado, mas não há como negar o carisma popular de João Paulo II. Nesta foto, ele abençoa a multidão na Praça de São Pedro.*

portista (foi goleiro de um time de futebol) e transmitia sua sociabilidade inata nas aparições públicas como Papa.

LIBERDADE E DEVER

Além das perdas familiares, a formação de Wojtyla foi marcada pelo totalitarismo em dois momentos diferentes. Como um jovem seminarista, viveu na clandestinidade durante o Levante do Gueto de Varsóvia contra os nazistas. Continuou sua vocação sob o regime comunista e foi nomeado arcebispo de Cracóvia em uma época em que a Igreja mantinha-se em silêncio para sobreviver. Wojtyla era um individualista, não um egocêntrico, e sim um homem que acreditava na importância da voz da consciência. Nunca aceitou que a consciência de alguém deveria se subordinar à "vontade coletiva" dos fascistas nem à "ditadura do proletariado" dos comunistas.

***Acima:** O Papa João Paulo II apoiou o* Solidarnosc, *o movimento sindical "Solidariedade" ajudou a eliminar o comunismo na Polônia e em outros lugares.*

Com essas características de personalidade seria previsível que João Paulo II não tivesse tempo nem interesse em analisar o movimento Teologia da Libertação na América Latina. No entanto, os que achavam que o Papa era um reacionário antiquado estavam errados. Em geral, condenava as potências ocidentais quando necessário, como criticou a invasão do Iraque em 2003. Era também um crítico veemente do sistema capitalista, que julgava responsável pelas desigualdades econômicas intoleráveis e pelo estímulo à cultura de consumo tirânica.

Mas esse profeta da liberdade desapontou os liberais ocidentais ao se recusar a discutir temas como contracepção, divórcio e casamento de homossexuais. Nunca admitiria que a sexualidade do ser humano divergisse das normas da Igreja. O Papa João Paulo II também se opôs ao casamento de padres e freiras, reformas que para muitos eram lógicas e racionais. Segundo ele, a Igreja não era uma instituição que devesse ser atualizada como qualquer outra, porque estava presa a leis determinadas por Cristo.

A POPULARIDADE DISSEMINADA

No entanto, os críticos progressistas reconheciam a imensa popularidade do Papa e a afeição que despertava, não só entre os católicos. Além do enorme carisma, João Paulo II tinha o dom inato da

Acima: *O Papa João Paulo II desfila no papamóvel durante uma visita aos Estados Unidos em 1995. Ele atraía multidões entusiasmadas por sua presença em todos os lugares que visitava.*

comunicação, visitou 129 países e divulgou sua mensagem ao redor do mundo. Em qualquer lugar que fosse, beijava a pista dos aeroportos, segurava bebês no colo, passeava em meio à multidão no papamóvel e celebrava missa diante de multidões. Apesar de conservador em suas atitudes, João Paulo II acreditava que os católicos deveriam ter acesso ao seu papado, uma crença coerente com o espírito do Segundo Concílio do Vaticano.

O CANONIZADOR

O entusiasmo de João Paulo II em canonizar santos foi ridicularizado em muitas ocasiões (segundo dizem, ele beatificou mais homens e mulheres do que todos os seus predecessores, mas os registros incompletos dificultam fazer essa estimativa). Essa atitude talvez fosse um reflexo da visão antiquada do heroísmo cristão, mas, ao mesmo tempo, sugere que João Paulo II tinha uma compreensão moderna da cultura da mídia. Desde o início da Idade Média, os ícones despertavam o interesse das pessoas, embora agora os ícones sejam cantores, modelos e esportistas. Ao canonizar os novos santos, o Papa oferecia ao mundo exemplos de pessoas cuja coragem e comprometimento deveriam ser imitados.

João Paulo II foi, sem dúvida, um dos papas mais populares da história moderna, o homem que para os milhões de jovens irlandeses que assistiram à missa ao ar livre no parque Phoenix em Dublin, em 1979, tinha "o mundo inteiro em suas mãos".

O CONTATO COM OUTRAS RELIGIÕES

NOS SÉCULOS XX E XXI, A IGREJA CATÓLICA FEZ CONTATO COM OUTRAS COMUNIDADES CRISTÃS E COM LÍDERES DAS GRANDES RELIGIÕES DO MUNDO.

Com a exceção da Polônia, os cristãos do Leste Europeu seguiam a Igreja Ortodoxa e não a Igreja de Roma. Os poloneses opunham-se aos vizinhos russos que, com frequência, os dominavam. O catolicismo na Polônia não era apenas uma questão de fé religiosa, mas também de um sentimento de orgulho patriótico.

Acima: *Uma cerimônia ecumênica celebrada por importantes prelados católicos, pelo bispo metropolitano da Igreja Ortodoxa (centro) e um pastor protestante (à direita) na catedral Notre--Dame de Paris.*

No entanto, os poloneses eram eslavos e o Papa João Paulo II, sempre consciente de sua origem polonesa, preocupava-se com essa herança étnica. Tinha o desejo profundo de se aproximar da Igreja Ortodoxa, assim como muitos anos antes o Papa João XXIII tentara essa reconciliação.

UM DIPLOMATA QUE SEMEIAVA A DISCÓRDIA?

Em mais de um quarto de século como Papa, João Paulo II acumulara realizações em benefício da Igreja Católica, mas seu sonho de reconciliação teve de ser adiado. De acordo com seus críticos, sua personalidade autoritária impossibilitou uma aproximação diplomática com a Igreja Ortodoxa. O mesmo aconteceu, sugeriram os críticos, com a Igreja Anglicana que rompera seus vínculos com Roma. Embora a decisão da Igreja Anglicana de ordenar mulheres como clérigos houvesse provocado uma divergência entre as duas correntes religiosas, na opinião dos críticos liberais esse assunto poderia ter sido contornado por um papa menos obstinado em suas convicções.

Mas o carisma extraordinário de João Paulo II divulgou a mensagem do cristianismo nas manchetes de jornais importantes, lembrando aos ocidentais céticos que a religião ainda tinha significado na sociedade moderna. Em diversos lugares, os adeptos de outras religiões encontraram provas em seu entusiasmo e energia que os cristãos ocidentais não estavam mergulhados no cinismo e na apatia.

Por fim, o amor que o Papa João Paulo II sentia pela humanidade e o amor que as pessoas sentiam por ele o trans-

À esquerda: *No ano 2000, o Papa João Paulo II visitou Jerusalém e o Muro das Lamentações, onde pediu perdão em nome da Igreja Católica pelos séculos de perseguição antissemita.*

formaram em um porta-voz da Igreja no mundo. Sem dúvida, seu estilo impetuoso o ajudou. Um homem mais cauteloso não teria feito a visita histórica e controvertida ao campo de concentração de Auschwitz em 1979. A primeira visita de um pontífice a Israel realizou-se em 2000, onde João Paulo II pediu perdão pelos séculos de perseguição dos cristãos aos judeus. Essa abordagem antissemita inaugurou uma nova era de discussão e cooperação.

Acima: *Em 2006, o Papa Bento XVI encontrou-se com o Patriarca da Igreja Ortodoxa em Istambul, na Turquia. Essa foi sua primeira visita oficial a um país mulçumano.*

UMA CAUSA COMUM

Havia, é claro, limites ao progresso da coexistência entre diferentes comunidades. Para a doutrina católica, só existia "uma" Igreja. O sucessor de João Paulo II, o Papa Bento XVI, manteve esse dogma, embora outras igrejas cristãs e religiões não cristãs tivessem princípios genuínos e fossem também instrumentos da salvação. Apesar do esforço em criar vínculos, o Papa Bento XVI acreditava que as outras crenças tinham uma orientação equivocada, ainda que fossem honestas e se empenhassem na realização de seus objetivos.

Segundo Bento XVI, só a rejeição ao laicismo moderno e à cultura que ele fomentava, unia as diversas religiões do mundo. Na sociedade de consumo laica, dizia, as pessoas têm livre-arbítrio na escolha de seu modo de viver, sem estarem presos a leis mais elevadas. Os fiéis de todas as crenças não só tinham o direito, como também o dever de se unirem em uma causa comum contra a "ditadura do relativismo".

Papa Bento XVI

Bento XVI nasceu em 16 de abril de 1927, em Marktl am Inn, Alemanha, com o nome Joseph Aloisius Ratzinger. Foi eleito Papa, no conclave de 2005, tornando-se o 265° Papa da Igreja Católica, aos 78 anos de idade.

SUA ORIGEM, SUA HISTÓRIA, VIDA ACADÊMICA E RELIGIOSA

Com o irmão, Georg Ratzinger, Joseph entrou num seminário católico. Em 29 de junho de 1951, foram ambos ordenados sacerdotes pelo Cardeal Faulhaber, arcebispo de Munique. A partir de 1952, iniciou sua atividade de professor na Escola Superior de Filosofia e Teologia de Frising, lecionando teologia dogmática e fundamental. Em 1953, obteve o doutoramento em teologia com a tese "Povo e casa de Deus na doutrina da Igreja de Santo Agostinho". Sob a orientação do professor de teologia fundamental Gottlieb Söhngen, obteve habilitação para a docência, apresentando para isso a dissertação "A Teologia da História em São Boaventura".

Lecionou ainda em Bonn (1959-1963); em Münster (1963-1966) e em Tubinga (1966-1969), onde foi colega de Hans Küng e confirmou certa visão tradicionalista como oposição às tendências marxistas dos movimentos estudantis dos anos 1960. A partir de 1969, passou a ser catedrático de dogmática e história do dogma na Universidade de Ratisbona, onde chegou a ser vice-reitor.

No Segundo Concílio do Vaticano (1962–1965), Ratzinger participou como *peritus* (especialista em teologia) do Cardeal Joseph Frings, de Colônia.

Fundou em 1972, junto com os teólogos Hans Urs von Balthasar (1905-1988) e Henri de Lubac (1896-1992), a revista *Communio,* para dar uma resposta positiva à crise teológica e cultural que despontou após o Segundo Concílio do Vaticano.

O último Papa com este nome foi Bento XV, que conduziu a Igreja de 1914 a 1922, durante a Primeira Guerra Mundial. Ratzinger foi o primeiro Decano do Colégio Cardinalício eleito Papa desde Paulo IV, em 1555, o primeiro cardeal-bispo eleito Papa desde Pio VIII, em 1829, e o primeiro superior da Congregação para a Doutrina da Fé a alcançar o pontificado, desde Paulo V, em 1605.

Em 11 de fevereiro de 2013, o Papa Bento XVI anunciou que renunciaria ao pontificado em 28 de fevereiro. "O Papa anunciou que renunciará a seu ministério às 20h (hora de Roma) de 28 de fevereiro. Começará assim um período de sede vacante", informou o padre Federico Lombardi, porta-voz do Vaticano.

Bento XVI comunicou sua renúncia em discurso pronunciado em latim, durante um consistório convocado para anunciar três canonizações. "No mundo de hoje, sujeito a rápidas mudanças e agitado por questões de grande relevância para a vida e para a fé, para governar a barca de Pedro e anunciar o Evangelho, é necessário vigor, tanto do corpo como do espírito, vigor que, nos últimos meses, diminuiu de tal modo em mim que devo reconhecer minha incapaci-

Acima: *Papa Bento XVI abençoa fiéis e peregrinos reunidos na Praça São Pedro, em Roma.*

dade de administrar bem o ministério a mim confiado. (...) Deverá ser convocado, por quem de direito, o conclave para eleição do novo Sumo Pontífice".

Foi Papa da Igreja Católica e bispo de Roma de 19 de abril de 2005 a 28 de fevereiro de 2013, quando oficializou sua abdicação. A partir daí, passou ser considerado Papa Emérito da Igreja Católica. Desde sua renúncia é também, bispo emérito da Diocese de Roma.

Extremamente culto, domina seis idiomas: alemão, italiano, francês, latim, inglês e espanhol, e possui bons conhecimentos de português. Lê o grego antigo e o hebraico. É membro de várias academias científicas da Europa como a francesa Académie des Sciences Morales et Politiques e recebeu oito doutorados honoríficos de diferentes universidades, entre elas a Universidade de Navarra, é também cidadão honorário das comunidades de Pentling (1987), Marktl am Inn (1997), Traunstein (2006) e Ratisbona (2006).

Aprecia música, é pianista e tem preferências pelas composições de Mozart e Bach. É o sexto ou o sétimo papa alemão desde Vítor II. A dúvida é porque não há certeza da origem de Estêvão VIII, se nasceu em Roma ou na Alemanha.

Em abril de 2005, foi incluído pela revista *Time* na lista das 100 personalidades mais influentes do mundo.

Papa Francisco

Francisco foi batizado com o nome de Jorge Mario Bergoglio. É o 266° Papa da Igreja Católica e atual chefe de estado do Vaticano, sucedendo o Papa Bento XVI, que abdicou ao papado em 28 de fevereiro de 2013.

SUA ORIGEM, SUA HISTÓRIA, VIDA ACADÊMICA E RELIGIOSA

Jorge Mario Bergoglio nasceu em Buenos Aires, em 17 de dezembro de 1936, em uma família de imigrantes italianos. Seu pai, Mario Giuseppe Bergoglio Vasallo, era um trabalhador ferroviário e sua mãe, Regina Maria Sivori Gogna, nascida em Buenos Aires, de pais genoveses, era dona de casa. Seu pai também jogava basquete no San Lorenzo, um dos cinco grandes times do futebol argentino e cuja origem havia sido impulsionada por um padre. Jorge tornou-se torcedor desta equipe, desde muito jovem e procurava assistir a todos os jogos.

Nascido e criado no bairro de Flores, atual sede do San Lorenzo, o Papa Francisco é o mais velho de cinco filhos, tendo como irmãos: Oscar Adrian, Marta Regina, Alberto Horacio já falecidos, e Maria Elena. Fez graduação e mestrado em química, na Universidade de Buenos Aires. Na juventude, teve uma doença respiratória que lhe causou a perda de um pulmão. Durante sua adolescência,

À esquerda: *Papa Francisco, eleito "personalidade do ano" de 2013 pela revista americana* Time, *abraça uma criança na audiência semanal na Praça São Pedro, no Vaticano.*

teve uma namorada, Amalia. Segundo ela, Bergoglio chegou a pedi-la em casamento, tendo ele inclusive afirmado que, do contrário, se tornaria padre.

Ingressou no noviciado da Companhia de Jesus em março de 1958. Fez o juniorado em Santiago, Chile. Graduou-se em Filosofia em 1960, na Universidade Católica de Buenos Aires. Entre os anos 1964 e 1966, ensinou Literatura e Psicologia, no Colégio Imaculada, na Província de Santa Fé, e no Colégio do Salvador, em Buenos Aires. Graduou-se em Teologia em 1969.

Recebeu a ordenação presbiteral no dia 13 de dezembro de 1969, pelas mãos de Dom Ramón José Castellano. Emitiu seus últimos votos na Companhia de Jesus em 1973. No mesmo ano, foi nomeado mestre de noviços, no Seminário da Villa Barilari, em San Miguel de Tucumán. Ainda em 1973, foi eleito superior provincial dos jesuítas, na Argentina. Em 1980, após o período do provinciato, retornou a San Miguel, para ensinar em uma escola jesuíta.

No período de 1980 a 1986 foi reitor da Faculdade de Filosofia e Teologia de San Miguel. Após seu doutorado na Alemanha, foi confessor e diretor espiritual em Córdoba.

Além do espanhol, fala fluentemente italiano, alemão, francês e inglês, tendo também bons conhecimentos de português.

Em 20 de maio de 1992, o Papa João Paulo II o nomeou bispo auxiliar de Buenos Aires. Sua ordenação episcopal deu-se a 27 de junho de 1992 pelos cardeais Quarracino, Dom Emilio Ogñénovich e Dom Ubaldo Calabresi. Em 3 de junho de 1997, foi nomeado arcebispo coadjutor de Buenos Aires.

É o primeiro papa nascido no continente americano, o primeiro latino-americano, primeiro pontífice do hemisfério sul e primeiro a utilizar o nome de Francisco, além de ser o primeiro pontífice não europeu em mais de 1200 anos e também o primeiro papa jesuíta da história.

Tornou-se arcebispo de Buenos Aires em 28 de fevereiro de 1998 e foi elevado ao cardinalato em 21 de fevereiro de 2001, com o título de Cardeal Presbítero de San Roberto Belarmino. Foi eleito Papa em 13 de março de 2013, sucedendo Bento XVI.

Os Papas e os Imames

Quando o aiatolá Khomeini morreu em 1989, o Papa João Paulo II disse que suas realizações mereciam "um grande respeito e uma reflexão profunda". Houve elogios mais efusivos, mas o Papa foi surpreendentemente cordial diante da liderança religiosa controvertida do aiatolá no Irã. João Paulo II recusara-se a compartilhar sua autoridade com outros líderes cristãos que haviam apoiado o líder do Irã. O aiatolá promulgara uma *fatwa*, um decreto religioso, que condenava Salman Rushdie à morte por ter escrito o livro *Os Versos Satânicos*, segundo ele um insulto à religião mulçumana. Mas nos anos seguintes, João Paulo II continuou seu diálogo com líderes islâmicos e, no ano 2000, foi o primeiro papa a rezar em uma mesquita mulçumana.

O contato com o mundo mulçumano prosseguiu no pontificado de Bento XVI, apesar do constrangimento provocado por sua citação de um texto de crítica ao islamismo de um escritor medieval em uma conferência na Universidade de Regensburg, na Alemanha, em 2006. Quando as relações se normalizaram em 2008, estudiosos mulçumanos participaram de um seminário com pensadores católicos em Roma.

Acima: *O Papa Bento XVI cumprimenta o diretor da Presidência de Assuntos Religiosos da Turquia após a palestra sobre as relações entre o catolicismo, o islamismo e o terrorismo.*

Na presença do Papa Emérito Bento XVI, e por ocasião da inauguração de um novo monumento nos jardins do Vaticano, da autoria do artista Giuseppe Antonio Lomuscio, o Papa Francisco consagrou no dia 5 de julho de 2013 o Estado da Cidade do Vaticano a São Miguel Arcanjo e a São José.

Desde que assumiu o papado, Francisco tem revolucionado o pensamento filosófico e de posicionamento da Igreja Católica, emitindo pareceres corajosos sobre temas palpitantes do mundo moderno, envolvendo os gêneros humanos, as relações matrimoniais, os jovens, as mulheres, e as promessas de Deus. Tem atuado com rigor combatendo e condenando a pedofilia na Igreja.

Sua posição sobre o reconhecimento e os valores das outras religiões tem aproximado os líderes religiosos. Tem viajado com frequência, promovendo e evangelizando. Sua primeira viagem foi ao Brasil, no Congresso Mundial da Juventude.

Acima: *Bento XVI, à direita, e o Papa Francisco rezam juntos na residência pontifícia em Castel Gandofo, onde o papa emérito reside desde que renunciou ao cargo em 28 de fevereiro de 2013.*

Recentemente viajou por vários países da América do Sul e pelos Estados Unidos. Carismático, alegre, otimista, corajoso, de simplicidade incrível, o Papa Francisco tornou-se em pouco tempo, uma das três personalidades mais influente do mundo.

Novos desafios

O NÚMERO DE CATÓLICOS DIMINUIU EM MUITOS PAÍSES OCIDENTAIS NO SÉCULO PASSADO, EM PARTE EM RAZÃO DA INFLUÊNCIA DO CAPITALISMO E DA SOCIEDADE DE CONSUMO.

Nos últimos anos, a Igreja perdeu o apoio de muitos países industrializados. Na maioria dos países protestantes e anglo-saxões da Europa, o catolicismo era considerado uma religião de camponeses, associado a regiões "atrasadas": sul da Itália, Espanha, alguns lugares distantes da França e, sobretudo, Irlanda. No entanto, Cristo sempre amara os pobres, que ofereciam seus filhos e filhas para servirem a Deus em uma manifestação de amor recíproco.

AS MUDANÇAS NAS SOCIEDADES

Quando uma região pobre começa a prosperar, ninguém lamenta o enriquecimento dos pobres, mas o desenvolvimento econômico com frequência ocasiona problemas, assim como benefícios. Em alguns lugares, a história tem uma influência marcante no comportamento dos povos. A maioria dos espanhóis diz que não quer mais ir à igreja, um reflexo do ressentimento provocado pelo governo ditatorial de Franco e de outros acontecimentos que os afastaram da fé católica. A Itália é um país onde os católicos têm um passado de autoritarismo e, embora poucos italianos tenham rejeitado totalmente a Igreja, para muitos é apenas um ritual de sua cultura, como batismos, casamentos e funerais.

A riqueza crescente resultou em deslocamentos populacionais, com o consequente impacto nas estruturas tradicionais da sociedade. As antigas comunidades urbanas superpopulosas dispersaram-se para as periferias das cidades, onde o comportamento laico predominava. A paróquia de San Antonio em Jersey City, Nova Jersey, Estados Unidos, é um exemplo típico. Na década de 1950, a missa aos domingos era assistida por cerca de 10 mil cristãos; hoje, menos de 300 pessoas costumam frequentá-la.

***Acima:** A queda no número de fiéis reduziu a coleta de donativos e, em consequência, prejudicou os rendimentos das paróquias e impôs um desafio à Igreja no novo século.*

Atualmente, há muitas opções de lazer para as famílias que têm carro e dinheiro para gastar. Mas, por ironia, as pessoas têm poucos momentos de um convívio enriquecedor com os membros de sua família e amigos. Apesar da insistência de Cristo que a riqueza material não enriquecia o espírito, os católicos não são imunes ao apelo do consumo. Nem são imunes aos modismos das opções de busca espiritual, desde ioga, meditação ao movimento New Age.

O DECLÍNIO DO CLERO

O número de padres na Irlanda diminuiu drasticamente, um reflexo evidente de problemas na Igreja. Em 2007, 166 padres morreram, porém só nove padres foram ordenados. Os padres estão envelhecendo e na próxima geração o número será ainda menor, como resultado de sociedades mais prósperas, aumento da expectativa de vida e da segurança das famílias. Como consequência, as famílias em muitos países industrializados, independentemente da cultura religiosa, optam em geral por terem menos filhos. Um fato que aconteceu na Irlanda em decorrência do grande sucesso econômico dos últimos anos. O número de jovens que frequentava a Igreja diminuiu e, agora, esses jovens têm novas opções de vida e oportunidades de lazer.

***Acima:** Antes a catedral Holy Rosary em Vancouver dominava a paisagem. Hoje, a mensagem cristã corre o risco de se perder em meio às pressões e opções da vida moderna.*

***Abaixo:** Os sardos percorrem seu vilarejo em procissão como fazem há séculos, mas o catolicismo oferece mais do que história e manifestação da arte popular?*

A Irlanda enfrenta os mesmos problemas dos católicos nos Estados Unidos e no Reino Unido, com pequenos grupos de padres e de pessoas laicas que se encarregam de expandir as paróquias.

NOVAS OPORTUNIDADES

As dificuldades eram incontestáveis, apesar de os séculos de existência da Igreja não permitirem falar em melancolia e dissolução. Em dois mil anos, a Igreja enfrentara momentos muito mais difíceis. Apesar da insistência em manter a continuidade apostólica, a Igreja demonstrara sua capacidade de se reinventar ao longo dos séculos.

A Igreja teria de se reformular mais uma vez e sua grande estrutura precisaria se adaptar a uma nova concepção administrativa de uma comunidade "pequena, mas fiel aos seus princípios". Nesse novo contexto, os católicos laicos exerceriam um papel muito mais importante nas comunidades locais, um objetivo a ser alcançado desde a realização do Segundo Conselho do Vaticano.

Acima: *Um homem de negócios alivia sua angústia ou sofrimento ao confessar seus pecados a um padre no confessionário, um ato de contrição que muitos católicos ocidentais de classe média rejeitam.*

Os Pecados dos Padres

A Igreja admitiu em diversas ocasiões que nem sempre estivera à altura das expectativas dos princípios morais de seus fiéis. Nestes últimos anos os católicos têm assistido a uma série de acusações de um comportamento sexual impróprio de alguns membros do clero. A partir de meados da década de 1980, diversos escândalos de abusos sexuais de jovens nos Estados Unidos, Irlanda, Austrália e outros países envolveram padres diocesanos e membros de ordens religiosas. Em alguns casos, a Igreja foi acusada de tentar dissimular as acusações e de transferir os clérigos incriminados para outros locais, onde haveria a possibilidade de cometer o abuso de novo.

Nos Estados Unidos a Igreja pagou US$ 2 bilhões como indenização por danos morais às vítimas de abuso sexual nos últimos 60 anos. Em 2007, a arquidiocese de Los Angeles pagou US$ 600 milhões para solucionar 508 casos de acusações de abuso sexual, a maior indenização já paga pela Igreja a esse tipo de crime.

O Papa Bento XVI manteve uma posição firme diante das graves acusações contra a Igreja. Encontrou-se com parentes e amigos das vítimas e expressou em nome da Igreja Católica o quanto se sentia envergonhado e triste.

A COMPETIÇÃO DE OUTRAS CRENÇAS

HOJE, NA AMÉRICA DO SUL E NA ÁFRICA, A IGREJA CATÓLICA ESTÁ SENDO DESAFIADA POR OUTRAS CRENÇAS MAIS ATIVAS E COM RESULTADOS IMEDIATOS MAIS IMPORTANTES PARA A VIDA DE SEUS FIÉIS.

Há cerca de uma geração, a América do Sul era um dos alicerces do mundo católico, uma região dedicada ao culto de Cristo e da Virgem Maria, e extremamente fiel ao papa. A ideia de o Brasil e o Chile serem países protestantes era impensável. O catolicismo estava impregnado na cultura e no ar que as pessoas respiravam.

No entanto, nos últimos anos o pentecostalismo expandiu-se como um incêndio na região. Essa nova forma de cristianismo surgiu nos Estados Unidos no início do século XX. Inspirado em uma série de crenças protestantes, esse movimento religioso tem um profundo sentimento de evangelização e exige que o fiel nasça de novo no Espírito Santo, assim como os apóstolos no Pentecostes.

Acima: *Um fiel é recebido com entusiasmo por uma congregação pentecostal no Rio de Janeiro. Milhares de pessoas na América Latina converteram-se ao pentecostalismo.*

UMA CRENÇA ALTERNATIVA

As explicações para essa rápida expansão do pentecostalismo na América do Sul divergem. É uma crença com enorme ênfase emocional, que oferece aos cristãos uma elevação espiritual (ou, talvez, psicológica). O catolicismo sempre desconfiou desse tipo de manifestação emocional exacerbada. Mas a importância da sensação de êxtase e autoestima que o pentecostalismo oferece aos seus fiéis não é um exagero. Na verdade, é o resultado lógico de missionários dedicados ao trabalho de evangelização de comunidades pobres durante anos.

À esquerda: *O pentecostalismo não se difundiu apenas entre a classe dos menos favorecidos economicamente. Estes brasileiros de classe média atravessaram o oceano para serem batizados nas águas sagradas do Rio Jordão.*

À direita: Os mulçumanos fazem suas preces no exterior da principal mesquita de Asmara, na Eritreia. O islamismo está se expandindo na região norte e central da África.

Alguns sul-americanos sugerem que o sucesso desse movimento religioso é consequência do distanciamento do clero conservador, relutante em se envolver com os problemas do povo. Outros acham que é resultado do fracasso ideológico da Teologia da Libertação em relação à visão dos pobres como pessoas reais. De qualquer modo, os missionários protestantes fizeram grandes progressos na difusão dos ensinamentos dos evangelhos.

Em 2005, cerca de 13% da enorme população da América Latina convertera-se ao pentecostalismo, ou seja, 75 milhões entre 560 milhões de pessoas. Em algumas das localidades mais pobres do Rio de Janeiro, as igrejas protestantes são mais numerosas do que as igrejas católicas na proporção de sete para um.

UM LUGAR SEGURO

Em alguns lugares, os políticos influenciaram a difusão dessa crença. Durante os anos de violenta repressão do governo na Guatemala, padres e freiras enfrentaram os militares e foram perseguidos. A posição apolítica, sobretudo nos Estados Unidos, dos missionários pentecostalistas transformou a igreja deles em refúgio contra a violência e os conflitos da época. Muitos guatemaltecos de classe média, que reagiam instintivamente a qualquer associação com os esquerdistas, converteram-se ao pentecostalismo. Hoje, quase um terço da população urbana de classe média, em uma proporção de 20% da população do país é protestante.

COMPETIÇÃO COM O ISLAMISMO

O cristianismo enfrenta uma séria competição com o islamismo na África central e ocidental. A história da influência do islamismo na região é tão longa como a do catolicismo. No início, a religião de Maomé foi difundida no sul pelos mercadores do deserto do Saara e, posteriormente, as tribos nômades a disseminaram mais ao sul. A fronteira teórica entre o islamismo ao norte e o cristianismo ao sul do continente africano existia há muitos anos. Mas era uma fronteira pouco densa, na qual as comunidades que viviam do lado "errado" mantinham uma coexistência íntima e relações familiares com o outro lado.

OS RADICAIS MODERNOS

O fundamentalismo islâmico causou uma ruptura nessa coexistência pacífica. Com objetivos políticos e religiosos, os grupos radicais islâmicos atraíram muitos católicos para sua fé religiosa.

Os conflitos logo explodiram, em especial no Sudão, onde o governo de Cartum perseguiu as comunidades católicas no sul do país. Em outros lugares essa coexistência entre o islamismo e o cristianismo também se rompeu, e na Nigéria houve tentativas de introduzir o rigor da *sharia* (lei islâmica).

A REAÇÃO À MUDANÇA

A única maneira de a Igreja Católica reagir aos desafios impostos por outros movimentos religiosos seria uma mudança em sua estrutura, mas, ao mesmo tempo, mantendo-se fiel aos seus princípios seculares. Roma era o centro do cristianismo, mas uma igreja eurocêntrica não tinha capacidade de proporcionar a orientação e o apoio de que o mundo precisava. A mistura étnica do clero com africanos, asiáticos e sul-americanos transformara a Igreja e muitas mudanças ocorreriam nos anos seguintes. Mas a primeira grande religião mundial saberia superar os desafios da globalização e, apesar das dificuldades do passado, a Igreja está em uma posição favorável para enfrentar o futuro.

Acima: *Théodore-Adrien Sarr celebra uma missa depois de ter sido eleito cardeal pelo Papa Bento XVI em 2007. Os mulçumanos senegaleses também homenagearam o novo cardeal.*

A Doutrina Católica

À medida que a Igreja Católica atraía mais fiéis, mais ela lutou para transmitir seus ensinamentos aos seus seguidores, muitos dos quais eram iletrados. Em uma época em que as ideias conflitantes sobre Deus predominavam, a Igreja Católica tinha de ser uma fonte oficial para os fiéis e orientar os líderes da Igreja em sua missão de elaborar uma doutrina católica. Esse "depósito da fé" é a essência dos ensinamentos da Igreja e proporciona aos cristãos uma compreensão dos mistérios do catolicismo, como a Santíssima Trindade, o Pecado Original e a Salvação. Hoje, os católicos inspiram-se nessa tradição religiosa de extrema riqueza para fortalecer sua fé.

Uma série de esculturas no portal sul da fachada à direita da Catedral de Chartres descreve a infância de Jesus, desde o nascimento à sua apresentação no Templo.

O Mistério da Fé

No momento em que a Igreja Católica começou a desenvolver suas doutrinas nos séculos seguintes à morte de Cristo, os desafios foram enormes como perseguições, dificuldades de transmitir conceitos de difícil compreensão como a Santíssima Trindade, para uma população inculta e supersticiosa, e a constante ameaça de crenças e ensinamentos hereges. Esses desafios obrigaram o clero e os teólogos católicos a serem vigilantes e proativos na formulação e disseminação de sua doutrina.

Os primeiros concílios da Igreja exerceram um papel semelhante aos dos senados e das universidades para padronizar as crenças e transformá-las em leis. Alguns pensadores brilhantes, como Santo Agostinho, Santo Atanásio de Alexandria, São Jerônimo e São Tomás de Aquino, dedicaram-se com absoluta devoção a compreender Cristo e seus ensinamentos. Quando as crenças cristãs desenvolveram-se e seus ensinamentos e práticas foram difundidos oficialmente, eles se tornaram parte do "depósito da fé", o grande alicerce da tradição da Igreja originária dos ensinamentos orais dos apóstolos, dos cânones do Novo Testamento e das decisões e decretos dos concílios.

A doutrina trinitária de um só Deus revelado em três pessoas distintas Pai, Filho e Espírito Santo, a natureza divina e humana de Cristo em sua encarnação como homem, sua presença real na Eucaristia, seu sofrimento e morte, e sua ressurreição para salvar a humanidade são os dogmas centrais da Igreja Católica. Todas as outras crenças e ensinamentos do cristianismo inspiraram-se nesses dogmas.

Acima: *A influência do Leste Europeu no início da Igreja Católica Apostólica Romana é evidente nesta ilustração russa de estilo bizantino do século VIII do primeiro Concílio Ecumênico de Niceia realizado na Turquia, em 325 d.C.*

À esquerda: *As três pessoas da Santíssima Trindade – Cristo, o Espírito Santo e Deus – foram retratadas nesta pintura do século XVII, de Pierre Mignard. O peito nu de Cristo é uma alusão à sua crucificação quando lhe tiraram as roupas.*

A SANTÍSSIMA TRINDADE

OS CATÓLICOS ACREDITAM NA TRINDADE DE DEUS, EM GERAL REPRESENTADA PELO PAI, UM HOMEM IDOSO IMPONENTE, O FILHO, POR UM JOVEM TRISTE E O ESPÍRITO SANTO POR UMA POMBA OU UMA CHAMA.

A crença na Santíssima Trindade é o dogma central da fé da Igreja Católica Apostólica Romana, mas é uma doutrina com um passado controvertido entre os cristãos. A Trindade é um paradoxo difícil de entender racionalmente. A doutrina preconiza que só existe um Deus eterno, onipotente e onisciente, sem princípio nem fim e o criador do Céu e da Terra, e de todas as coisas visíveis e invisíveis do mundo. No entanto, as três "pessoas" – o Pai, o Filho e o Espírito Santo – existem em um "único ser", Deus. As três são iguais e eternas, sem princípio nem fim.

Acima: *Nesta iluminura francesa do século XIII o "Criador do Céu e da Terra" mede sua matéria-prima com uma bússola. Essa imagem influenciou a obra* Ancient of Days *escrita por William Blake em 1794.*

À esquerda: *O mistério da Santíssima Trindade é descrito neste quadro europeu do século XV. As três pessoas, apesar da ligação profunda, mantêm sua individualidade, com Deus, o Pai, segurando o Filho crucificado, enquanto o Espírito Santo, personificado por uma pomba, pousa no halo de Cristo.*

O MESMO, MAS DIFERENTE

O Credo de Niceia aborda especificamente a natureza de Cristo, o Filho "gerado", mas não "criado", e enfatiza sua natureza eterna e que ele compartilha a substância do Pai mesmo quando é outra pessoa. O Espírito Santo "procede" do Pai e do Filho e é ser contínuo, um horizonte da existência eternamente em progresso. A palavra grega para "proceder" enfatiza a conotação "de origem, de proveniência". A palavra grega *perichoresis,* que significa "integração harmoniosa", é usada pelos teólogos para explicar como as pessoas da Trindade se fundem, porém se mantêm distintas.

SERES DIVINOS

Para a maioria dos católicos, as três pessoas da Santíssima Trindade têm atributos divinos específicos. O Pai é o criador do Céu e da Terra, e de todas as coisas visíveis e invisíveis do mundo, além de ser o interlocutor com Adão e Eva. O Filho tem uma natureza humana. Ele revelou a profundidade infinita de seu amor ao assumir sua identidade humana, ao conviver com os homens e seu sacrifício foi ao mesmo tempo humano e divino, com a reabertura da possibilidade de libertar o homem do pecado original de Adão e Eva.

O Espírito Santo, como seu nome indica, é a única pessoa divina sem uma forma humana na iconografia católica tradicional. Em geral, é representado por uma pomba ou uma chama, a forma com a qual, dez dias depois da ascensão de Cristo ao Céu, desceu para incentivar

Acima: *No batismo de Jesus, quando o Céu se abriu, o Espírito Santo desceu e ouviu-se a voz do Pai: "Este é meu Filho amado..." O quadro do século XVII de Guercino mostra a imagem poderosa de Deus, o Pai.*

os apóstolos a transmitirem a Palavra de Deus (o dia de Pentecostes na teologia católica). Em um sentido metafórico, seu papel como portador da graça divina e da sabedoria foi simbolizado como um vento forte, ou como a respiração de Deus. Também o chamam de "Paracleto", como referência ao seu papel de mentor espiritual ou guia.

UMA ÉPOCA CONTROVERTIDA

A doutrina trinitária foi um tema de discussão acalorada entre bispos e padres da Igreja nos primórdios do cristianismo. A controvérsia suscitada pelo arianismo, uma doutrina herege segundo a qual, o Filho de Deus não era Deus, e sim fora criado por Deus, instigou os bispos a estabelecer e definir a divindade imanente da trindade do Pai, do Filho e do Espírito Santo em um só Deus, como um dogma essencial da doutrina católica.

O arianismo argumentava que Cristo era inferior ao Pai, porque "em deter-

Acima: *O Espírito Santo é a única pessoa da Santíssima Trindade que não fala, mas quase é possível ouvir o sussurro de suas asas nesta iluminura francesa de c. 1490 do artista Jean Colombe.*

minado momento ele não estava lá", em outras palavras, houve uma época em que Cristo não existia. Cristo era descrito como um dos primeiros seres criados pelo Pai, não "gerado eternamente", mas sim apenas "gerado", o que negava sua natureza divina, sem princípio ou fim.

O Concílio de Niceia foi convocado em 325 d.C. por Constantino, imperador de Roma, em grande parte para combater o arianismo. O primeiro Credo de Niceia foi formulado nesse concílio e, em seguida, o Concílio de Constantinopla em 381 d.C. instituiu sua versão final. O Credo de Niceia ainda é rezado nas igrejas católicas.

A relação do Espírito Santo com o Pai e o Filho foi um tema ainda mais controverso. O Credo de Niceia de 325 d.C. dizia apenas "nós acreditamos no Espírito Santo". Em 381 d.C., a palavra o *filioque* ("e do filho") foi acrescentada ao texto, significando que o Espírito Santo "procede do Pai e do Filho". A divergência quanto à origem do Espírito Santo provocou a ruptura da Igreja Cristã do Oriente com a Igreja Romana no Grande Cisma do Oriente, em 1054.

A Santíssima Trindade

A palavra "trindade", do latim *trinitas,* significa a "união de três em um", não é mencionada na Bíblia, mas os evangelhos contêm referências à divindade do Pai, do Filho e do Espírito Santo. Depois que ressuscitou, Cristo disse aos apóstolos: "Ide, pois, fazei discípulos meus todos os povos, batizando-os em nome do Pai, do Filho e do Espírito Santo" (Mateus 28:20). A palavra "trindade", com referência a Deus, foi usada pela primeira vez no século III por Tertuliano, o filho de um centurião romano que se convertera ao cristianismo, um escritor prolífico que contribuiu para a evolução da teologia cristã nos séculos seguintes à morte de Cristo.

JESUS CRISTO, O REDENTOR

NA TEOLOGIA CATÓLICA, O PECADO ORIGINAL É UMA "MANCHA" METAFÓRICA COM A QUAL TODOS OS SERES HUMANOS NASCEM E, POR ESSE MOTIVO, CRISTO SE SACRIFICOU PARA SALVAR A HUMANIDADE.

O pecado original é uma herança, como uma doença genética, de Adão, o primeiro homem. O catecismo católico diz: "A raça humana está contida em Adão", porém, isso não significa que o pecado original é uma ação pecaminosa de Adão que imitamos ou recriamos, e sim um patrimônio trágico de termos nascido privados da graça divina concedida por Deus aos nossos ancestrais Adão e Eva. O poeta John Milton, embora não fosse católico, expressou com sensibilidade o conceito do pecado original:

> *A primeira desobediência do homem ao comer o Fruto da Árvore Proibida, cujo gosto mortal resultou em Morte e infelicidade no Mundo...*

Acima: *Como resultado do pecado original, a morte se apoderou de nós e nos expulsou do jardim do Paraíso. No quadro de Evelyn De Morgan,* O Anjo da Morte, *pintado em 1890, a Morte tem asas.*

O FRUTO PROIBIDO

Na descrição do Gênesis, Adão e Eva cometeram o pecado original ao comerem o fruto da Árvore do Conhecimento do Bem e do Mal, a única árvore que Deus proibira a Adão e Eva de comerem o fruto no Jardim do Éden. Eva foi tentada pelo Diabo disfarçado de serpente, que lhe disse que ela seria uma espécie de deusa e conheceria o bem e o mal. Eva comeu o fruto e, em seguida, Adão pegou o fruto das mãos de Eva e o comeu.

Como resultado da desobediência de Adão e Eva, o catolicismo prega que nascemos em estado de pecado, com nossas almas privadas da graça divina e sem estarem plenamente receptivas para receber o amor de Deus. O pecado do primeiro homem difundiu-se não só na humanidade, como também no mundo originalmente harmonioso criado por Deus, que se transformou em mundo conflituoso. Em vez de árvores frutíferas, Deus profetizou que da terra nasceriam espinhos e ervas daninhas. Depois de

Acima: *Eva, depois de ter comido o fruto proibido, deixa que a serpente coloque a maçã em sua mão ao se aproximar de Adão. Detalhe de um tríptico alemão do século XVI.*

comerem o fruto proibido, Adão e Eva perceberem envergonhados que estavam nus e esconderam-se. O pecado original causou conflitos entre os homens e o mundo, e o Paraíso criado por Deus voltou-se contra o homem.

Os católicos acreditam que a morte está associada à vida em razão do pecado original. Como uma reação direta à desobediência de Adão e Eva, Deus disse: "Comerás o pão com o suor do teu rosto, até voltares à Terra donde foste tirado. Pois tu és pó e ao pó hás de voltar" (Gênesis 3:19).

CORPO E ALMA

Embora o conceito de pecado original já existisse, ele só foi definido como doutrina no século V d.C. por Santo Agostinho de Hipona. Agostinho vivera uma vida dissoluta antes de sua conversão do maniqueísmo (um movimento religioso gnóstico) para o catolicismo e, portanto, tinha consciência da natureza pecadora do homem. O Segundo Concílio de Orange em 529 d.C. determinou que a morte física era o castigo do pecado original, enquanto a morte da alma era o pecado em si.

A ênfase da morte da alma resultava da destruição provocada pelo pecado original da união íntima com Deus. A desobediência de Adão e Eva nos privou da graça divina ao nascermos e essa perda foi responsável pela corrupção no mundo, como se a Criação perfeita do mundo tivesse sido maculada por uma imperfeição fatal, que a fragilizou insidiosamente. O pecado original também foi responsável pelo predomínio da cobiça de bens materiais e desejo de prazeres sensuais, ou a "concupiscência" que predominou sobre a razão.

A BUSCA DE REDENÇÃO

O contraponto à privação da graça divina é nossa capacidade de reencenar a tentação e a escolha de nossos primeiros ancestrais, mas desta vez individualmente, porque ainda temos o livre-arbítrio que Deus lhes havia dado, de escolher o caminho de Deus, ou *conversio ad deum*. A possível redenção pessoal é um resultado direto do sacrifício de Cristo ao Pai:

À direita: *O batismo é a nossa primeira defesa contra o pecado original. Neste alto-relevo em pedra pintada, Santo Agostinho, um homem que tivera uma vida dissoluta, e seu filho ilegítimo Adeodato são batizados por Santo Ambrósio.*

como um homem privado do livre-arbítrio escolheria rejeitar o amor de Deus (*adversio ad deum*) e satisfaria seu desejo egoísta; Cristo privado de seu livre-arbítrio não resistiria à tortura da cruz como o preço da redenção da humanidade. A palavra latina *redemptio* associa-se às palavras em grego e hebraico que significam "o pagamento de um resgate".

O sacrifício crucial de Cristo

No Concílio de Orange em 529 d.C. e no Concílio de Trento em 1546 d.C., os padres da Igreja definiram a doutrina da justificativa. Essa doutrina enfatizava que nossa redenção só seria possível com a mediação de Cristo, a aceitação da morte para nos libertar do pecado original. A redenção não pode ser obtida apenas com boas ações e um comportamento correto. Os padres da Igreja condenaram com um anátema (uma condenação doutrinária) os que acreditavam que poderiam se salvar sem o sacrifício de Cristo, em especial Pelágio da Bretanha, um monge irlandês, cujas crenças hereges provocaram as discussões do Concílio de Orange.

Pelágio acreditava que os homens poderiam se salvar com suas boas ações, o que minimizava o papel da graça divina. Na doutrina da Igreja, os homens precisam da graça que o sacrifício de Cristo concedeu à humanidade. Além disso, precisam da graça santificada que enche a alma com o batismo, a orientação do Espírito Santo por meio dos sacramentos e a obediência aos mandamentos de Deus para evitar a condenação às penas do Inferno e receber a graça da vida eterna ao lado de Deus.

Acima: *Segundo Pelágio (355-425 d.C.), os homens não herdavam o pecado original e poderiam se salvar sem o sacrifício de Cristo.*

A Eucaristia

Assim como a Santíssima Trindade, a Eucaristia, o ritual que celebra a Última Ceia de Jesus com os apóstolos, é o sacramento central da Igreja Católica.

O catecismo da Igreja Católica ensina que a Eucaristia é a "fonte e o ponto culminante da vida cristã". Para a maioria dos católicos é um sacramento muito especial, ao qual se tem acesso nos primeiros anos de vida e que se perpetua ao longo de gerações.

Quase todas as pessoas educadas na fé católica lembram-se da Primeira Comunhão como uma cerimônia solene, porém alegre, em que têm acesso pela primeira vez à Eucaristia, um dos mistérios centrais da fé. É uma ocasião muito especial, quando a criança percebe a dimensão espiritual do infinito ao participar desse ato individual.

Acima: *O momento mais sagrado da missa é a consagração quando o pão e o vinho se transubstanciam no corpo e sangue de Cristo, como retratado nesta imagem do século XV/XVI, de Giovanni di Giuliano Boccardi.*

A CEIA DO SENHOR

A palavra "Eucaristia" origina-se do grego *eucharistein*, "agradecimento, ação de graças". É o nome do sacramento da comunhão repetido ao longo dos séculos nas missas católicas. É uma referência à Última Ceia descrita com quase as mesmas palavras nos evangelhos de Mateus 26:26-28, Marcos 14:22-24 e Lucas 22:17-20. Na ceia da Páscoa com os discípulos, ciente que seria traído e condenado à morte, Jesus pegou o pão, partiu-o e o ofereceu aos apóstolos, dizendo: "Tomai e comei, isto é o meu corpo". Em seguida, pegou um cálice, agradeceu e estendeu-o para os discípulos: "Bebei dele todos, pois isto é o meu sangue da aliança, derramado por muitos para o perdão dos pecados". Durante a ceia, Cristo falou estas simples palavras: "Fazei isto em memória de mim". O pedido é o gênesis do sacrifício da Eucaristia em torno da qual uma grande religião mundial se formou. Em uma alusão à Última Ceia, a comunhão é às vezes chamada de a Ceia do Senhor.

Cristo realizou essas ações antes de morrer quando alimentou uma multidão que viera ouvi-lo pregar e estava com fome. Nas mãos de Jesus, os cinco pães e os dois peixes disponíveis milagrosa-

A ÚLTIMA CEIA

O famoso quadro de Leonardo da Vinci, *A Última Ceia* (1495-8), retrata a ceia pascal em que Cristo partiu o pão e ofereceu vinho aos apóstolos. O quadro dramatiza o momento descrito nos evangelhos quando Jesus "emocionado" diz: "Amém, amém, na verdade eu vos digo, um de vós me trairá". Os discípulos se entreolharam, sem saber de quem falava.

Apesar da agitação dos apóstolos ao redor da mesa provocada pelas palavras de Jesus, duas pessoas ficaram concentradas em seus pensamentos. A mão de Judas estende-se acima de um prato, ilustrando as palavras de Cristo, "Quem põe comigo a mão no prato, esse me trairá". Os outros apóstolos inclinam-se em direção a Jesus ou se entreolham. Judas afasta-se de Cristo sem tocar em ninguém, e enquanto os outros olham súplices para Cristo, Judas apenas o encara. Os braços de Cristo estão estendidos com as palmas das mãos viradas para cima em um gesto de submissão, mas, ao mesmo tempo, parece estar reunindo forças do Céu com suas mãos abertas. Embora Cristo não esteja olhando para Judas, seu rosto está virado em sua direção, como quisesse oferecer o rosto para ele beijar e, é com um beijo, que Judas entrega Cristo aos seus captores no dia seguinte.

Acima: *O quadro* A Última Ceia, *de Leonardo da Vinci, pintado no final do século XV não só retrata a última refeição de Jesus com os apóstolos, como também é uma cena cheia de simbolismo que precede a traição de Judas.*

mente foram suficientes para alimentar a multidão. Logo depois desse milagre, quando estava pregando na sinagoga em Cafarnaum, Jesus disse: "Eu sou o pão da Vida... Quem comer minha carne e beber meu sangue viverá para sempre; e Eu ressuscitarei no último dia".

O PÃO E O VINHO

Ao longo dos séculos, o principal ritual da missa é a transubstanciação do pão e do vinho no corpo e sangue de Cristo. O Concílio de Trento realizado em 1546 definiu que a Eucaristia era "o Corpo e o Sangue, junto com a Alma e a Divindade de Nosso Senhor Jesus Cristo e, portanto, Cristo está contido no sacramento da Eucaristia Sagrada".

Diversos teólogos tentaram definir a Eucaristia Sagrada como um símbolo do corpo e do sangue de Cristo, como o teólogo Huldrych Zwingli no século XVI, ou como a transferência dinâmica da eficácia do corpo e do sangue de Cristo para as almas dos eleitos, como no calvinismo, mas para a Igreja essas limitações da definição da Eucaristia são heresias.

Acima: *A Primeira Comunhão é um acontecimento importante na vida das crianças católicas. Neste quadro do final do século XIX, de Carl Frithjof Smith, uma menina colocou, orgulhosa, seu novo crucifixo ao redor do pescoço.*

Abaixo: *Interpretação literal da doutrina da transubstanciação do corpo e do sangue de Cristo neste quadro de Ugolino di Prete Ilario.*

A CONSAGRAÇÃO

A doutrina católica é específica no que se refere ao momento mais sagrado da missa, a consagração, quando o padre repete as palavras de Cristo na Última Ceia. "Este é o meu corpo" são palavras ditas quando o padre ergue o pão e "Este é o meu sangue" ao levantar o cálice de vinho e em todas as missas, quando ocorre o milagre da transubstanciação do pão e do vinho no corpo e no sangue de Cristo. Essa transformação é um mistério que só Deus conhece. O pão e o vinho convertem-se no corpo e no sangue de Cristo, enquanto seu aspecto terreno se mantém.

A Igreja afirma que, na essência e na realidade (não simbolicamente), a transubstanciação é a presença sacramental de Jesus Cristo na Eucaristia. A fim de evitar uma associação com o canibalismo, a Igreja não enfatiza, mas também não nega, que Cristo é uma presença física, como as pessoas que assistem à missa, e sim que é uma presença "real" porque é sua substância que está presente.

Os Credos Clássicos

Existem três credos clássicos na Igreja Católica: o dos apóstolos, o Credo de Niceia e o de Atanásio. Esses credos desenvolveram-se com o objetivo de proteger a Igreja de heresias.

Muitos católicos atuais repetem de cor o Credo de Niceia impresso na memória desde a infância. No entanto, talvez não saibam que nos séculos seguintes à morte de Jesus Cristo, quando o cristianismo ainda procurava uma definição de sua doutrina diante da incerteza, do perigo e da oposição, os credos representavam a verdadeira profissão de fé. Eles foram criados para combater as heresias, ensinar e promover a doutrina cristã e nas palavras do catecismo para serem "o selo espiritual e a essência da meditação".

Acima: *Um ícone grego do século XVIII mostra a imagem de Santo Atanásio, um bispo e teólogo egípcio chamado de o "Pai da Ortodoxia". Sua luta contra o arianismo foi importante para o desenvolvimento da doutrina da Trindade.*

O PRIMEIRO SISTEMA DE CRENÇA

O credo dos apóstolos é o mais antigo. Ele se originou no primeiro século após a morte de Jesus e sob a liderança de São Pedro, o primeiro Papa, os ensinamentos da Igreja disseminaram-se. Segundo as lendas na Idade Média, 12 apóstolos haviam elaborado o credo de Pentecostes no dia em que o Espírito Santo desceu do Céu para inspirá-los.

Cerca de dois terços do credo dos apóstolos dedicam-se a transmitir em linguagem objetiva as crenças sobre a identidade de Jesus Cristo, porque nos cinco primeiros séculos de existência do cristianismo, quando o credo dos apóstolos foi formulado, o gnosticismo era uma heresia influente. Os seguidores dessa doutrina acreditavam que o mundo material era intrinsecamente corrupto (mais do que a "tendência a pecar" do pecado original) e, portanto, embora acreditassem que Jesus era Deus, negavam a natureza humana de Jesus que tinha vivido em meio aos seus semelhantes e morrido na cruz.

Ao negarem a natureza humana de Cristo, os gnósticos também negavam que morrera para salvar a humanidade, uma contradição visível da essência da

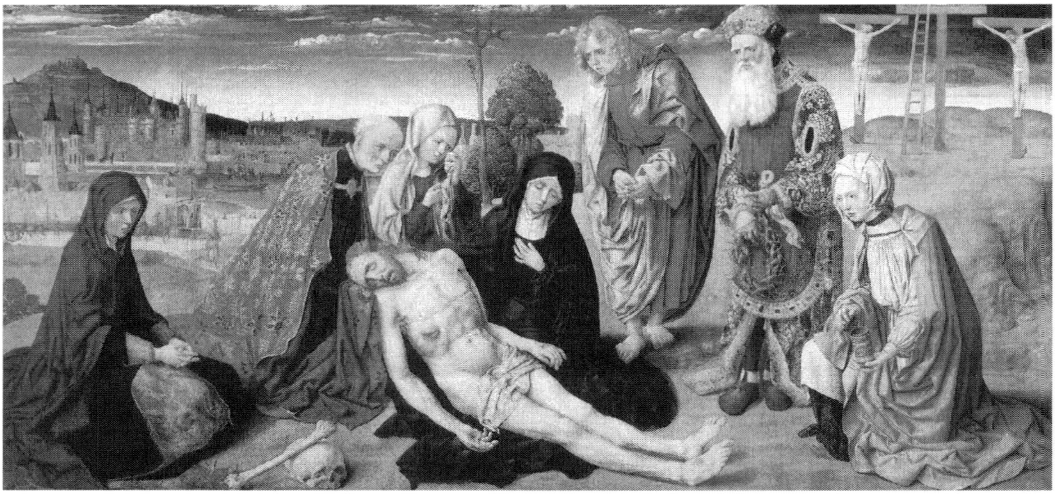

Acima: *O corpo ferido de Jesus destaca-se nesta paisagem contemporânea, uma tentativa de um artista francês do século XVI de refutar a doutrina gnóstica, que negava a natureza humana de Cristo.*

doutrina católica. O credo dos apóstolos rejeita essa heresia gnóstica, com o argumento da história corpórea de Cristo na Terra, um homem que "havia sofrido, morrido e tinha sido enterrado". Esse credo foi usado como uma profissão de fé pelos primeiros cristãos ao serem batizados e ainda faz parte do ritual do batismo.

DA MESMA SUBSTÂNCIA DO PAI

O segundo credo clássico, o Credo de Niceia, ou Credo Niceno-Constinopolitano, esclareceu a posição de Jesus. O credo foi elaborado no século IV e ainda é aceito na Igreja Católica e na Igreja Ortodoxa. Durante o século IV, o arianismo, que difundia a ideia de Jesus ser uma divindade inferior à do Pai, disseminou-se de tal forma que ameaçou a estabilidade do Império Romano. No Édito de Milão (313 d.C.), quando Constantino declarou que os cristãos podiam praticar sua religião em liberdade, sem necessidade de se esconder, as discussões referentes à doutrina católica ficaram ainda mais contundentes.

Então, Constantino convocou o Concílio de Niceia (atual Turquia) para discutir os dogmas controversos do cristianismo. O Credo de Niceia, elaborado no concílio, afirmou em uma de suas frases mais significativas que Jesus tinha "a mesma substância do Pai". É importante destacar que a palavra grega usada nessa frase, *homoousios*, "consubstanciação", a união de dois corpos na mesma substância, diverge da palavra *homoiousios*, que significa "semelhante", mas não da mesma substância.

Em 381 d.C., o credo foi revisto com a finalidade de enfatizar a crença no Espírito Santo. Em 325 d.C., o texto dizia: "Cremos no Espírito Santo", mas na versão posterior o texto adotou a terceira pessoa do singular em "Crê no Espírito Santo".

Acima: *Simão Mago, retratado nesta iluminura de um manuscrito francês do século XIV, foi um professor gnóstico e um mágico chamado de o "primeiro herege". Segundo a lenda, ele morreu ao cair do fórum romano quando tentava provar a São Pedro que conseguia voar.*

Abaixo: *As mãos enormes da Madona abraçam o menino Jesus neste quadro do século XV-XVI, de Giovanni Bellini. Jesus segura o polegar da Virgem Maria, embora revele sua divindade com o gesto da bênção.*

O CREDO DE ANATÁSIO

O credo de Atanásio, o mais dogmático dos três credos clássicos, é uma profissão de fé sobre a natureza da Trindade e da reencarnação (em especial em relação à natureza divina e humana de Jesus). O credo também afirma a necessidade absoluta de crença nessas doutrinas para obter a salvação.

O credo foi escrito com uma série de declarações formuladas como uma tentativa de eliminar todas as heresias que contestavam a Santíssima Trindade e a natureza de Cristo, entre elas o arianismo, o modalismo, o sabelianismo, o apolinarismo e o eutiquianismo. O credo continha uma série de cláusulas referentes a duas escolhas dogmáticas: a crença ou o caminho das penas do Inferno. E concluía: "Esta é a fé católica e sem a crença profunda nela o homem não se salvará."

De origem desconhecida

O credo de Atanásio também é chamado de Símbolo Quicunque em razão de suas primeiras palavras em latim, "*Quicunque vult salvus esse...*" ("Quem quer que queira ser salvo..."). A tradição atribui a autoria do credo de Atanásio ao bispo de Alexandria, Atanásio, que viveu no século IV, mas é uma afirmação incorreta. Apesar da existência de teorias plausíveis sobre suas origens, nenhuma delas é conclusiva. No entanto, os estudiosos tendem a concordar que foi escrito na França em meados do século V.

O Catecismo

Com a finalidade de ajudar os fiéis a aprender as crenças da Igreja Católica, os importantes ensinamentos teológicos foram resumidos nos catecismos.

A palavra latina *catechismus* do grego *katechesis* significa instrução oral. O "catechumen" é a pessoa que está aprendendo os princípios, dogmas e preceitos da doutrina religiosa. O Novo Testamento relata a seguinte passagem da vida de Jesus Cristo, quando tinha 12 anos:

> *Acabados os dias de festa, três dias depois o encontraram no Templo sentado no meio dos doutores, ouvindo e fazendo perguntas. Todos que o escutavam maravilhavam-se com sua inteligência e suas respostas. (Lucas 2:46).*

Acima: *Peter Canisius (1521-97), retratado neste quadro do século XVII de um artista flamengo, escreveu três catecismos em latim e alemão, assim como ajudou a fundar a Universidade de Fribourg, Suíça, ainda hoje uma faculdade de teologia importante.*

Acima: *O jovem Jesus inverteu a ordem hierárquica ao ensinar os rabinos no Templo. Neste quadro do século XV-XVI, de Albrecht Dürer, Jesus surpreendeu-os com sua sabedoria precoce.*

AS PALAVRAS ESCRITAS

O catecismo são instruções doutrinárias escritas. É formulado com perguntas e respostas, porque este era o método que a Igreja considerava o melhor para ensinar a doutrina religiosa de uma maneira correta e uniforme. Uma forma importante de ensinar uma religião na qual não poderia haver ambiguidade de sentido, interpretações equivocadas que fomentariam heresias.

No início da história do cristianismo as instruções doutrinárias escritas eram raras, uma deficiência que contribuiu para a vulnerabilidade do movimento da Reforma protestante. No século XV, os padres das paróquias, com um conhecimento medíocre de teologia, não tinham condições de ajudar os paroquianos confusos. Os ensinamentos mal transmitidos e as interpretações equivocadas das doutrinas complexas, como a indulgência plenária, induziram a práticas corruptas, como a venda de indulgências. Martinho Lutero foi um dos reformadores que criticaram essas práticas e muitos católicos aderiram ao protestantismo.

O primeiro catecismo foi publicado em Viena em 1555 pelo padre jesuíta holandês Peter Canisius, que compilou em um único volume 222 perguntas e duas mil citações das Sagradas Escrituras. Séculos depois esse catecismo ainda é o preferido de teólogos e historiadores. No entanto, ao ser publicado, era sofisticado demais para ajudar os padres e os paroquianos.

Acima: *Fundada em 1253 pelo capelão de Luís V, a Sorbonne é uma instituição de educação, uma escola de teologia famosa por sua influência, mas de visão conservadora.*

A EDUCAÇÃO DO CLERO

A Igreja seguiu a recomendação do Concílio de Trento realizado no século XVI de "(...) formular um método para ensinar os rudimentos da fé, a fim de ser usado por padres e professores". Seria um catecismo simples que ajudaria os padres em suas pregações aos fiéis. Esse catecismo romano foi publicado em 1566 e, em seguida, o traduziram para as línguas vernáculas dos países católicos.

O catecismo romano foi escrito com a intenção de ensinar as doutrinas da Igreja ao clero. Os bispos, por sua vez, orientavam os padres a memorizar os ensinamentos e transmiti-los aos paroquianos. O catecismo romano contou com a colaboração de importantes teólogos e cardeais da época e sua autoridade é incontestável.

VERSÕES MODERNAS

Novos catecismos continuaram a ser escritos. O catecismo de Baltimore é o mais divulgado nos Estados Unidos. Em 1829, os bispos queriam um catecismo mais adaptado à realidade dos americanos católicos. O *Catechism of Christian Doctrine, Prepared and Enjoined by Order of The Third Council of Baltimore* foi publicado

A Disciplina do Segredo

Nos primórdios da Igreja, durante e logo após as perseguições dos romanos, a transmissão das doutrinas e dos ritos misteriosos da nova religião chamada cristianismo era feita com grande discrição. Os fundamentos da revelação gradual dos mistérios das Sagradas Escrituras resumem-se nas palavras de Mateus 7:6: "Não deis o que é santo aos cães nem jogueis vossas pérolas aos porcos, para que estes as esmaguem com suas patas e, que se voltando contra vós, vos dilacerem."

A revelação gradual das doutrinas e rituais da Igreja denominou-se Disciplina do Segredo. Os cristãos achavam que as doutrinas da Santíssima Trindade e da Eucaristia só podiam ser reveladas aos noviços após uma preparação cuidadosa, porque os incultos poderiam interpretá-las como triteísmo (a Trindade) e canibalismo (a Eucaristia). À medida que o cristianismo evoluiu e se fortaleceu, a prática da Disciplina do Segredo começou a diminuir e em grande parte desapareceu no século V d.C.

em 1855 e é considerado o catecismo padrão dos EUA. Ainda existe uma edição moderna do catecismo de Baltimore.

A elaboração de um novo catecismo, *Compêndio do Catecismo da Igreja Católica*, foi iniciada no 20° aniversário do Segundo Concílio do Vaticano. Concluído pelo Papa João Paulo II, o catecismo foi publicado pelo Papa Bento XVI em 2005.

Acima: *Imagem de uma freira das Missionárias da Caridade, uma ordem religiosa fundada por Madre Teresa de Calcutá. As freiras ainda usam o método tradicional do ensino oral.*

De acordo com as Sagradas Escrituras

No catolicismo, as Sagradas Escrituras, a Palavra de Deus, foram transmitidas pelos apóstolos inspirados pelo Espírito Santo. Elas são consideradas a revelação divina na forma escrita.

As Escrituras que constituem os cânones sagrados da Bíblia são aceitas como genuínas pela Igreja. Segundo o catolicismo, o Antigo Testamento, escrito muito antes do nascimento de Cristo, é uma "preparação produtiva e sólida" para as revelações de Cristo no Novo Testamento. O Antigo Testamento anunciou a vinda do Messias que, de acordo com o catecismo católico, foi um anúncio que se "realizou plenamente" no Novo Testamento. Os livros do Antigo Testamento transmitiram:

> *...um sentido vívido de Deus, com sublimes ensinamentos sobre Deus, sólida sabedoria a respeito da vida humana e um tesouro maravilhoso de preces, nas quais o mistério da salvação está presente de uma forma encoberta.*

A "tipologia" é a palavra que descreve a visão das revelações do Novo Testamento anunciadas nos livros e histórias do Antigo Testamento.

Acima: *Moisés estende um braço protetor ao redor da segunda tábua em pedra escrita por Deus (As Tábuas da Lei) neste quadro do século XVII do pintor Laurent de La Hyre. Mas Moisés quebrou as primeiras tábuas da lei quando viu seu povo adorando um bezerro de ouro.*

O DEPÓSITO DA FÉ

Ao contrário do protestantismo, para a Igreja Católica as Escrituras não são a única fonte da revelação divina. Esse foi um tema importante de discussão durante a Reforma, com os argumentos dos protestantes que a crença exigia uma evidência específica ou *sola scriptura* ("prova das Escrituras"). A Igreja Católica, por sua vez, argumentou que as Escrituras precisavam ser lidas segundo uma perspectiva da tradição sagrada, que incluía outros ensinamentos e crenças tradicionais, doutrinas às quais a Igreja se referia como "depósito da fé". Esses ensinamentos e crenças haviam sido revelados por Jesus aos apóstolos e, após sua morte, foram transmitidos pelos discípulos e padres da Igreja ao longo dos séculos.

Ao mesmo tempo, a Igreja não incentiva as interpretações individuais das Sagradas Escrituras, sobretudo, quando não se fundamentam em estudos sólidos. A autoridade principal das interpretações das Escrituras é o magistério,

À esquerda: *Joseph Ratzinger fez um extenso comentário referente aos métodos modernos de exegese da Bíblia em sua conferência em 1988 sobre Erasmo, "Interpretação Bíblica da Crise".*

a autoridade doutrinal, moral e intelectual vinculada ao episcopado e ao Supremo Pontífice. Essas interpretações, segundo a doutrina cristã, são infalíveis porque se inspiram no Espírito Santo. A Igreja Católica incentiva o estudo profundo da Bíblia, para que os leitores não façam interpretações dos textos bíblicos de acordo com suas reações emocionais subjetivas.

OS ANTECEDENTES

Na "Interpretação da Bíblia pela Igreja", um documento escrito em 1993 pelo cardeal Joseph Ratzinger (eleito Papa Bento XVI em 2005), o cardeal afirmou que a leitura da Bíblia seria mais apreciada se os leitores conhecessem os fatos relacionados à sociedade, história, línguas e geografia que haviam influenciado seus escritores. Com essa abordagem de "crítica histórica", o cardeal Ratzinger observou que a "palavra eterna" de Deus, a Bíblia, havia sido escrita em períodos históricos específicos e que os leitores deveriam conhecer os detalhes culturais e sociais dessas épocas para compreender o texto com mais precisão.

No entanto, uma ênfase maior no entendimento do texto obscureceria o que a Igreja se referia como "sentido espiritual", uma dimensão das Sagradas Escrituras que se estendia muito além da realidade dos textos de livros comuns. O cardeal advertiu que os métodos históricos e gramaticais modernos de interpretação poderiam distanciar o leitor das palavras originais de Deus, se houvesse muita ênfase na dimensão humana das palavras.

Segundo o cardeal Ratzinger, na exegese (ou interpretação) dos textos bíblicos, como a Palavra de Deus exigia, todos os métodos possíveis de interpretação – históricos, filológicos e sociológicos – poderiam ser usados. Era essencial que os católicos tivessem em mente que o principal objetivo de seus estudos era o aprofundamento da fé.

À esquerda: *A exegese bíblica, a explicação crítica do texto, tem vários enfoques. A Bíblia medieval francesa, Moralisée de c. 1230, intercala passagens bíblicas com lições morais ou alegóricas.*

Testamentos diferentes

A Bíblia protestante e a católica têm números diferentes de livros canônicos em seus respectivos Antigos Testamentos. A Bíblia católica tem 46 livros e a protestante 39 livros. O motivo dessa diferença remonta à antiga história política e religiosa. Para os primeiros cristãos, o *Septuagint* (setenta em grego, referindo-se aos setenta tradutores do hebraico para o grego) da versão judaica do Antigo Testamento haviam tido uma inspiração divina. Quando o *Septuagint* foi traduzido do hebraico para o grego, ele continha sete novos livros em grego que não existiam em hebraico, mas também faziam parte do cânone de inspiração divina pelos judeus na época de Jesus.

Em 100 d.C., os judeus eliminaram os livros não hebraicos de seus cânones chamados Deuteronômio (segundo cânone, porque eram livros novos). Os cristãos decidiram manter os sete livros que, segundo eles, na época de Cristo haviam sido textos de inspiração divina. Mas, em 1517, durante a Reforma, Martinho Lutero defendeu o antigo cânone hebraico, em parte por suas objeções às menções ao Purgatório no Deuteronômio. Ainda hoje, muitas Bíblias protestantes incluem os sete livros no final da obra e referem-se a eles como livros apócrifos (sem autoridade canônica). Os livros apócrifos são: Baruc, o primeiro e segundo livro dos Macabeus, Tobias, Judith, Eclesiástico (ou Sirácida) e Sabedoria.

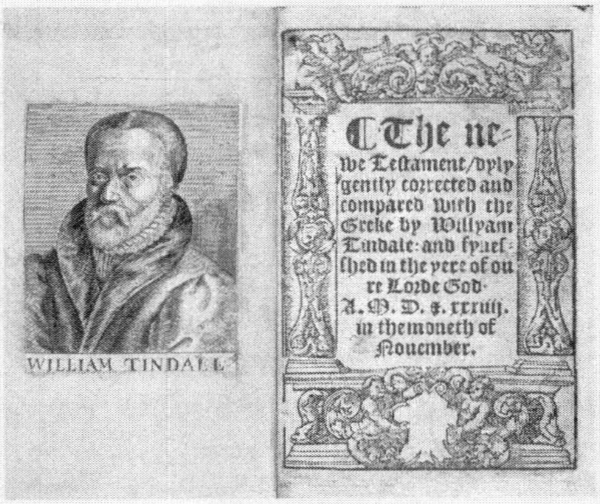

À direita: *A tradução para o inglês do Novo Testamento de William Tyndale (1494-1536) foi a primeira versão baseada nos textos em hebraico e grego.*

Os Evangelistas

A tradição da Igreja Católica atribui a autoria dos evangelhos do Novo Testamento aos "quatro evangelistas", Marcos, Mateus, Lucas e João.

A palavra "evangelista" origina-se do grego "aquele que proclama as boas novas" e, portanto, os escritores dos evangelhos descreveram em palavras a vida de Jesus, a fim de inspirar outras pessoas para quem Jesus era Deus. O primeiro Evangelho, o de Marcos, foi escrito quarenta anos depois da ressurreição de Jesus. Nesse interim, os relatos sobre Jesus eram só orais e os evangelistas adaptaram a tradição oral aos textos dos quatro evangelhos escritos em cerca de 65 a 100 d.C.

Acima: *Os retratos dos quatro evangelistas transmitem simbologia e erudição e cada um deles segura seu precioso Evangelho (escola grega, século XVIII).*

AUTOR DESCONHECIDO

Os estudiosos laicos da Bíblia em geral concordam que a autoria dos evangelhos é desconhecida; a substituição do título "de acordo com..." (para "de") Mateus, Marcos, Lucas e João foi feita no final do século II. Os estudiosos laicos também acreditam que os evangelhos foram escritos segundo a tradição oral dos relatos, e não por evangelistas específicos. No entanto, apesar de reconhecer a precisão da posição dos historiadores, a Igreja declarou que o debate acadêmico a respeito da autoria específica dos evangelhos era irrelevante. Em *Dei Verbum* (ou "Palavra de Deus"), uma "constituição dogmática sobre a revelação divina" promulgada pelo Papa Paulo VI em 1965, a Igreja afirmou que quem quer que tenha "escrito" os evangelhos havia sido inspirado pelo Espírito Santo, e que o verdadeiro autor era Deus. Ou seja, para a Igreja eram textos sagrados e canônicos ou, em outras palavras, os autores, não importa quem, haviam recebido inspiração divina.

À esquerda: *Segundo a tradição, São Lucas pintou alguns dos primeiros ícones da Virgem Maria. A imagem de São Lucas retratando a Virgem Maria foi um tema muito explorado na arte, como neste quadro do século XVI de Maerten van Heemskerck.*

Quatro Símbolos Unidos pelo Espírito

Acima: *Ilustração dos símbolos dos quatro evangelistas nesta página introdutória do Evangelho de Mateus, do* The Book of Kells.

Durante séculos, os quatro evangelistas foram retratados em iluminuras magníficas da iconografia cristã. Na simbologia cristã eles eram descritos como "as quatro pessoas" que ficaram ao lado do trono de Deus no Apocalipse e do profeta Ezequiel. Com asas e "olhos vigilantes" eram os testemunhos enfáticos da majestade e poder de Deus. De acordo com a tradição, um leão simbolizava Marcos; um boi, Lucas; um homem, Mateus; e uma águia, João. Cada um deles tinha determinadas virtudes: o leão de Marcos tinha um porte majestoso e era corajoso; o boi de Lucas era o símbolo da resistência ao sofrimento e ao sacrifício; o homem de Mateus indicava a primazia do intelecto humano; e a águia de João, o espírito e um desejo profundo de atingir uma meta.

The Book of Kells, o manuscrito do século IX com iluminuras extraordinárias produzido por monges irlandeses na ilha de Iona, dedicou uma página inteira aos quatro símbolos. Com frequência, eram guardiões nos portais das igrejas medievais e brilhavam na luz dos antigos vitrais. Os símbolos dos evangelistas são quase sempre representados juntos, um reflexo das belas palavras de Santo Irineu de Lyons (120-202 d.C.): "Ele que se manifestou como ser humano, nos ofereceu os evangelhos sob quatro aspectos, mas unidos por um só Espírito."

OS ORADORES

Na tradição cristã, os evangelistas são descritos como quatro pessoas diferentes. Marcos se juntara a Paulo em seu trabalho de missionário e foi um seguidor de Pedro. Mateus, um dos apóstolos, era um coletor de impostos da Galileia. Lucas, outro missionário que se uniu a Paulo, era um médico grego e, segundo a lenda, foi o primeiro cristão pintor (ele é retratado muitas vezes com um pincel na mão e, também de acordo com a lenda, pintou a Nossa Senhora negra

***À direita:** Cristo anda sobre a água neste quadro do século XX de Fréderic Montenard, como descrito nos evangelhos de Mateus, Marcos e João. O milagre fora relatado no Antigo Testamento quando o Rio Jordão abre-se ao meio para dar passagem a Josué. Jesus é o nome latino do Josué hebraico.*

de Czestochowa, o objeto de culto principal de um santuário na Polônia). João era o apóstolo mais jovem e um discípulo a quem Jesus amava.

OS EVANGELHOS "SINÓPTICOS"

Os três primeiros evangelhos, o de Marcos, Mateus e Lucas, semelhantes em seu conteúdo, são chamados de "Evangelhos Sinópticos", textos "vistos com o mesmo olhar". Na opinião de estudiosos, os evangelhos sinópticos têm a mesma fonte, embora perdida, a fonte "Q" (do alemão *Quelle*, "fonte"). O Evangelho de João com características bem distintas é chamado de evangelho "dissidente".

Cada Evangelho tem um estilo próprio. O de Marcos descreve a "ação" da missão de Cristo, com os relatos da maioria dos milagres em um ritmo rápido, como mostra a palavra "imediatamente" escrita 39 vezes. O de Lucas tem mais parábolas e o estilo científico de suas origens como médico. Em suas palavras iniciais, Lucas diz que o Evangelho é o relato da busca do conhecimento. O Evangelho de Mateus inicia-se com a genealogia de Jesus, faz referências frequentes ao Antigo Testamento e enfatiza Jesus como o Messias prometido. É um Evangelho escrito basicamente para a comunidade judaica.

O Evangelho de João inicia-se com a famosa passagem: "No princípio era a Palavra e a Palavra estava com Deus; e a Palavra era Deus". O Evangelho de João é o mais espiritual de todos os quatro e o único com uma vocação evangelizadora, como na passagem em que menciona a finalidade do Evangelho: "Jesus ainda fez muitos outros sinais na presença dos discípulos, mas não foram escritos neste livro. Estes, porém, foram escritos para crerdes que Jesus é o Cristo, o Filho de Deus, e para que crendo, tenhais a vida em seu nome" (João 20:30,31). O Evangelho de João é o único a não descrever a cena em que Jesus oferece o pão e o vinho aos discípulos na Última Ceia, que deu origem ao sacramento da Eucaristia. Mas relata o momento em que Jesus lava os pés dos discípulos.

A VIRGEM MARIA

HOJE, MUITOS CATÓLICOS VIVEM CERCADOS POR IMAGENS DA VIRGEM MARIA, MAS SÓ NO SÉCULO V D.C. A POSIÇÃO ÚNICA DE MARIA COMO MÃE DE DEUS FOI RECONHECIDA.

A proeminência da posição de Maria no panteão da Igreja Católica foi um processo lento. São Paulo não mencionou o nome de Maria, mãe de Jesus, em suas duas epístolas. A Bíblia não descreve o destino de Maria após a crucificação de Jesus Cristo. Os Atos dos Apóstolos 1:14 faz a última menção a Maria quando rezava com os apóstolos depois da ascensão de Jesus ao Céu e pouco antes de Pentecostes. As Escrituras também não mencionam detalhes sobre a morte de Maria.

A MÃE DE DEUS

A posição de Maria na Igreja começou a se fortalecer depois que o Concílio de Éfeso em 431 d.C. declarou que ela era a *Theotokos* ("portadora de Deus" em grego). Esse conceito foi discutido durante muito tempo pelos primeiros teólogos. Essa aceitação do título de *Theotokos* foi um meio que os Padres da Igreja encontraram para formular o conceito da natureza humana e divina indivisível de Cristo. O título oficial de "portadora de Deus" significava que ela deu à luz não só um "homem" com aspecto de Deus, como dizia Nestório, o bispo de Constantinopla do século III, que fazia distinção entre as naturezas humana e divina de Cristo. Ao chamar Maria de *Theotokos,* os teólogos reafirmaram a doutrina da natureza divina e humana de Cristo.

Acima: *Enquanto Jesus estava pendurado na cruz, colocou Maria sob a proteção do apóstolo João, como retratado neste quadro de Rogier van der Weyden. Cristo disse para a mãe: "Mulher, aí está o teu Filho". Depois disse para o discípulo, "Aí está a Tua mãe".*

UMA PRECE PARA MARIA

Só depois do Concílio de Éfeso, a Igreja começou a promover rituais litúrgicos em homenagem a Maria, com a primeira prece *Sub Tuum Praesidium* ("Sob a Vossa Proteção") datada *c.* 250 d.C. A prece é

Abaixo: *Maria estende seu manto em um gesto de proteção neste quadro pintado por Jean Miralhet em c. 1422. A prece do século III, Sub Tuum Praesidium, começa com a frase: "Sob vossa proteção encontramos refúgio, oh Theotokos".*

um pedido a Maria para ser uma intercessora entre a humanidade e Deus. O Papa João Paulo II mencionou esse papel importante de Maria como mediadora na encíclica *Redemptoris Mater* promulgada em 1987, com a observação que ela intercedia "(...) Não como uma estranha, mas sim em sua posição de mãe". Maria, um ser humano e mãe de Deus, tem, ao mesmo tempo, um cuidado especial com a humanidade e uma intimidade única com o Filho. Como uma mãe sofredora, ela conquistou o direito de ser uma conselheira, até para Deus.

A CONCEPÇÃO SEM PECADO ORIGINAL

Existem três doutrinas católicas referentes à Maria. A Imaculada Conceição afirma que entre os seres humanos, só Maria foi concebida sem a mácula do pecado original. "(...) A abençoada Virgem Maria, desde o primeiro momento de sua concepção, pela graça e privilégio de Deus Todo Poderoso e dos méritos de Jesus Cristo, não foi maculada pelo pecado original."

O dogma afirma ainda que nenhum outro ser humano recebeu esse privilégio de Deus. Além da lógica que a mulher que daria à luz e criaria Jesus não teria uma natureza pecadora, a doutrina também concede um papel especial a Maria, não de Redentora, como Cristo, mas de um caminho da salvação possível por meio da submissão e obediência à Virgem Maria.

A VIRGINDADE ETERNA

Maria era virgem quando concebeu Jesus Cristo apesar da gravidez e de ter dado à luz. A Virgindade Eterna nas palavras do Concílio de Latrão (649 d.C.) diz que Maria "concebeu sem prejuízo de sua virgindade, que permaneceu inviolável mesmo depois do nascimento de Jesus". A virgindade, de Maria é um dogma aceito pela maioria dos Padres da Igreja, embora Tertuliano discordasse.

A doutrina proporcionou um protótipo para o movimento monástico que se fortaleceu na Igreja a partir do século IV, com Santo Antônio. O celibato de Maria também deu origem à metáfora

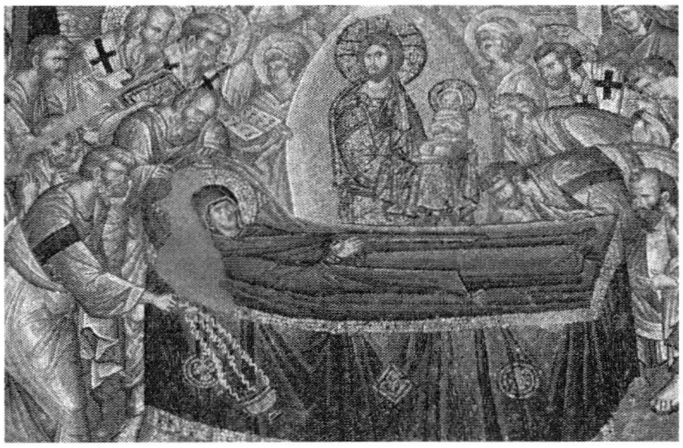

Acima: *Na tradição da Igreja Ortodoxa, a Dormição de Maria mostra que ela morreu de morte natural cercada pelos apóstolos, exceto por Tomé, que chegou tarde demais. A cena da morte é retratada neste mosaico bizantino do século XIV.*

"casada com Cristo" e a devoção a Cristo incorpora todas as outras. A Igreja é chamada de a noiva ou esposa do Cordeiro, as freiras são noivas de Cristo e a Igreja mantém-se irredutível quanto ao celibato de padres e freiras. Portanto, a devoção do clero a Deus permanece imutável diante dos votos terrenos.

A ASSUNÇÃO DE NOSSA SENHORA

Comemorada pela Igreja no dia 15 de agosto, a Assunção é um dogma que declara, "(...) Tendo completado o curso de sua vida terrena, Maria foi recebida, de corpo e alma, na glória celeste". Esta foi a declaração solene da constituição apostólica *Munificentissimus Deus,* do Papa Pio XII, promulgada em 1950. Nessa definição dogmática, o Papa Pio XII usou, *ex cathedra*, pela primeira vez a prerrogativa papal desde a declaração da infalibilidade do papa em 1870.

O decreto de Pio XII deixou em aberto a questão se Maria teria morrido

O AMOR MATERNAL

Apesar das doutrinas pouco usuais que cercam Maria, o fascínio que exerce nos católicos talvez esteja relacionado a um fato simples: a maternidade. A relação familiar e a ideia que Jesus sentia um amor especial por Maria, como revelado ao transformar a água em vinho no casamento em Caná, inspiram essa atração especial. Algumas de suas últimas palavras na cruz dirigiram-se a Maria, quando pediu ao apóstolo João para cuidar dela. Essas ações são compreensíveis para os seres humanos, mesmo com a natureza divina de Cristo. A emoção é um sentimento poderoso e por meio de Maria é possível sentir a emoção de Cristo.

Acima: *Maria apoia o rosto na cabeça do Filho, com quem se parece muito. Este quadro* Virgem e o menino, *pintado por Rafael no século XVI, destaca a união maternal.*

ou não antes de subir ao Céu. Mas antes da declaração do Papa já existiam relatos de santos como Gregório de Tours e João de Damasco sobre a Assunção de Nossa Senhora.

A Igreja Ortodoxa é mais explícita em relação à morte de Maria. Segundo seus relatos, 11 apóstolos estavam ao seu lado no momento da morte. Os católicos ortodoxos também celebram a Assunção em 15 de agosto e referem-se à sua morte como a Dormição de Maria (o ato de adormecer). E acreditam, assim como os católicos ocidentais, que seu corpo subiu ao Céu depois de enterrado. Qualquer que seja a teoria da morte de Maria, para a maioria dos católicos a Assunção é uma antevisão da redenção final dos católicos praticantes no Juízo Final.

As aparições da Virgem Maria

As narrativas das aparições da abençoada Virgem Maria prolongaram-se por muitos séculos. A Igreja Católica refere-se a essas visões como "revelações privadas".

É provável que a revelação mais antiga da Virgem Maria seja de 40 d.C. Essa aparição ocorreu antes da ascensão de Maria ao Céu, quando o apóstolo Tiago que estava na Espanha com a missão de divulgar o evangelho, teve uma visão da Virgem Maria em cima de uma coluna de mármore. Maria pediu ao apóstolo que construísse uma igreja no local e essa foi a primeira das milhares de igrejas dedicadas à abençoada Virgem Maria.

Acima: *A Virgem Maria é retratada em cima de uma coluna carregada por anjos neste quadro de c. 1629, de Nicolas Poussin. A Virgem apareceu diante do apóstolo Tiago quando ele rezava às margens do Rio Ebro em Saragoça, Espanha.*

GUADALUPE

As três aparições mais importantes da Virgem Maria ocorreram em Guadalupe no México, em Lourdes na França e em Fátima em Portugal. A de Guadalupe é especial por causa de Juan Diego, um visionário asteca recém-convertido ao cristianismo. Diego teve a visão de Maria em 1531 no local de um antigo

À esquerda: A basílica de Guadalupe no México é o santuário católico mais visitado no mundo. Na festa de Nossa Senhora de Guadalupe, milhares de pessoas fazem uma peregrinação ao local, algumas de joelhos.

templo de deuses astecas e como prova de sua revelação a Virgem Maria deixou sua imagem impressa no tilma, um tipo de manto feito de fibra de cacto, de Juan Diego.

A imagem e o manto preservaram-se e, hoje, mais de quatro séculos depois, o manto protegido por um vidro à prova de bala está exposto na basílica construída em Guadalupe. A visão de Juan Diego influenciou a conversão de muitos índios mexicanos ao cristianismo, apesar da resistência inicial em razão do domínio espanhol.

LOURDES E FÁTIMA

A aparição mais conhecida da Virgem é de Lourdes, quando Nossa Senhora apareceu à frente de uma jovem pastora assustada e doente. Maria só pediu que a garota rezasse o rosário e fizesse uma penitência. No entanto, a devoção sincera, simples e intensa de Bernadette Soubirous impressionou tanto os clérigos que a examinaram, que Bernadette é um exemplo da fé visionária aos olhos da Igreja. Lourdes também é conhecida pela fonte Massabielle abençoada pela Virgem e que já fez curas inexplicáveis.

Fátima é famosa pela quantidade de aparições e pela loquacidade da Virgem Maria. A Virgem apareceu seis vezes em 1917 para três crianças e previu o final da Primeira Guerra Mundial, mas advertiu que uma guerra ainda pior aconteceria. Maria deu uma breve visão do Inferno às crianças e pediu que a Rússia (as aparições ocorreram na época da revolução bolchevique) se consagrasse à devoção mariana do Imaculado Coração de Maria.

O Papa João Paulo II, que atribuiu à intervenção de Nossa Senhora de Fátima o fato de ter sobrevivido a uma tentativa de assassinato durante a festa em homenagem à Virgem de Fátima, fez essa consagração em maio de 1984. Como um gesto de apelo cristão à Rússia, o Papa mencionou que os países "precisavam em especial... de serem consagrados".

AS PRINCIPAIS REVELAÇÕES

Pelo menos 75 visões, ou revelações privadas, foram registradas ao longo dos séculos, mas a Igreja só reconheceu como "genuínas" trinta revelações. Entre elas, estas são as nove principais aparições da Virgem Maria:

Guadalupe (México, 1531)
Rue de Bac (França, 1830)
La Salette (França, 1846)
Lourdes (França, 1858)
Pontmain (França, 1871)
Knock (Irlanda, 1879)
Fátima (Portugal, 1917)
Beauraing (Bélgica, 1932)
Banneux (Bélgica, 1933)

O DEPÓSITO DA FÉ

Segundo a Igreja, mesmo as revelações privadas "genuínas" não fazem parte do "depósito da fé", as doutrinas aprovadas pela Igreja Católica. A Igreja também não incentiva os católicos a acreditarem nem mesmo nas aparições "aprovadas". De acordo com a Igreja, as principais revelações surgiram nas épocas apostólicas e, sobretudo, nas doutrinas do nascimento, morte e ressurreição de Cristo. O cardeal Ratzinger, o futuro Bento XVI, disse no ano 2000 que o "... mistério de Cristo revelado no Novo Testamento é a revelação definitiva de Deus à humanidade e que a Igreja não precisa de mais manifestações divinas". Os "segredos" das revelações não têm mais nada a acrescentar às doutrinas da Igreja.

REVELAÇÕES MODERNAS?

A atitude da Igreja Católica em relação às aparições da Virgem Maria é cautelosa. A atenção dada às revelações privadas contemporâneas (como as que a Igreja "desaprovou" em Bayside, Queens, cidade de Nova York) pode fugir rapidamente ao controle em razão da velocidade e da extensão da divulgação da mídia atual e a facilidade das viagens dos peregrinos. A Igreja preocupa-se que esse fenômeno carismático dissemine uma falsa doutrina e corrompa sua autoridade.

Acima: *Súplica à Santa Bernadette de Lourdes (1844-79) escrita neste cartão sagrado, com o retrato de Bernadette com o halo ao redor da cabeça. Imagem dessa mulher devota depois que entrou para a ordem das Missionárias da Caridade.*

Na essência, os devotos de visões específicas da Virgem Maria correm o risco de transformá-las em símbolos de culto.

A doutrina católica também não incentiva as revelações privadas. Santa Teresa d'Ávila (embora tivesse visões) expressou os sentimentos da Igreja ao dizer: "As pessoas querem ver aparições, mas a fé não precisa de visões". Em outras palavras, ninguém precisa de visões para acreditar em Deus. Cristo disse: "Felizes são os que não viram, mas mesmo assim acreditaram".

As pesquisas atuais sobre as aparições da Virgem Maria são feitas por iniciativa de bispos de dioceses importantes. Quando as mensagens transmitidas ao visionário divergem da doutrina cristã, a Igreja as nega. As pesquisas também investigam a saúde mental, física e espiritual do visionário e analisam se as mensagens são benéficas para a saúde espiritual de quem as recebe.

Acima: *Nossa Senhora de Fátima pediu aos três pequenos pastores para quem apareceu que rezassem o rosário todos os dias. Os fiéis reúnem-se à noite para rezar em seu santuário iluminado por velas.*

Os santos da Igreja

Os santos foram os servos mais fiéis de Deus em sua missão na Terra e, para os católicos, Deus os recompensou com seu convívio íntimo no Céu.

A palavra "santo" origina-se do latim *sanctus*, "sagrado, consagrado". Em um sentido mais geral, a Igreja Católica acredita que qualquer pessoa que seja aceita no céu conquistou a posição de santo. Mas existem pessoas que a Igreja decidiu canonizar em razão da conduta exemplar como cristãos na Terra. Para a Igreja, esses santos canonizados tiveram uma visão beatífica de Deus.

OS PRIMEIROS SANTOS

Nos primeiros séculos do cristianismo os mártires, os cristãos que haviam morrido por se recusarem a renunciar à fé durante o Império Romano, foram os primeiros santos da Igreja. Depois que o Édito de Milão (313 d.C.) legitimou oficialmente o cristianismo, os bispos e teólogos (os "doutores" da Igreja) também ascenderam à posição de santos, assim como os anacoretas e eremitas. Um santo escolhido por sua conduta exemplar seria venerado pelo público, que visitaria seu túmulo e comemoraria o dia de sua morte.

Depois de muitos anos, as autoridades eclesiásticas criaram regras prescritas pela Igreja de reconhecimento e declaração de santos. O primeiro santo canonizado foi Santo Uldarico, bispo de Augsburgo,

Acima: *São Mateus foi apunhalado nas costas por um assassino profissional, quando celebrava missa na igreja que construíra na Etiópia. Por sua virtude cristã e como mártir da Igreja, o apóstolo Mateus foi canonizado santo. Esta ilustração do século XIV mostra cenas de sua vida.*

em 973 d.C. No início do processo de canonização fazia parte do ritual exumar o cadáver do santo em potencial e colocá-lo em um altar, com o objetivo de facilitar as práticas de veneração e a visita de peregrinos. A canonização também incluía o rito de a "elevação de um servo de Deus às honras do altar".

Ainda hoje, alguns dos corpos de santos encontram-se enterrados em lugares inusitados, como o de Santa Francisca Cabrini preservado em um caixão de vidro sob o altar da capela da St. Mother Frances Cabrini High School, na cidade de Nova York.

VENERAÇÃO OU ADORAÇÃO?

A Igreja de hoje canoniza pessoas que foram um exemplo de santidade e que merecem ser veneradas, um ato de respeito ou de deferência diverso da adoração. O ato de adorar um santo violaria o primeiro mandamento "Amar a Deus sobre todas as coisas". O catolicismo é uma religião monoteísta. A Igreja faz uma distinção específica entre *latria*, ou "adoração", só dedicada a Deus, e *dulia*, "homenagear ou venerar", o culto aos santos. A Virgem Maria insere-se em uma categoria intermediária específica chamada de *hyperdulia*, um alto sentimento de veneração.

De certa forma, a adoração e a veneração assemelham-se em suas práticas como preces, o hábito de ajoelhar diante de estátuas e os dias de comemorações. No entanto, a diferença entre adorar e venerar é percebida no coração do fiel. Na adoração, seu objeto de culto é divino. Existe um elemento de reverência

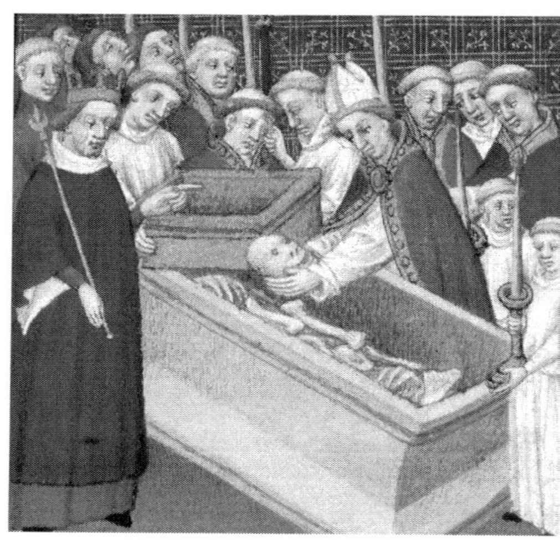

Acima: *Neste quadro do século XV, o cadáver do rei Luís IX da França foi exumado e enterrado em um túmulo embaixo do altar de uma igreja pelo Papa Bonifácio VIII. O rei Luís foi canonizado mais tarde pelo Papa, como São Luís da França.*

O longo caminho da canonização

Há um procedimento a ser seguido no processo de canonização. Primeiro, é o "Início da Causa", que ocorre quando um bispo decide que existem provas suficientes para iniciar uma pesquisa sobre a vida de uma pessoa morta em sua diocese e que teve ao longo da vida um comportamento santificado. Em geral, há uma espera de cinco anos após a morte do candidato à canonização, mas no caso do Papa João Paulo II, o Papa Bento XVI ignorou esse período de espera. Nessa etapa, a pessoa é chamada de "servo de Deus". O relatório que resulta da pesquisa é enviado à Congregação das Causas dos Santos, o órgão do Vaticano que examina com rigor a vida da pessoa a ser canonizada. Se o Vaticano não fizer objeção, o candidato recebe o título de "Venerável".

Acima: *Diante do reconhecimento da santidade excepcional do Papa João Paulo II, o Papa Bento XVI iniciou a causa de sua canonização poucas semanas após sua morte.*

Um milagre póstumo, a prova da influência da intercessão do candidato com Deus, precisa ser verificado. Em seguida à verificação, o candidato é beatificado. A Madre Teresa foi beatificada em 2003 e passou a se chamar "Beata". A Congregação das Causas dos Santos tem de verificar se ocorreu um segundo milagre depois da beatificação antes que o candidato seja chamado de "Santo".

mais forte do que o respeito. Por sua vez, na veneração ou homenagem o fiel manifesta seu respeito ao objeto do culto, no caso da Virgem Maria o mais alto respeito, mas não um sentimento de reverência ou intenção de reconhecê-lo como divindade.

Acima: *A posição de Santa Ana como avó da Sagrada Família significa que ela intercede em assuntos familiares. Retratada nesta pintura francesa do século XVII, ela protege as mães grávidas, as mulheres em trabalho de parto e as doentes.*

Os católicos que rezam para os santos não obtêm a graça ou o favor especial direto do santo, e sim por sua intercessão com Deus. A proximidade dos santos com Deus é tão grande que sua intervenção suaviza o caminho das preces.

O Estado de Graça

O estado de graça de uma pessoa, ou seja, se recebeu ou não a graça santificada de Deus, depende de seus esforços para obter a salvação perante Deus. Entretanto, os escândalos atuais publicados nas manchetes dos jornais revelaram que a natureza pecadora da humanidade não mudou muito ao longo dos séculos desde que os monges ascetas e os Padres da Igreja, como São Tomás de Aquino, criaram a terminologia cristã referente ao pecado. Os sete pecados capitais – o orgulho, a avareza, a luxúria, a gula, a inveja, a preguiça e a ira – causam problemas e discórdias entre os seres humanos. O que mudou no decorrer dos séculos foi a ênfase da Igreja no perdão e não no castigo e, em especial, na maneira como define punição e recompensa.

A insistência metafísica de obter respostas para perguntas fundamentais e a vontade de ver a fé cristã como uma crença unificada, pacífica e eterna continuam imutáveis. Na doutrina do catolicismo, esta é a Santíssima Trindade, o final de nossa procura. A ênfase da Igreja atual na união com Deus e nossa união beatífica ou separação Dele é uma prova que a Igreja mudou sua visão da promessa da glória celestial, da ameaça do fogo do Inferno e das mutilações para um castigo espiritual inefável. A Igreja oferece o Céu como repouso e união com Deus.

Acima: *Os sete pecados capitais são profundamente egoístas. Esse repúdio ao sentimento alheio é claro na expressão de desprezo insensível de um homem obeso diante do pedido de uma criança por mais comida. Quadro de Hieronymus Bosch do final do século XV,* Os Sete Pecados Mortais e os Quatro Novíssimos do Homem.

À esquerda: *Ao contrário de muitos quadros da descida ao Inferno, Giotto di Bondone retrata Cristo como uma pessoa bondosa, gentil e um salvador na pintura* Descida ao Limbo *de c. 1320-5.*

A REMISSÃO DA ALMA

OS CATÓLICOS TÊM OPINIÕES DIFERENTES EM RELAÇÃO AO QUE É PRECISO FAZER PARA OBTER A REMISSÃO DO PECADO ORIGINAL. ALÉM DO SACRIFÍCIO DE CRISTO, AS PESSOAS PRECISAM CONTRIBUIR PARA SUA SALVAÇÃO.

As discussões entre os cristãos sobre o caminho para a salvação da alma e a remissão dos pecados envolveram temas decisivos no século XVI, que resultaram na Reforma protestante. Os debates abordaram assuntos como graça, fé, a importância relativa das boas ações dos homens e o sacrifício de Cristo na cruz. O Magistério da Igreja Católica, a função de ensinar da Igreja e Martinho Lutero, o padre católico responsável pelo início da Reforma ao pregar suas 95 teses na porta de uma igreja em Wittenberg, tinham um ponto em comum: o sacrifício de Cristo na cruz foi um pré-requisito essencial para a salvação da humanidade.

Acima: *Católicos fiéis rezam diante do Caminho da cruz, uma escultura que destaca a dimensão física do sacrifício de Cristo. O peso da cruz parece esmagá-lo e só a ajuda de Simão Cirineu o impede de cair.*

O PRESENTE DE DEUS

Em consequência do pecado original, os seres humanos são incapazes de obter a salvação sem a intercessão divina. Mas, segundo Pelágio, um teólogo do século V, as pessoas podiam se remir do pecado original sem a intervenção de Deus, uma opinião considerada herética pela Igreja. Os católicos e os luteranos concordam que a salvação é um presente de Deus, porque Deus não tem obrigação nem precisa salvar a humanidade pecadora.

À esquerda: *A Igreja Católica cumpre o ritual dos sete sacramentos, mas na Igreja protestante só existem dois sacramentos, o batismo e a Eucaristia. Nesta pintura do altar de uma igreja em Torslunde, Dinamarca, Martinho Lutero, um antigo padre católico, realiza os dois rituais.*

Felizmente, o pecado original não destruiu o amor de Deus pelos seres humanos, sua Criação, e sua infinita bondade revelou-se no equilíbrio místico de seu sacrifício redentor. Como o teólogo do século XX Jaroslav Pelikan observou, a paixão resignada e o sacrifício de Cristo na cruz eliminaram o mal que a humanidade causara ao comer o fruto da árvore proibida.

A FÉ

Lutero acreditava que a *sola fide* (ou "só a fé") era o único princípio da salvação da humanidade. As pessoas se salvariam com a fé na vida, morte e ressurreição de Cristo. Jesus Cristo concederia a salvação aos que tivessem fé. Embora Lutero pensasse que a fé em Cristo motivava as pessoas a fazerem boas ações, essas ações não seriam suficientes para obter a redenção. Só com a fé no sacrifício de Cristo a humanidade se redimiria. Lutero teria dito, "As boas ações são inúteis".

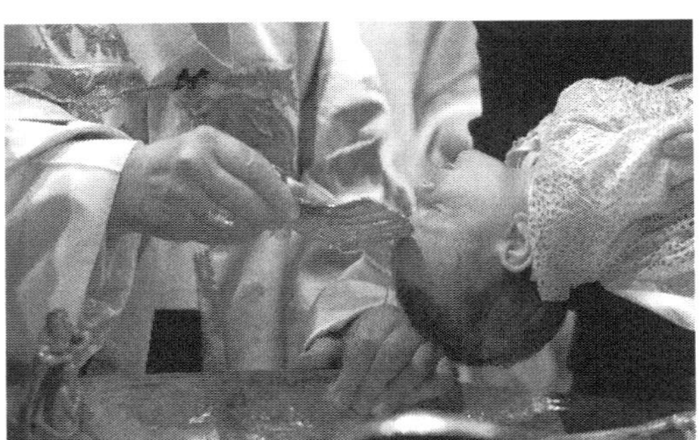

Acima: *A concha da vieira é o símbolo católico tradicional do batismo. De acordo com os relatos dos evangelhos, João Batista batizou Cristo com a água que derramou da concha de uma vieira. Esta ilustração mostra o Papa João Paulo II batizando uma criança na Capela Sistina, em 2001.*

Acima: *Segundo a tradição católica, no dia do Juízo Final o corpo e a alma se reúnem. Neste afresco do século XV, de Giovanni Canavesio, os corpos saem dos túmulos no dia do julgamento final.*

O BATISMO CATÓLICO

Na visão da Igreja Católica, os fiéis exercem um papel ativo em sua salvação, porque só a fé não era suficiente. Para os católicos, a salvação era um processo e, portanto, ao contrário dos protestantes não diziam "Eu fui salvo". A salvação só seria decidida no dia do Juízo Final.

O catolicismo ensina que somos redimidos primeiro por meio das interações progressivas com o sacrifício de Cristo, o pré-requisito da salvação da humanidade. Em seguida, o batismo nos purifica do pecado original e nos dá o impulso inicial da graça santificada. O ato do batismo é o passo introdutório em direção à salvação espiritual.

A JUSTIFICAÇÃO

Para os teólogos católicos, o sacramento do batismo é uma "justificação inicial". Com essa justificação, as pessoas ficam virtuosas aos olhos de Deus. No entanto, para manter a introdução espiritual recebida no batismo, o catolicismo ensina que é preciso ter uma participação atuante na Igreja e nos sacramentos, sobretudo, nas missas, na comunhão e em boas ações. Por meio desses atos sinceros de participação na comunidade católica, ficamos mais imunes ao pecado e mais espiritualizados. Esse nível de participação chama-se "justificação progressiva".

A NATUREZA DO PECADO

NO CATOLICISMO EXISTEM TIPOS DIFERENTES DE PECADOS, DESDE O PECADO ORIGINAL DE ADÃO E EVA AO PECADO MORTAL. É UMA ESCOLHA PESSOAL SE APROXIMAR DE DEUS E NÃO PECAR OU SE AFASTAR DELE.

É preciso refletir sobre o conceito de *aversio ad deo*, ou "se afastar de Deus", para entender o que significa pecado na doutrina católica. O pecado é um insulto a Deus, uma falta de respeito inimaginável a Ele, porque na visão católica, Deus ofereceu aos seres humanos o presente mais precioso, o Seu Amor. O pecado é perverso ao dizer "não" ao amor de Deus; no catecismo católico o pecado contradiz o amor de Deus.

Acima: *Uma iluminura do século XV mostra Jesus dizendo as famosas palavras: "Quem nunca pecou que jogue a primeira pedra".*

O pecado é a recusa a aceitar esse amor sem preço e de escolher o caminho cego do amor-próprio ou a falsa atração por objetos mundanos ou pessoas. É uma percepção distorcida (como resultado do pecado original) do valor das atrações do mundo laico, que confundimos com amor. Quanto mais nos afastarmos de Deus, quanto mais distância ficarmos da graça que a presença de Deus nos confere, mais probabilidade teremos de pecar.

O PECADO PESSOAL

Quando resistimos ao amor de Deus ou nos afastamos Dele, não recebemos a graça divina e, sem a graça de Deus, perdemos os meios mais eficazes de evitar a tendência ao pecado pessoal. Enquanto o pecado original é uma herança de nossos ancestrais, o pecado pessoal é uma decisão individual, embora possamos

Acima: *Este quadro de 1462 de Jean de Gerson,* O espelho da humildade, *mostra como a natureza pecadora do homem o deixa vulnerável às atrações do mundo mundano, entre elas a riqueza, os prazeres do corpo e o poder laico.*

culpar Adão e Eva por termos nascido imperfeitos. Mas, independentemente de qualquer justificativa, segundo a doutrina católica, depois que Adão e Eva foram expulsos do Paraíso, a humanidade manteve, sob uma forma perversa, o livre-arbítrio. Portanto, mesmo em um mundo com defeitos e vícios, temos a opção de escolher o "caminho de Deus", ou *conversio ad deo,* e não pecarmos.

PECADO VENIAL *VERSUS* PECADO MORTAL

Os católicos classificam os pecados em venial ou mortal (os teólogos dividem essa classificação em categorias menores, mas no contexto religioso essas são as duas formas principais de transgressão às leis divinas). De acordo com a metáfora do afastamento de Deus, o pecado venial, do latim *venia*, "perdão", é uma falta leve; por sua vez, o pecado mortal, do latim *mortalis*, "morte", é uma falta grave, consciente e deliberada, que rompe todos os vínculos sociais (ver "Diante do golpe mortal" na próxima página. O Evangelho de João (1 5:16-17) faz uma distinção entre pecado venial e mortal:

> *Se alguém vir seu irmão cometer um pecado que não é para morte, deixe-o orar, e Deus dará a vida àqueles que não pecam para a morte. Há pecado para a morte e por esse não digo que ore. Toda injustiça é pecado; e há pecado que não é para a morte.*

O pecado venial não causa a ruptura dos vínculos sociais nem destrói a es-

À direita: *Esta iluminura bíblica mostra o tolo que diz: "Deus não existe" (Salmo 53). O pecado da apostasia, a renúncia a Deus, é um pecado imperdoável.*

DIANTE DO GOLPE MORTAL

Os pecados mortais não confessados e, portanto, imperdoáveis, causam a morte da alma e condenam o pecador ao castigo eterno do Inferno. No entanto, como Deus é justo, os pecados mortais são difíceis de cometer e não são "acidentais". Antes que alguém se afaste de Deus e escolha seguir o Diabo, três condições adversas precisam estar presentes:

Falta grave: um ato perverso cometido por uma pessoa em sã consciência.

Pleno conhecimento: o pecador potencial tem consciência que o ato é perverso. Uma pessoa com uma doença mental, como esquizofrenia, por exemplo, não tem discernimento entre o bem e o mal do ato que irá cometer.

Premeditação: a escolha depende do livre-arbítrio que é concedido por Deus aos seres humanos. Temos a opção de escolher a Luz ou a Escuridão. Se por casualidade matarmos uma pessoa em um acidente de carro não estaremos cometendo um pecado mortal; mas se nos embriagarmos em uma festa, mesmo sabendo que iremos dirigir depois, o acidente é um pecado mortal por termos agido irresponsavelmente.

***Acima:** Segundo Santo Agostinho, um dos piores pecados do homem era a libido dominandi, "o predomínio da luxúria". Caim, filho de Adão, dominado pela luxúria cometeu o terrível ato do fratricídio. Esta ilustração mostra* O assassinato de Abel, *detalhe do altar de uma igreja em Grabower pintado por Master Bertram de Minden, em 1379-83.*

perança da vida eterna com Deus. No entanto, assim como qualquer ofensa ou transgressão o pecado venial pode prejudicar a relação com Deus e ao longo do tempo pode causar um rompimento se não houver uma mudança de conduta. Já o pecado mortal provoca a morte da alma.

O PECADO IMPERDOÁVEL

O Novo Testamento faz uma referência ao pecado eterno, ou imperdoável. No Evangelho de Marcos 3:22-30, Jesus Cristo disse: "Eu vos asseguro que tudo será perdoado às pessoas, os pecados e até as blasfêmias que tiverem dito. Mas quem blasfemar contra o Espírito Santo jamais será perdoado, será réu de um pecado eterno". Cristo também se refere ao pecado imperdoável em Mateus 12:3-32, quando os fariseus ao verem que Jesus expulsara os demônios, disseram que ele tinha o poder do Belzebu (o Diabo).

O pecado imperdoável significa a rejeição a Deus sem o reconhecimento de sua bondade com o ser humano. Esse pecado consiste em chamar o bem de mal. É uma blasfêmia contra o Espírito Santo em sua missão de "convencer o mundo do que é pecado, justiça e julgamento", como João Paulo II mencionou na encíclica *Dominum et Vivificantem* de 1986. Nas palavras do Papa, o Espírito Santo purificou a consciência da humanidade, para que pudesse distinguir entre o bem e o mal. A rejeição ao Espírito Santo impede a visão de nossas boas qualidades e da salvação. Esse é um pecado imperdoável.

Os Sete Pecados Capitais

A partir do século V, os teólogos católicos começaram a discutir a lista de pecados que os fiéis não deveriam cometer, mas só no século XII uma doutrina instituiu os sete pecados capitais.

Embora a relação dos pecados capitais, ou cardeais, seja acompanhada tradicionalmente por uma lista de virtudes, os pecados são sempre mais lembrados. Os sete pecados capitais e as virtudes correspondentes são em ordem decrescente de gravidade: orgulho (humildade), avareza (generosidade), inveja (desprendimento), ira (paciência), luxúria (castidade), gula (moderação) e preguiça (diligência).

O catecismo católico refere-se a esses pecados como capitais, no sentido que resultam em outros pecados. Na verdade, os sete pecados capitais são categorias de pecados nem sempre mortais. Por exemplo, comer duas sobremesas quando só seria preciso comer uma sobremesa, ou nenhuma, é o pecado da gula que não condenaria ao castigo eterno, exceto se fosse um sintoma de um problema mais grave.

Acima: *Esta ilustração de 1945,* Alegoria da Generosidade e da Avareza, *de Rémy Hetreau retrata o contraste da virtude da generosidade com a mesquinhez do pecado capital da avareza.*

AS PRIMEIRAS REFERÊNCIAS

Segundo a tradição, os sete pecados capitais originaram-se das obras de João Cassiano, um monge e asceta do século V. Em seu livro *Collationes Patrum*, citou oito vícios que atormentavam em especial os monges ascetas: a gula, a inveja, a avareza, a ira, a melancolia, a preguiça, a vaidade e a luxúria. O Papa Gregório, o Grande, incluiu uma lista semelhante em seu livro *Moralia in Job*.

É possível que Cassiano e Papa Gregório tenham sido influenciados pelo poema alegórico *Psicomaquia* do poeta romano cristão do século IV, Aurélio Clemente Prudêncio. O poema descrevia o conflito entre as virtudes e os vícios no estilo do poema épico *Eneida,* de Virgílio. Prudêncio influenciou autores posteriores que se referiram aos pecados capitais em suas obras, em especial Geoffrey Chaucer e Dante Alighieri. Entre os Padres da Igreja, São Tomás de Aquino em *Suma Teológica* (1265-73) mencionou os sete pecados capitais e analisou as diversas manifestações da gula, como *studiose*, "comer alimentos saborosos e delicados", e *laute*, "comer alimentos excessivamente caros".

Acima: *São Tomás de Aquino, um dos teólogos mais eruditos da Igreja, fez uma análise exaustiva dos sete pecados mortais na* Suma Teológica. *Retrato de Aquino por Alessandro Botticelli (1445-1510).*

Abaixo: *O quadro do século XV,* Os Sete Pecados Mortais e os Quatro Novíssimos do Homem, *de Hieronymus Bosch mostra os pecados capitais equilibrados nos quatro medalhões da Morte, Juízo Final, Céu e Inferno.*

POR DECRETO DO CONCÍLIO

A ampla disseminação e popularidade dos sete pecados capitais no discurso público remontam ao Quarto Concílio de Latrão (1214). Um dos decretos do concílio referiu-se à confissão e à necessidade de o fiel ter um conhecimento do conceito de pecado e de sua terminologia para confessá-lo. Os padres das paróquias também tinham de aprender a linguagem do pecado. Nas Conferências Lambeth de 1281, o arcebispo da

Cantuária, John Peckham, fez uma breve exposição para o clero dos sete pecados capitais, das sete virtudes correspondentes e dos sete sacramentos.

O NÚMERO SETE

Muitos cristãos questionaram a existência de apenas sete pecados capitais e indicaram uma série de omissões, entre elas a crueldade. Mas o número sete tem um significado sagrado especial no Antigo Testamento, com a Criação do mundo em sete dias e como um princípio ordenador nas Escrituras, sobretudo, nos "sete selos, sete trombetas e sete taças", as três séries de julgamentos de Deus no Apocalipse.

Os sete pecados do século XXI

Em 2005, a Igreja publicou o Compêndio da Doutrina Social da Igreja, que reafirmou a posição humanista da Igreja Católica em relação aos temas sociais. A lista dos sete "pecados sociais" origina-se desse compêndio. Os sete pecados sociais do século XXI são:

1. As violações bioéticas, como controle da natalidade.
2. Experiências de moral duvidosa, como as pesquisas com células-tronco.
3. O vício das drogas.
4. A poluição do meio ambiente.
5. A contribuição para o aumento da distância entre os ricos e os pobres.
6. A riqueza excessiva.
7. A criação da pobreza.

De acordo com o compêndio, os pecados sociais têm duas categorias: "Por um lado, a obsessão por lucro, por outro, a sede de poder, com a intenção de dominar os outros. O bispo Gianfranco Girotti declarou que "Antes um ato pessoal, agora o pecado tem uma amplitude social em razão do fenômeno da globalização".

À direita: *O setor de exploração de petróleo polui o meio ambiente em sua busca incessante por mais riqueza.*

O Juízo Final

Segundo o cristianismo, todas as pessoas são julgadas no momento da morte (julgamento pessoal). Cristo retornará no dia do Juízo Final para julgar os vivos e os mortos.

A visão católica do dia do Juízo Final é bem específica. Na tradição católica existem dois tipos de julgamento, o pessoal e o universal. O julgamento pessoal, como o nome indica, tem mais importância no destino das pessoas, enquanto o julgamento universal é o dia do Juízo Final, da segunda vinda de Cristo e do fim do mundo como o conhecemos.

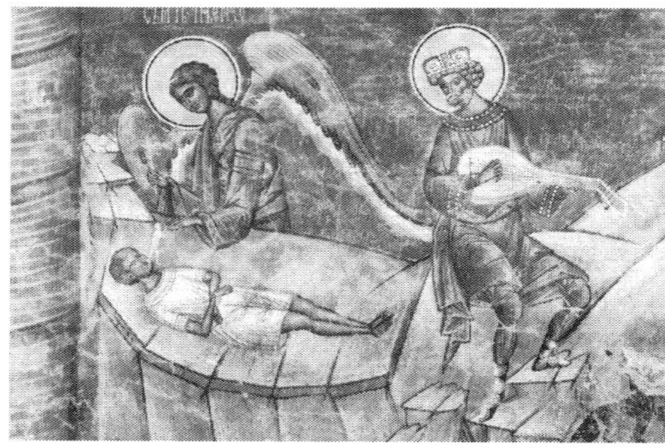

Acima: *Com a ajuda do anjo da guarda, a alma parte para seu julgamento (detalhe do afresco* O Juízo Final, *mosteiro de Voronet, Moldávia, Romênia). A alma se reunirá ao corpo no julgamento universal.*

NA MORTE

O julgamento pessoal ocorre no momento exato da morte de uma pessoa, quando a alma se separa do corpo. Na tradição sagrada do cristianismo, o julgamento pessoal é imediato e, por esse motivo, a alma sabe no mesmo instante o veredito de seu destino. As escolhas são o Céu reservado aos seres puros; o Purgatório, para a grande maioria das pessoas com imperfeições (os que cometeram pecados veniais não confessados e ainda sem perdão); e o Inferno para os que cometeram pecados mortais e não os confessaram e, portanto, não foram perdoados.

Abaixo: *Durante a segunda vinda de Cristo, os santos serão recompensados com a visão beatífica de Jesus, como mostra este quadro alemão do século XV, em que a imagem de Jesus Cristo é maior do que a dos santos, com uma expressão de êxtase nos rostos.*

A BULA PAPAL

A crença na imediata realização da sentença foi um tema controvertido nos primórdios do cristianismo. Alguns Padres da Igreja argumentaram que, tanto a bênção da visão beatífica, por exemplo, o conhecimento intuitivo de Deus, ou o sofrimento das penas do Inferno seriam adiados até o julgamento universal. Com o objetivo de solucionar esse impasse, o Papa Bento XII criou uma comissão para estudar o assunto e após quatro meses de discussões com vários teólogos, o Papa promulgou em 1336 a bula papal *Benedictus Deus*. A bula declarou que o destino das pessoas era decidido no instante da morte.

***Acima:** Este quadro* O Juízo Final *do artista Bartholomeus Spranger (1546-1611) retrata um grupo de santos, com a entrada no Inferno à direita e o prazer ou o desalento no mundo, segundo as circunstâncias.*

O JULGAMENTO UNIVERSAL

O julgamento universal foi retratado na arte tradicional do Ocidente, com anjos, demônios, corpos nus contorcidos e Cristo sentado no trono com um grupo de santos ao redor. A cena do julgamento foi um tema popular na arte medieval e no Renascimento.

Na tradição cristã no julgamento universal todos os mortos, os salvos e os amaldiçoados, irão se unir às suas almas imortais. Os condenados ao Inferno terão dificuldade em reencontrar seus corpos, como mencionado no Apocalipse 9:6: "E naqueles dias os homens buscarão a morte, e não a acharão; e desejarão morrer, e a morte fugirá deles."

De acordo com as Sagradas Escrituras, o julgamento universal é realizado por Cristo. O Evangelho de João 5:28-29 diz: "Não fiquem admirados com isto, pois está chegando a hora em que todos os que estiverem nos túmulos ouvirão a sua voz e sairão; os que fizeram o bem ressuscitarão para a vida, e os que fizeram o mal ressuscitarão para serem condenados". Por esse motivo, o julgamento universal refere-se à segunda vinda de Cristo. Durante o julgamento universal, o destino final reservado à humanidade será concretizado.

O julgamento universal tem a mesma função de um julgamento público. Embora a sentença do julgamento pessoal já tenha sido proferida, é preciso realizar o julgamento universal para que todos testemunhem a justiça das sentenças. O julgamento universal tem característica de proclamação pública, como descrita no Credo de Atanásio, "na ocasião todos os homens se elevarão ao Céu para relatar seus feitos". O julgamento universal é o julgamento final do relato público dos feitos.

O JUÍZO FINAL

O catolicismo ensina aos fiéis que o Juízo Final se realizará na segunda vinda de Cristo e que o reino resultante será eterno e no Céu. Ao longo dos séculos, os cristãos tiveram opiniões diferentes em relação aos acontecimentos do Juízo Final (ver o texto O Juízo Final e o milênio, a seguir). O pré-milênio descreve o julgamento final como o retorno de Cristo por um milênio antes do Juízo Final. No entanto, o pós-milênio é descrito como a perfeição alcançada na Terra em razão dos ensinamentos dos evangelhos, que difundiram o cristianismo no mundo inteiro. Depois de mil anos de perfeição cristã terrena, Jesus retornará para o Juízo Final. O pré-milênio menciona o retorno e o reino de Cristo na Terra anterior ao julgamento final, enquanto o pós-milênio é um período de perfeição terrena antes do Juízo Final.

A Igreja Católica rejeita a teoria do pré-milênio e a doutrina do pós-milênio de perfeição na Terra antes do Juízo Final. Essa tese refutaria a visão do Juízo Final e o milênio do Apocalipse.

Abaixo: *O ato de pesar as almas após a morte, retratado neste afresco catalão do século XII, era uma crença antiga no Egito, na Grécia e no início do cristianismo. Na tradição cristã, o arcanjo Miguel acompanha as almas até Deus no dia do Juízo Final e as pesa.*

O Juízo Final e o milênio

O texto do Apocalipse no Novo Testamento, sobretudo o capítulo 20, é problemático para os católicos. A passagem descreve um período de mil anos em que o Diabo é acorrentado em um abismo. Depois disso seria "solto por pouco tempo" quando enganaria de novo o mundo com suas palavras falaciosas. Esse período de prisão do Diabo é chamado "milênio". Existem diversas opiniões divergentes quanto ao milênio, sobretudo na doutrina protestante, mas quase todas concordam que o período de mil anos seria a "era de ouro" do triunfo do cristianismo, um reino de Cristo (pré-milênio) ou da religião cristã (pós-milênio) na Terra diferente do Juízo Final e da eternidade.

AS VISÕES DO CÉU

OS ESCRITORES DA BÍBLIA REFEREM-SE AO CÉU COMO UM LUGAR FÍSICO, O FIRMAMENTO DE DEUS. NO ENTANTO, HOJE A IGREJA CATÓLICA DESCREVE-O COMO UM ESTADO DE SER.

A Bíblia usa diversos termos quando se refere ao Céu, como "reino", "coroa", "cidade de Deus", "recompensa" e "herança". As metáforas nos evangelhos mostram que os primeiros cristãos tinham certa liberdade de expressão em suas tentativas de imaginar o Céu, desde que fosse uma boa imagem.

Na imaginação popular, tanto no passado como no presente, o Céu quase sempre é visto como um lugar suntuoso, com "portões de pérolas", segundo a descrição de uma "Nova Jerusalém" magnífica. No livro do Apocalipse 21:21: "Os doze portões eram doze pérolas, e cada portão era feito de uma só pérola". Nas pinturas e nos filmes, o Céu é um lugar onírico, com nuvens que brilham com raios de luz cor pastel. O adjetivo "celestial" é usado como uma expressão de prazer, desde uma referência a uma pizza deliciosa ("uma fatia do Céu") a um banho quente e relaxante de banheira.

***Acima:** Um grupo de santos aproxima-se do portão fortificado do paraíso neste quadro de 1480,* O Juízo Final, *do mosteiro de Voronet, Moldávia, Romênia.*

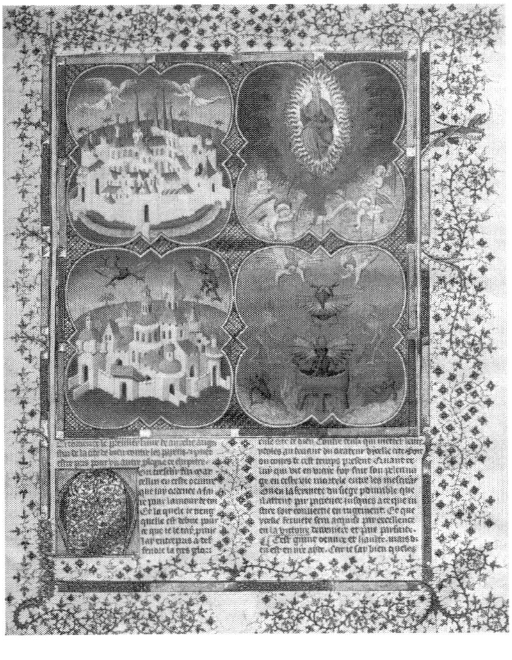

***À esquerda:** Santo Agostinho em uma de suas obras mais importantes,* Civitate Dei, *descreve duas cidades opostas, a terrena e a divina. Essas cidades foram retratadas nesta ilustração francesa do século XV,* A Cidade de Deus.

Acima: *Os novos moradores, que sobem ao Céu nas costas dos anjos, são recebidos de braços abertos por Deus nesta ilustração do século XV do* Livro das Horas, *de Hastings.*

O FIRMAMENTO DE DEUS

Apesar dessas imagens, a etimologia da palavra "céu" origina-se de "um teto ou uma cobertura", uma abóboda sobre a superfície da Terra. O livro Gênesis 1:6 descreve as origens do mundo, quando Deus disse: "Faça-se um firmamento entre as águas, separando uma das outras". Deus separou as águas que estão debaixo do firmamento das águas que estão por cima do firmamento. E Deus chamou o firmamento de Céu.

O apoio sublime do mundo associou-se à moradia de Deus. "... teremos nos céus uma casa preparada por Deus e não por mãos humanas, uma habitação eterna no Céu." (2ª Epístola aos Coríntios 5:1). A arquitetura das catedrais da Idade Média transmitia a ideia de uma abóboda celeste que cobria os fiéis.

O ESTADO DE SER

Entretanto, a doutrina católica é prudente e reservada ao descrever o Céu como um local físico. Nenhuma doutrina da Igreja tentou determinar a longitude e a latitude do Céu e, embora seja um conceito tradicional, a Igreja é ainda mais cautelosa ao descrever o Céu como a moradia de Deus. Com essa afirmação, estaria subtendido que Deus poderia estar contido em um lugar específico.

Em vez de um lugar físico, a Igreja descreve o Céu como um estado de ser só atingido pelos que nunca pecaram. De acordo com o catecismo católico, quando entramos no estado de ser celestial temos uma "visão beatífica" de Deus. Se Deus não se revelar para uma pessoa em estado de contemplação, Ele não poderá ser visto. Em um momento de contemplação, nossa percepção espiritual e intelectual liberta-se de suas limitações terrenas e, assim, somos capazes de perceber e receber Deus em uma visão beatífica. Esse encontro "é a mais perfeita felicidade celestial".

Em 1336, o Papa Bento XII definiu a crença nessa visão beatífica (para os que atingem o Céu) como um dogma da fé. No entanto, os teólogos impõem limites a essa visão. Eles dizem que embora possamos ver Deus em sua totalidade, como na Santíssima Trindade, nossa visão não captará a clareza absoluta e infinita da percepção de Deus sobre si mesmo. A Igreja também acredita que existem graus da beatitude concedida aos abençoados, como os santos que têm uma visão mais profunda de Deus.

A UNIÃO

A doutrina cristã diz que nos reunimos à nossa família amada e aos amigos que partiram antes de nós, e algumas orações para os mortos enfatizam que o Céu é a verdadeira morada dos piedosos e a chegada a ele é um retorno a casa. A oração da encomendação da alma de uma pessoa no momento da morte (Unção e Pastoral dos Doentes) diz:

"Caríssimo irmão, encomendo-te a Deus Todo Poderoso e confio-te ao Criador, para que voltes Àquele que te formou do pó da Terra. Venham ao encontro de ti, que estás a partir desta vida, Santa Maria, os anjos e todos os santos. Liberte-te Cristo, que por ti foi crucificado; liberte-te Cristo, que morreu por ti; leve-te Cristo, Filho de Deus vivo, ao paraíso, e reconheça-te o verdadeiro pastor entre as suas ovelhas. Ele te absolva de todos os teus pecados e te receba entre seus eleitos. Vejas o teu Redentor face a face e gozes da contemplação de Deus pelos séculos dos séculos. Amém."

Essa oração simboliza o sentido do amor da família, a recepção afetiva a um membro da família que partiu há muito. O Céu também é um retorno à casa, a primeira casa, o Paraíso, com a remissão dos pecados depois de uma longa estada no mundo pecador. Santo Agostinho disse: "Vós foste criado por Deus e vosso coração só descansará em Sua presença".

Abaixo: *A Virgem Maria e os santos leem e se divertem no jardim murado deste quadro alemão de c. 1410,* O Jardim do Paraíso. *O jardim é uma visão simbólica do paraíso, uma palavra que significava para os antigos persas, "jardim murado", ou "parque".*

O PURGATÓRIO

OS CATÓLICOS ACREDITAM QUE APÓS A MORTE MUITAS ALMAS QUE NÃO ESTÃO DESTINADAS AO INFERNO, MAS QUE NÃO ESTÃO PRONTAS PARA ENTRAR NO REINO DO CÉU JUNTO A DEUS, VÃO PARA O PURGATÓRIO ONDE SE PURIFICAM DOS PECADOS.

A doutrina católica do conceito de Purgatório originou-se da crença cristã na bondade e na justiça de Deus. Como Deus é misericordioso, os pecadores podem expiar seus pecados após a morte, mas, por Ele ser justo, essa purificação é uma exigência a ser cumprida.

Na doutrina da Igreja, o Purgatório (do latim *purgare,* "que purifica", em português) é o lugar onde as almas dos que cometeram pecados leves, mas que ainda não estão prontas para serem recebidas no Céu, expiam suas faltas. Ao contrário do Inferno, que é um castigo eterno, o Purgatório é um sofrimento temporário. As almas sofredoras sabem que por fim encontrarão Deus. Nos ensinamentos tradicionais, o Purgatório é um local, porém no conceito mais moderno é um estado de ser.

Acima: *Poucos teólogos tinham uma percepção tão nítida da luta entre o bem e o mal como Santo Agostinho. Esta gravura de madeira francesa do século XV o retrata enquanto trabalhava, apesar das distrações demoníacas ao seu redor.*

Acima: *O castigo do Purgatório equivalia ao pecado terreno. Na ilustração* O Tesouro da Sabedoria *de Jean de Gerson (1363-1429), o homem arrogante é jogado no chão onde o pisoteiam, como castigo pelo pecado da luxúria.*

A EVOLUÇÃO DO CONCEITO

Os concílios de Lyons (1274), de Florença (1438-43) e de Trento (1545-63) discutiram, em diversos graus de especificidade,

O CÉU NÃO ESTÁ À VENDA

As indulgências, ou a diminuição da permanência no Purgatório foi um negócio lucrativo no início do século XVI. O comércio de indulgências refletiu a preocupação angustiante com a vida após a morte na época que a Peste Negra dizimou a população da Europa. O Papa Leão X aproveitou esse momento para enriquecer os cofres da Igreja com a venda de indulgências, embora fosse um pecado mortal. Mas este Papa, um membro da família Médici, era extremamente corrupto, vendia indulgências plenárias que proporcionavam a total remissão do castigo da permanência temporária no Purgatório.

A concessão de indulgências era uma prática legal na Igreja, mas foi usada de uma maneira equivocada, como um cupom que dava direito a diminuir o tempo de purificação dos pecados no Purgatório em troca de dinheiro. No entanto, mesmo pecados perdoados poderiam ter pena de algum tempo no Purgatório, antes que alma tivesse a pureza espiritual aceitável no Céu. As indulgências plenárias podiam atenuar o castigo, porém impunham determinadas condições aos que recebiam esse privilégio. Em primeiro lugar, não eram concedidas apenas por dinheiro. Os pecados tinham de ser perdoados no ato da confissão; as pessoas que recebiam as indulgências confessavam e comungavam durante uma semana, além de serem obrigadas a fazer trabalhos de caridade prescritos pela Igreja.

Acima: *Johann Tetzel, um frade dominicano, vende indulgências na Alemanha nesta gravura em madeira do século XVIII.*

o conceito do Purgatório. Em *A Cidade de Deus*, Santo Agostinho expressou a crença que seria uma punição temporária após a morte. O Papa Gregório, o Grande, mais tarde São Gregório, influenciado por Agostinho, foi o principal responsável pela doutrina do *purgatorius ignis*, ou o "fogo purificador".

A ida para o Purgatório não é inevitável. Os que não cometeram pecados não vão para o Purgatório e, na crença católica, as pessoas que tiveram uma vida de terrível sofrimento, como um condenado à prisão injustamente, expiaram suas faltas no purgatório terreno. No entanto, é o destino das almas com pecados leves.

Acima: *Parte de uma grande pintura francesa do século XV de Enguerrand Quarton,* A Coroação da Virgem, *que mostra o Purgatório em um local inesperado, logo abaixo das muralhas de Roma. Alguns penitentes que haviam terminado seu tempo de purificação saem de suas profundezas com a ajuda dos anjos.*

A PURIFICAÇÃO DOS PECADOS

Em alguns casos, mesmo que o pecador tivesse confessado seus pecados e houvesse recebido o perdão, sua alma iria para o Purgatório. Na doutrina católica, o castigo temporário era necessário para expiar o pecado e obter a absolvição. Na visão da Igreja, o Purgatório era necessário, não pelo espírito de vingança de Deus, e sim por que os pecados, assim como uma mancha, haviam maculado a essência do pecador. Só com a purificação espiritual era possível ver Deus, uma expiação que exigia muito do fiel, como o padre Gregório de Níssa, exprimiu em suas reflexões sobre o Purgatório:

> *...é possível imaginar o martírio da alma presa às paixões materiais terrenas, quando Deus a está atraindo para si, e as paixões que cresceram precisam ser arrancadas à força, com uma angústia intolerável.*

OS SANTOS QUE INTERCEDEM

Na doutrina católica, as preces dos fiéis ainda na Terra ajudam as almas no Purgatório. A comunhão dos santos refere-se à crença que todos os membros da Igreja, vivos ou mortos, estão unidos em uma única comunidade espiritual que se ajuda mutuamente. Portanto, os santos no Céu podem pedir a Deus que ajude os fiéis aqui na Terra, e com as preces, jejum e trabalhos de caridade, esses fiéis podem ajudar as almas no Purgatório, talvez diminuindo o tempo que resta para subirem ao Céu.

As visões do Inferno

A doutrina moderna da Igreja sobre o Inferno é menos rigorosa em comparação com a visão aterrorizante da eterna danação, que dominara a imaginação popular desde a Idade Média.

As Escrituras contêm uma série de referências ao Inferno assustador, escuro e com o fogo eterno. No livro do Apocalipse 19:20, é descrito como o "lago de fogo"; no Evangelho de Mateus 18:8; 25:41 e no de Judas 7 é o "fogo eterno"; Mateus 3:12 um "fogo que não se apaga"; Mateus 13: 42, 50 "fornalha de fogo. Ali

Acima: *A liberdade artística na descrição das imagens do Diabo é evidente nesta versão do século XV, que o retrata com chifres, asas em forma de costelas e dentes como presas de elefante.*

haverá choro e ranger de dentes"; Mateus 7:12, 22:13, 25:30 "jogai-o lá fora na escuridão"; na 2ª Epístola de Pedro 2:17, Judas 13 "escuridão mais tenebrosa".

A ETERNA DANAÇÃO

São todas descrições assustadoras, sobretudo, quando associadas à ideia de eternidade, porque o Inferno é eterno. O clero atual não se prende a essas descrições. Entretanto, na Idade Média e até o Segundo Concílio do Vaticano (1962-5), os padres e as freiras evocavam com frequência essa visão lúgubre do Inferno para assustar as congregações e induzi-las a ter um bom comportamento. Para a Igreja, refletir sobre as "quatro últimas coisas" – a morte, o julgamento, Céu e Inferno – era salutar para a saúde espiritual.

O período medieval caracterizou-se pela descrição do Inferno como local de castigos terríveis e cenas apocalípticas. A literatura da Idade Média era prolífica em textos que descreviam torres do Inferno e punições específicas para os pecados. Esse estilo de literatura influenciou o grande poeta florentino Dante Alighieri, que no livro *A Divina Comédia* descreveu o Inferno como uma série de círculos concêntricos, com o limbo, o castigo menos severo, na borda externa e o Diabo no centro.

À esquerda: *Esta imagem do século XIV da obra* A Divina Comédia *de Dante Alighieri mostra estrelas no Paraíso, terraços no Purgatório e fogo no Inferno.*

O FOGO DO INFERNO

O fogo do Inferno é sobrenatural, não precisa de combustível nem destrói o que queima, além de ser eterno. A teologia católica tradicional descreve o fogo do inferno como *poena sensus*, a "sensação de dor". *Poena sensus* é uma dor física, porque, segundo as Sagradas Escrituras, depois do Juízo Final, os condenados às penas do inferno se reúnem aos seus corpos. Na opinião de algumas pessoas, era uma dor física, porque quase sempre o pecado mortal estava ligado ao desejo excessivo de prazeres sensuais e materiais.

Acima: *Neste quadro do século XV de Enguerrand Quarto, um demônio entrega uma nova alma ao Inferno, que se unirá eternamente às outras almas atormentadas.*

A VISÃO DA IGREJA

O Segundo Concílio do Vaticano não mencionou o conceito de Inferno, mas a partir da realização desse concílio a retórica da Igreja suavizou-se. Na atual definição de Inferno, como observou o Papa João Paulo II, o castigo final de um pecado é o Inferno, "um lugar que é mais do que um espaço físico". O Inferno é o lugar para onde são enviados os que escolheram por livre-arbítrio "se separar de Deus".

O catecismo católico descreve o Inferno como um estado de ser no qual uma pessoa rejeita o amor de Deus e, assim, morre em pecado mortal. Ao escolher se distanciar de Deus, sem arrependimento, a pessoa se separa de Deus para sempre, e é condenada ao castigo eterno do Inferno. A visão dos católicos antigos sobre esse castigo, difundida antes do Segundo Concílio do Vaticano e da versão metafísica atual "da separação eterna de Deus", representa uma mudança radical na concepção da Igreja. A Igreja não só exerceu sua autoridade para interpretar as Escrituras, como também mostrou a capacidade de evoluir ao longo dos anos.

João Paulo II também destacou que as imagens do Inferno nas Escrituras mostravam a vida sem sentido e frustrada dos que rejeitavam Deus. Nas palavras do Papa, as menções ao Inferno das Escrituras eram "imagens" e não o inferno real, mas um estado de ser. Neste sentido, o Céu simbolizava a união com Deus e o Inferno a desunião. Embora João Paulo II não tivesse rejeitado o antigo conceito, ele redefiniu os termos da discussão.

Acima: *Os condenados caminham em direção ao Inferno, enquanto os não pecadores seguem para o Céu neste quadro* O Juízo Final *de Rogier van der Weyden, datado do século XV.*

A dor da perda

Poena damni, ou a "dor da perda", refere-se a dor psíquica. A Igreja descreve *poena damni* como uma real e intensa dor, enraizada na perda da visão beatífica. Os condenados ainda conservam a necessidade humana de Deus, mesmo que tenham rejeitado esse desejo, e assim são atormentados eternamente pelo desassossego descrito por Agostinho em suas *Confissões:* "Tu mesmo que incitas ao deleite no teu louvor, porque nos fizeste para ti, e nosso coração está inquieto enquanto não encontrar em ti descanso". A inquietação dos condenados nunca pode ser acalmada, então eles queimam com desespero eterno. Esta é a *poena damni* que o Papa João Paulo II enfatizou em sua definição de Inferno. "Danação" vem da palavra latina *damnum,* que significa "perda", enfatizando que a essência do Inferno é a dor da perda.

As visões da condenação às penas do Inferno

As representações pictóricas do Inferno sempre eclipsaram às do Céu. A bem-aventurança não instigava tanto a imaginação dos artistas como o castigo eterno.

O Inferno era um tema recorrente da arte sacra. A ida de Cristo para lá depois da crucificação e antes da ressurreição, assim como o Juízo Final, foram temas comuns. Artistas como Giotto di Bondone (*c.* 1267-1337), Fra Angelico (*c.* 1387-1455), Hans Memling (*c.* 1440-94) e Michelangelo (1475-1564) retrataram o Inferno. Na interpretação de Giotto, era uma região nas profundezas

Acima: *A descida ao Inferno era um tema recorrente nas pinturas "lúgubres" medievais. Neste quadro do século XV de Hans Memling, as almas dos condenados caem no abismo do Inferno com pernas e braços estendidos em pose de balé.*

do mundo, esmagada pelo domínio de Cristo sentado em seu trono e cercado pelos santos.

O tríptico de Memling *O Juízo Final* retratou o Inferno como um abismo em chamas onde os corpos dos condenados se amontoavam, vigiados por demônios gigantescos e armados. Jesus dominava o centro do quadro, enquanto o arcanjo Miguel pesava as almas. O painel à esquerda mostrava os não pecadores sendo levados para o Céu e o da direita os condenados ao Inferno.

O Inferno de Fra Angelico mostrou a cena de um favo de mel com cavernas em chamas, onde pessoas nuas eram mortas com golpes de lança ou queimadas por demônios alegres semelhantes a macacos diabólicos, ou eram devoradas pelo Diabo na imagem de um grande macaco.

O SENHOR DO INFERNO

Hieronymus Bosch (*c.* 1450-1516) foi um dos mais importantes pintores que se dedicaram a descrever os horrores do Inferno. Um holandês simples e despretensioso, Bosch nunca saiu de s-Hertogenbosch, um vilarejo no Ducado de Brabante (atual Holanda). Em uma pe-

Acima: *Os condenados às penas do Inferno eram submetidos a diversos tipos de torturas aplicadas por demônios minúsculos, desde ficarem pendurados pelos cabelos e a escoriações na pele nua, como neste quadro de c. 1303,* O Juízo Final, *do artista Giotto di Bondone.*

À direita: *Ao olhar as pinturas de Hieronymus Bosch, como* O Jardim das Delícias *terrenas (c. 1500), é difícil acreditar que tenham sido feitas por um artista do século XV. Suas imagens e técnicas são modernas até hoje.*

quena casa na praça do mercado, além das xilogravuras com motivos sacros, ele pintava cenas do Inferno e demônios com detalhes extremamente criativos, com um aspecto repulsivo e um estilo moderno.

Ao contrário de outras cenas do Inferno, as descrições de Bosch eram caóticas e tinham cores vibrantes e intensas, apesar das formas monstruosas: demônios semelhantes a insetos ou criaturas marinhas, aves horríveis, plantas estranhas com excrescências no corpo, orelhas enormes, conchas de mexilhão, ovos, patins de gelo bizarros e pequenas batisferas com grades de ferro nas portas. Bosch também pintava figuras monstruosas de peixes engolindo outros peixes, com patas de lagosta e uma cauda coberta de espinhos.

Os demônios de Bosch tinham longas caudas semelhantes a um chicote e ao ferrão de uma raia. Os condenados ao Inferno não só eram queimados ou ficavam acorrentados, como também eram torturados com uma variedade indescritível de maneiras obscenas por inúmeras criaturas fantasmagóricas. O fogo do Inferno brilhava nas telas de Bosch, nos locais escuros iluminados com a luz ver-

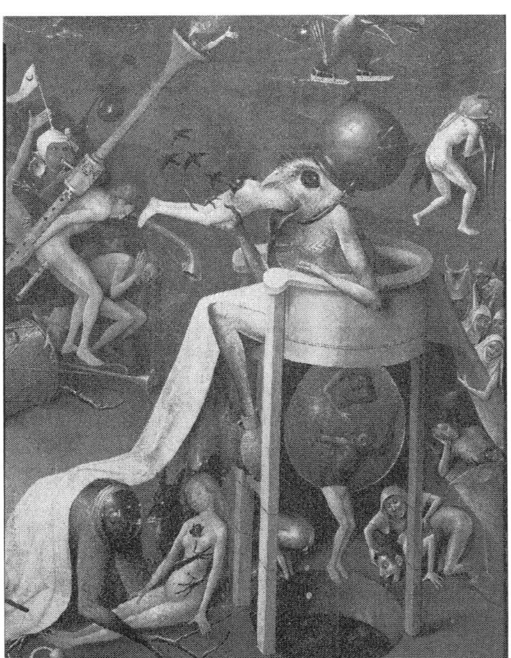

À esquerda: *Só no Inferno de Bosch veríamos uma figura semelhante a um pinguim com patins de gelo, como no quadro* O Inferno *(1503-4). O horror das imagens do Inferno não tem lógica nem razão neste universo retorcido.*

Acima: *A visão de Fra Angelico do Inferno mostra a ideia de "cozinhar e comer", com um caldeirão onde os infelizes estão sendo fervidos. O Diabo irá se deleitar com a carne deles e os demônios menos importantes olham os corpos amontoados.*

melha e, ao contrário das pinturas típicas do Inferno, as chamas não eram a principal tortura dos condenados.

O PRIMEIRO SURREALISTA

Por ter se casado com uma herdeira, Bosch não dependia do trabalho encomendado pelo clero, ao contrário de muitos artistas. Sem a censura da Igreja, ele tinha liberdade de pintar belos quadros com cenas imaginárias.

Diversos parentes de Bosch eram pintores, entre eles o avô, o pai, o irmão e três tios, e sua técnica lhe veio naturalmente. O estilo flamengo de corpos humanos delgados, contidos e com a atenção meticulosa aos detalhes era evidente em suas obras. No entanto, a iconografia de Bosch era diferente de todos os outros pintores religiosos. Além disso, Bosch foi o precursor dos surrealistas do início do século XX, artistas chamados de "revolucionários" por suas visões fantásticas e oníricas, mais de cinco séculos depois de Bosch.

UM IRMÃO DEVOTO

Surpreendentemente, o pouco que sabemos sobre a vida de Bosch indica que ele seguia as normas religiosas convencionais da sociedade. Era um membro fiel da Sociedade da Santíssima Virgem Maria, uma irmandade fundada em 1318, um grupo poderoso e restrito. Só permitiram o ingresso de Bosch após o casamento, porque sua esposa pertencia à sociedade. Os estudos da irmandade, com leituras diárias de relatos do Inferno contribuíram para a obsessão de Bosch em retratá-lo.

Apesar de um trabalho tão pouco convencional, Bosch era um artista extremamente popular entre os círculos laicos e a Igreja. O rei Filipe II da Espanha (1527-98), que tinha uma coleção de relíquias sacras, o admirava muito. O rei colecionava obras de Bosch e pendurou seu quadro de uma roda com os sete pecados capitais em seu quarto no Mosteiro e Sítio Escorial.

O LIMBO

UMA REGIÃO NA EXTREMIDADE DO INFERNO, O LIMBO ERA RESERVADO AOS QUE HAVIAM COMETIDO APENAS PECADOS LEVES, MAS, SEM QUE TIVESSEM CULPA, AINDA ESTAVAM MACULADOS PELO PECADO ORIGINAL.

A palavra "limbo" se origina do latim *limbus*, que significa "orla", "borda" e "extremidade", o que reflete sua posição no Inferno. O conceito de limbo foi desenvolvido como uma extensão da importância que a Igreja atribuía ao pecado original e ao batismo, além da crença de que só os que não tinham vestígios de pecados mereceriam ter a visão beatífica de Deus.

Havia duas categorias de candidatos ao limbo. Pessoas virtuosas que tinham morrido antes de terem sido remidas por Deus do pecado original, ou bebês que haviam morrido antes de serem batizados.

Acima: *O halo sobre a cabeça de Maria neste quadro do século XIV de Pietro Lorenzetti,* O nascimento da Virgem Maria, *indica que ela fora concebida sem o pecado original.*

O PRESENTE DE DEUS

O pecado original era um destino do qual não se podia fugir e só a Virgem Maria fora concebida sem o pecado original. A Epístola aos Romanos 5:18 diz, "Portanto, assim como pela transgressão de um só a condenação se estendeu a todos, também pela justiça de um só todos recebem a justificação da vida". Esse silogismo mostra a direção do pensamento da Igreja em relação à salvação, esse presente de Deus que se estende a todos, exceto aos marcados com a mácula hereditária e aos que não tinham sido batizados. Em outras palavras, os que não tinham sido remidos do pecado original pelo sacramento do batismo corriam o risco de irem para o limbo.

OS DOIS LIMBOS

Na tradição católica, existem dois limbos: *limbus patrum*, para os adultos virtuosos não batizados (*patrum* refere-se a "pai"), isto é, a crença de que esse fora o destino dos patriarcas do Antigo Testamento, entre eles Abraão; e *limbus in-*

À esquerda: *Abraão segura as almas dos virtuosos neste manuscrito do século XII. Por ter vivido antes do nascimento de Jesus, Abraão não havia sido remido pelo sacramento do batismo e foi para o limbo após a morte.*

INOCENTE, MAS NO LIMBO

O destino final de um inocente que morrera sem ser batizado era um tema controvertido, assim como muitas questões teológicas antes da formulação das doutrinas. Santo Agostinho era o mais rigoroso: para esse teólogo do século IV, o inocente sem batismo teria de ser punido, embora com menos severidade que os pecadores. O teólogo Pedro Abelardo (1070-1142)

fantium, para as crianças não batizadas. Os dois limbos existiam, porque *limbus patrum* terminaria com a segunda vinda de Cristo, enquanto o *limbus infantium* era permanente. Os pais não haviam sido batizados, porque os homens ainda não tinham recebido a redenção de Jesus Cristo. Os bebês tinham morrido antes do batismo.

Por esse motivo, a Igreja aconselha que em caso de emergência qualquer pessoa pode batizar um bebê fazendo o sinal da cruz sobre a criança e dizendo as palavras: "Eu batizo (nome da criança) em nome do Pai, do Filho e do Espírito Santo". Muitos médicos, enfermeiras e parteiras já batizaram recém-nascidos, com medo de que não sobrevivessem.

Acima: *O teólogo Pedro Abelardo, retratado nesta gravura do século XIX, apoiava a ideia de limbus infantium. O Papa Inocêncio III adotou sua teoria.*

acreditava que o inocente que havia morrido antes do batismo não sentia uma dor física, apenas a dor da perda de Deus, uma opinião com a qual o Papa Inocêncio III (1160-1216) concordava.

São Tomás de Aquino tinha uma visão mais suave e dizia que o limbo era um lugar de "felicidade natural", mas os que o tinham como destino ficavam privados da alegria transcendente da verdadeira união com Deus (a felicidade sobrenatural). Contudo, o Concílio de Florença (1438-43) definiu que, "as almas dos que morriam em pecado mortal ou em pecado original iriam imediatamente para o Inferno, onde eram punidas com diferentes tipos de castigo". Mas o conceito de Aquino refletia a posição ambígua da Igreja até o século XXI, com o pontificado de Bento XVI.

O debate do século XXI

Séculos de discussões a respeito do conceito de limbo continuaram sem um consenso entre os estudiosos e o clero. Em abril de 2007, a Comissão Teológica Internacional, um órgão consultivo do Vaticano (antes dirigido pelo cardeal Ratzinger, futuro Papa Bento XVI), publicou um relatório defendendo a teoria que o *limbus infantium* era limitado demais no que se referia à salvação. O relatório afirmava a crença na graça superabundante de Deus quanto ao pecado e que a relação de Cristo com a humanidade precisava ser mais forte do que os vínculos com Adão. Em uma controvérsia entre o pecado original e a salvação, em que não havia o envolvimento da culpa pessoal, o poder da clemência de Cristo sobrepujava o pecado de Adão. No entanto, o relatório não rejeitou a doutrina do pecado original ou a necessidade do batismo. Mas no caso de crianças não batizadas, Deus concederia sua graça divina sem o sacramento do batismo.

Acima: *No tormento do Inferno entre a morte e a ressurreição, Cristo foi ao limbo para libertar os que haviam morrido antes dele. Cena de um afresco do século XV.*

Índice Remissivo

CRÉDITO DAS IMAGENS

Abreviaturas: d (direita), e (esquerda), i (inferior), s (superior). Ordem da esquerda para a direita: (a), (b), (c), (d).

akg-images 1, 7(b), 11(a), 17, 24i, 29s, 34i, 35s, 45i, 49, 51i, 53s, 54, 53i, 55, 58-59, 60s, 66i, 67, 84, 85s, 86, 90i, 98, 99i, 101, 105i, 110i, 113s, 114, 115, 116s, 117, 126s, 126i, 127, 141, 170s, 172, 176, 182s, 182i, 186, 193s, 200-201, 205i, 210s, 212, 214, 216i, 217, 222s, 222i, 223i, 226s.

Alamy 116i, 123s, 146, 161s.

Ancient Art & Architecture 20.

The Art Archive 3, 5, 6(b), 6(c), 7(c), 7(b), 8, 11(a), 11(b), 12(a), 12(b), 14-15, 16-17, 19s, 23s, 23i, 26, 30s, 29i, 30i, 31s, 31i, 32, 33, 34s, 36s, 38, 39i, 40, 41s, 41i, 42s, 45s, 47, 48ie, 48id, 51s, 52, 56, 58-59, 60i, 61, 62, 65, 70i, 72, 77s, 80, 81s, 81i, 87s, 87i, 89, 90s, 91, 92, 96s, 95s, 97s, 99s, 100, 102i, 104, 107s, 107i, 108s, 109, 110s, 111, 112, 113i, 118i, 119i, 121, 125, 128, 129s, 130s, 130i, 133i, 136, 138, 139i, 140s, 147, 169, 170i, 171, 174, 175s, 178i, 178s, 179, 180, 181s, 188i, 190, 193s, 198i, 199i, 201, 202i, 203s, 205s, 207, 213s, 215, 216s, 219s, 224, 225, 226i, 227.

The Bridgeman Art Library 6(a), 7(a), 19i, 21s, 24s, 25, 27, 28, 36i, 39s, 46s, 50, 63s, 64, 69s, 73s, 73i, 74, 78-79, 79, 81s, 83, 88, 93i, 94, 95i, 96, 97i, 103, 105s, 106, 108i, 118s, 119s, 120, 123ie, 123id, 124-125, 133s, 134s, 134i, 135, 137, 142i, 168-169, 173, 177, 181i, 183, 185s, 187, 188s, 189, 192, 194, 198s, 204, 206, 208i, 208s, 210i, 211, 218, 219i, 220, 221, 223s.

Corbis frente capa, verso capa, orelhas, 6(d), 18, 21i, 22, 44, 77i, 102s, 122, 140i, 144, 145i, 148, 149s, 150i, 151, 152, 153s, 153i, 160, 165, 166-167, 191, 195, 196, 197, 199s, 202s, 203i, 209, 213i.

Getty Images 70s, 139s, 145s, 149i, 150s, 154, 161i, 162, 163s, 163i, 164, 175i, 185i.

Heritage-Images 66s, 69i, 85i.

Photolibrary 10.

Rex Features 143, 158.

Robert Harding 75s.

Sonia Halliday Photographs 35i, 37, 75i.

TopFoto 46i, 141, 184.